Dr. James Dobson

Nimm dein Leben in deine Hand

Dr. James Dobson

Nimm dein Leben in deine Hand

editions TROBISCH

Die Deutsche Bibliothek - CIP - Einheitsaufnahme

Dobson, James: Nimm dein Leben in deine Hand : Erwachsen werden - Entscheidungen treffen/James Dobson (Übersetzer: Holger Lodekke). - Kehl/Rhein: Ed. Trobisch, 1996
Einheitssacht.: Life on the Edge

Die Originalausgabe erschien bei
WORD PUBLISHING, Dallas, Texas, USA
unter dem Titel LIFE ON THE EDGE

Postfach 2048, 77680 Kehl

Übersetzung: Holger Lodekke
Umschlag: Christine Paxmann
Satz: Fotosatz Krieg
Druck: Sankt Johannis Druckerei

Widmung

Dieses Buch ist all jenen gewidmet, für die es geschrieben wurde ... der Generation junger Menschen, die momentan den Übergang von der Jugendzeit in die verantwortungsvolle Welt der Erwachsenen vollziehen. Nicht lange, und sie werden die Firmen, Institutionen und Regierungen der Welt leiten müssen. Auf ihren Schultern wird schon bald die Bürde von Führung und Autorität ruhen. Sie werden Familien gründen und so die Zukunft der Menschheit sichern. Diese intelligenten und vielversprechenden jungen Erwachsenen sind es, denen ich die Seiten dieses Buches widme. Und ich bete darum, daß sie das Erbe des Glaubens, das sie von vorhergehenden Generationen empfangen haben, bewahren, ehren und es eifrig und mit Sorgfalt an ihre eigenen Kinder weitergeben mögen. Ein edleres Ziel gibt es nicht im Leben.

Inhalt

1

Start
oder Fehlstart

KAPITEL 1

Wenn ihr zwischen sechzehn und sechsundzwanzig Jahren alt seid, ist dieses Buch speziell für euch geschrieben. Andere sind selbstverständlich herzlich willkommen, uns beim Lesen zu begleiten, doch die Ausführungen und Gedanken richten sich besonders an diejenigen, die sich momentan in der Lebensspanne befinden, die wir das „kritische Jahrzehnt" nennen wollen.

Einige der umwälzendsten und endgültigsten Veränderungen im Leben finden normalerweise in diesen zehn kurzen Jahren statt. Eine Person wandelt sich von einem Jugendlichen, der immer noch zu Hause lebt und seine Füße unter den Tisch der Eltern streckt, zu einem eigenständigen Erwachsenen, der nun seine Brötchen verdienen und sein Leben vollständig selbst in die Hand nehmen sollte. Die meisten der für die nächsten fünfzig Jahre entscheidenden Weichenstellungen werden in diesem Lebensabschnitt vorgenommen, darunter die Berufswahl, vielleicht der Entschluß zu heiraten und die Entwicklung von Wertesystemen und Prinzipien, von denen das Leben bestimmt werden wird.

Was diese Zeit noch bedeutsamer macht, ist die Wirkung früher Fehler und Fehlbeurteilungen. Sie können alle nachfolgenden Ereignisse in eine negative Richtung lenken. Ein Maurer ist sich darüber im klaren, daß das Fundament und die ersten Steine richtig gesetzt werden müssen; jede noch so geringe Unebenheit wird sonst eine in sich schiefe Mauer zur Folge haben. Im Leben ist es genauso.

Diese bedeutungsvolle Reise durch das kritische Jahrzehnt erinnert mich an einen Urlaub in Kenia und Tansania, den meine Familie und ich vor einigen Jahren unternahmen. Der Höhepunkt unserer Reise war ein Ausflug in die Serengeti, einen großartigen Nationalpark, in dem legendäre afrikanische Tiere noch in freier

Wildbahn zu sehen sind. Bevor wir dort ankamen, hatte es den ganzen Tag geregnet, und die ungeteerten Pisten waren extrem schlammig. Wir waren keine fünfundzwanzig Kilometer in den Park hineingefahren, als unser Auto in einen Graben rutschte und bis zu den Achsen in dickem, afrikanischem Schlamm steckenblieb. Wir hätten sicherlich die Nacht dort draußen in der Savanne verbracht, hätte uns nicht ein Eingeborener mit seinem Geländewagen herausgeholfen.

Am gleichen Nachmittag kamen wir an einen Wegabschnitt, der noch viel schlimmer aussah. Hier teilte sich die Piste und lief mehrere hundert Meter parallel weiter, bevor sich die beiden Teilstücke wieder vereinten. Offensichtlich hatten andere Autofahrer vor uns die neue Spur in die Landschaft getrieben, um einem Schlammloch auszuweichen, doch woher hätten wir wissen können, auf welcher Seite es sich befand? Wir saßen einen Augenblick da und versuchten zu entscheiden, welchen Weg wir nehmen sollten. Wenn wir jetzt einen Fehler machten, würden wir wahrscheinlich wieder steckenbleiben und müßten im Auto übernachten – ohne Abendessen, Waschgelegenheit und sogar ohne Trinkwasser.

Ryan, unser siebzehn Jahre alter Sohn, erklärte sich bereit zu helfen.

„Ich laufe voraus und sehe mir die Straße an", sagte er. „Dann winke ich euch zu und lasse euch wissen, welchen Weg ihr nehmen müßt."

Der Missionar, der uns begleitete, sagte: „Ryan, ich glaube, das ist keine sehr gute Idee. Du weißt nicht, was da draußen im hohen Gras alles lauert."

Schließlich entschieden wir uns für den Weg, der noch am besten aussah, und kamen ohne Schwierigkeiten durch. Als wir an die Stelle kamen, wo sich die beiden Pisten wieder trafen, wartete dort eine Überraschung auf uns. Auf einer Seite saß im Gras ein gewaltiger Löwe. Er rollte seine großen gelben Augen in unsere Richtung und sah uns an, als wollte er uns herausfordern, es mit ihm aufzunehmen. Für Raubkatzen von dieser Größe sind Menschen nichts anderes als ein leichtes Abendessen. Sie können 100 Meter in weniger als drei Sekunden zurücklegen und würden nicht zögern, einen dahergelaufenen Städter zu verschlingen, der dumm genug ist, sie in Versuchung zu bringen.

Was ist mit diesen Schlammlöchern?

Unser Erlebnis in der Serengeti ist gewissermaßen eine Illustration für den Übergang vom Jugendalter zum Erwachsensein. Für manche verläuft die Reise recht glatt und reibungslos. Sie kommen ohne Schwierigkeiten durch. Doch erstaunlich viele von uns treffen auf unerwartete „Schlammlöcher“, die uns in einem unreifen Entwicklungsstadium aufhalten. Wieder andere werden von Raubtieren geplagt, die im hohen Gras lauern. Dazu gehören Alkohol- oder Drogenabhängigkeit, eine Ehe mit der falschen Person, der gescheiterte Versuch, sich einen bestimmten Traum zu erfüllen, Selbstmord, Mord und verschiedene andere Straftaten. Es ist sehr einfach, sehr früh im Leben vom Weg abzukommen und in einen Graben zu fahren.

Frühe Fehler und Fehlbeurteilungen können alle nachfolgenden Ereignisse in eine negative Richtung lenken.

Laßt mich ein anderes Bild benutzen, das mir in den Sinn kommt. Vor einigen Jahren wurde ich zu einer dreitägigen Rafting-Tour eingeladen. Dr. Richard Hosley, ein Freund und erfahrener Wildwasserfahrer, sagte zu mir, als wir uns bereit machten, das Floß zu Wasser zu lassen: „Du wirst sehr bald lernen, daß der Fluß immer der Boß ist.“ Ich war mir nicht ganz im klaren darüber, was er damit meinte, aber drei Tage später verstand ich das Prinzip nur zu gut.

Anstatt nun die achtzig Kilometer relativ ruhig und sicher auf dem Floß zurückzulegen, entschloß ich mich, in einem zweieinhalb Meter langen Plastik-Kanu hinterher zu paddeln. Am zweiten Nachmittag bestand ich darauf, dieses nicht gerade stabil gebaute Gefährt in den trügerischsten Teil des Flusses hineinzusteuern. Es war eine schlechte Entscheidung.

Vor uns lag ein Abschnitt des Flusses, der allgemein als die „Kaffeekanne“ bekannt war, und zwar, weil die dortige Verengung der das Ufer bildenden Felsen eine unberechenbare, schäumende Strömung bildet, die immer wieder kleine Boote mitsamt den Insassen ohne Warnung unter die Wasseroberfläche gesogen hat. Schon mehrere Personen waren an exakt dieser Stelle ertrunken, der letzte von ihnen erst im Sommer zuvor. Doch dies wußte ich damals nicht.

In den ersten paar Minuten schien ich ziemlich gut zurechtzukommen ... doch dann überschlugen sich die Ereignisse. Ich geriet in die Strömung und kenterte im turbulenten Wasser. Es schien eine Ewigkeit zu dauern, bis ich wieder an die Oberfläche kam, nur um festzustellen, daß ich nicht atmen konnte. Ein Tuch, das ich um den Hals gebunden hatte, war über meinen Mund gerutscht und wurde von meiner Brille festgehalten, die ich vorher wohlweislich am Kopf festgebunden hatte. Ich hatte mich gerade mühsam freigekämpft und schnappte nach Luft, als mir Wasser sprudelnd ins Gesicht schlug und in die Lungen hinuntergurgelte. Wieder kam ich hustend und japsend nach oben, bevor ich wieder unter die Wasseroberfläche gezogen wurde. Inzwischen rang ich verzweifelt nach Luft und war mir sehr deutlich dessen bewußt, daß die Gefahr nur noch etwa einhundert Meter entfernt war.

*Es ist sehr einfach,
sehr früh im Leben vom Weg abzukommen
und in einen Graben zu fahren.*

Ich wurde von einem Gefühl der Panik ergriffen, wie ich es seit meiner Kindheit nicht mehr erlebt hatte! Ich bezog ernsthaft die Möglichkeit in meine Überlegungen ein, ich könnte ertrinken. Wißt ihr, ich habe diese lästige Angewohnheit, alle paar Minuten zu atmen, und ich komme nicht sehr gut damit zurecht, wenn ich daran gehindert werde. Ich wußte genau: Wenn ich in diesem Augenblick wieder unter das Wasser gezogen würde, könnte es das Ende sein. Meine Familie und meine Freunde sahen hilflos vom Floß aus zu, wie ich durch die Stromschnellen in den engsten Flußabschnitt geschleudert wurde. Die Strömung hatte sie schon zu weit stromabwärts getrieben, als daß sie mich noch hätten erreichen können.

Doch es gelang Dr. Hosley, das Floß zu „halten“, indem er es in einen Strudel in Ufernähe manövrierte. Dort drehte es sich, bis ich aufgeholt hatte und das Seil packen konnte, das den oberen äußeren Rand des Gefährts umlief. Wegen der Stromschnellen, meiner vollkommen durchnäßten Kleidung und der zu großen Entfernung zum Seil konnte ich mich selbst nicht hochziehen. Daher rechnete ich damit, daß Dr. Hosley mir an Bord helfen würde. Statt dessen bemerkte ich, wie er mit einem konzentrierten und besorgten Gesichtsausdruck mit den Paddeln kämpfte. Später erfuhr ich, was ihm Sorgen machte. Er befürchtete, das große Floß könnte gegen den steilen Felsen, der die Wand der Kaffeekanne bildete, geworfen und ich von der Wucht des Aufpralls zerquetscht werden.

Und tatsächlich, das Floß wurde gegen die Felswand geworfen, doch ich sah es kommen. Ich nahm die letzte mir noch verbliebene Kraft zusammen, zog meine Füße an und stieß mich vom Felsen ab, wobei ich mich weit genug nach oben katapultierte, um an Bord klettern zu können. Auf dem Floß brach ich schließlich zusammen und blieb eine gute halbe Stunde lang nach Luft ringend liegen.

Das einzige Opfer, das nach diesem Erlebnis zu beklagen war, hat etwas mit universitärem Stolz zu tun. Dr. Hosley trug ein T-Shirt mit dem Siegel seiner geliebten Stanford University auf der Vorderseite. Es überlebte den Ausflug. Doch irgendwo auf dem Grund des Flusses liegt ein durchnäßter Hut mit dem entehrten Logo der University of Southern California. Es war ein trauriger Augenblick in der historischen Rivalität der beiden Hochschulen. Immerhin hatte ich nicht da unten auf dem felsigen Flußbett mein Ende gefunden, festgeklammert an mein USC-Banner!

Vielleicht fragt ihr euch, was diese Geschichte mit unserem Thema zu tun hat. In mancherlei Hinsicht ist das Leben wie dieser Fluß. Es gibt lange Abschnitte, in denen der Fluß ruhig und klar dahinfließt. Schaust du ins Wasser, siehst du dein Spiegelbild. Die Landschaft ist phantastisch, und friedlich trägt der Fluß dich stromabwärts. Dann gerätst du völlig unvorbereitet in die Stromschnellen hinein. Plötzlich schnappst du nach Luft und hast größte Mühe, deinen Kopf über Wasser zu halten. Im Augenblick, wenn du meinst, ertrinken zu müssen, wirst du in das Chaos der „Kaffeekanne" hineingetrieben.

Niemand reist auf dem Fluß des Lebens dahin, ohne jemals auf Turbulenzen zu stoßen.

Es muß euch klar sein, daß so etwas früher oder später passieren wird. Niemand reist auf dem Fluß des Lebens dahin, ohne jemals auf Turbulenzen zu stoßen. Ihr solltet dafür gewappnet sein. Es wird Augenblicke der Ruhe und Schönheit geben, in denen ihr euch zurücklehnen und an den Wundern der Schöpfung erfreuen könnt. Doch es werden auch schwierigere Zeiten auf euch zukommen, wo ihr aus dem Boot geworfen werdet. Das alles gehört zur Reise dazu. Daher ist es notwendig, daß ihr gefestigt werdet, bevor ihr in jene Krisenzeiten kommt – daß ihr herausfindet, wer ihr seid und was ihr tun werdet, wenn ihr unter Druck geratet.

Man nennt es das „kritische Jahrzehnt"

In den nächsten zehn Jahren werden Hunderte wichtiger Fragen auf euch zukommen, und Antworten darauf werden manchmal lange auf sich warten lassen. Mit vielen dieser Fragen hatte ich zu kämpfen, als ich auf dem College war, zum Beispiel: Was fange ich mit meinem Leben an? Was für eine Frau soll ich heiraten? Wo werde ich sie finden? Wird unsere Liebe ein Leben lang halten? Was sind meine Stärken und Schwächen? Soll ich auf die Universität gehen? Werde ich die Zulassungsprüfung bestehen? Bin ich begabt genug, um im Berufsleben bestehen zu können? Und was ist mit Gott? Wie paßt er in meine Pläne, und wie kann ich seinen Willen erfahren? Ich erinnere mich, wie mir diese Fragen durch den Kopf gingen und ich bei mir dachte, wie hilfreich es doch wäre, mit jemandem zu sprechen, der einige Antworten darauf hätte – jemand, der wußte, was auf mich zukam. Doch, wie die meisten, bat ich niemals um Hilfe. Die Jahre vergingen, und nach und nach schwamm und schlingerte ich durch das aufgewühlte Wasser voran.

Natürlich war es einfacher als heute, meinen Weg alleine zu gehen, als ich noch jung war. Der Fluß war in jenen Jahren weniger aufgewühlt. Ich wuchs in den „Happy Days“ der fünfziger Jahre auf, als das Leben noch nicht so kompliziert war. Es gab keine Drogen. Könnt ihr euch das vorstellen? Nicht ein einziges Mal während meiner Zeit als Schüler habe ich davon gehört, daß irgend jemand illegale Substanzen verkauft oder konsumiert hätte. Und es wurde, gemessen am heutigen Standard, sehr wenig Alkohol getrunken. Keiner meiner Freunde trank gewohnheitsmäßig. Wenn ich nach den Fußballspielen an den Freitagabenden auf Partys ging, gab es dort sehr selten harte Drinks. Sicherlich kam es auch vor, doch überwiegend unter denjenigen, die ohnehin schon den Ruf hatten, zu den Außenseitern zu gehören. In jenen Tagen gab es keine Punks, keine Skinheads, keine Neonazis, keine Freaks, keine Satanisten und keine Homosexuellen und Lesbien. Und die Musik damals war vergleichsweise zahm.

In den nächsten zehn Jahren werden Hunderte wichtiger Fragen auf euch zukommen.

Einige meiner Klassenkameraden haben zweifellos ihre Unschuld während ihrer Schulzeit verloren. Sex ist nicht erst vor kurzem entdeckt worden, und in jenen vergangenen Tagen beschäftigte dieses Thema unsere Gedanken nicht minder. Offensichtlich haben einige Schüler mehr getan als nur daran gedacht. Hin und wieder wurde ein Mädchen schwanger (damals hieß es, sie sei „in Schwierigkeiten“), und sofort wurde sie an irgendeinen geheimen Ort geschafft.

Ich habe nie herausgefunden, wo man sie hinbrachte. Und trotzdem schien der Gedanke, sich selbst für die Ehe zu bewahren, sehr sinnvoll zu sein. Moral war in Mode. Schüler, die von einem Bett ins nächste sprangen, wurden von ihren Altersgenossen nicht mehr geachtet. Mädchen, die es bei keinem lange aushielten, nannte man „Schlampen“, und Jungen mit häufig wechselnden Partnerinnen waren „sexsüchtig“. Paare, die ohne Trauschein zusammen waren, lebten „in Sünde“. Wir kamen niemals auf den Gedanken, voreheliche Enthaltsamkeit sei ein Fluch, von dem man sich befreien müsse, oder daß die Erwachsenen von uns erwarteten, wir sollten es wie die Tiere miteinander treiben. Diese Ideen kamen erst in der Moderne auf, als alle, von der Schulkrankenschwester bis zum fehlgeleiteten Chefchirurgen, die Jugend anzufeuern schienen: „Mach es oft, aber mach es richtig. Mit Kondom.“

Am wichtigsten ist schließlich, daß Schüler in den Fünfzigern oftmals recht empfänglich für geistliche Einflüsse waren. Natürlich waren wir nicht alle Christen, aber viele von uns waren es. Unser Glaube prägte unser Verhalten. Zum Beispiel wurde der Name Gottes nur selten im profanen Zusammenhang gebraucht. Die Durchdringung der Sprache mit vulgären und abfälligen Ausdrücken kam bei den meisten Teenagern nicht vor Ende der sechziger Jahre in Mode, als diese Redensarten von dekadenten Film- und Fernsehgesellschaften populär gemacht wurden. Von ihnen lernten auch viele Jugendliche aus der Generation deiner Eltern, sich Gelegenheitssex hinzugeben und die Gebote Gottes zu mißachten. Viele revolutionäre Veränderungen geschahen Ende der sechziger Jahre, als jene Generation junger Erwachsener plötzlich ein wenig verrückt wurde. Sie haben aber auch einen hohen Preis dafür bezahlt.

Worauf ich hinaus will, ist, daß die Welt, in der ihr lebt, viel unmoralischer geworden ist, als sie es noch vor einigen Jahrzehnten war. Es ist nicht mehr ungewöhnlich für Zwölfjährige, Kinder zu haben, und für Fünfzehnjährige, aufeinander zu schießen, und für Siebzehnjährige, von harten Drogen abhängig zu sein, und für Achtzehnjährige, Aids infiziert zu sein. Und Gewalt gehört heute zum Leben – besonders für Kids in den Großstädten. Für ein Kind in den USA besteht ein fünfzehnmal größeres Risiko, durch Feuerwaffen getötet zu werden, als für ein Kind in Nordirland, einem Land mit einer langen Geschichte der Gewalt.

Ja, unsere Kultur befindet sich in einer Art moralischem freien Fall, der für jeden jungen Menschen von Bedeutung ist. Daher seid ihr nun gezwungen, euch mit einem Druck und Versuchungen auseinanderzusetzen, die frühere Generationen niemals kennengelernt haben.

Eine der bedeutendsten Entscheidungen, die ihr in den nächsten Jahren werdet treffen müssen, hat mit eurer Lebensaufgabe zu tun – einer Beschäftigung – oder einer Fähigkeit, die ihr zu entwickeln hofft. Oft ist es sehr schwierig, diese Entscheidung zu treffen. Wie könnt ihr jetzt schon sagen, was ihr gerne tun werdet, wenn ihr vierzig, fünfzig oder sechzig Jahre alt seid? Es bleibt euch nichts anderes übrig, als es auf der Grundlage spärlicher Informationen zu erraten. Ihr wißt vielleicht noch nicht einmal, wie die eigentliche Arbeit beschaffen sein wird, und doch begebt ihr euch in eine langjährige akademische Ausbildung, um euch darauf vorzubereiten.

Unsere Kultur befindet sich in einer Art moralischem freien Fall.

Die Entscheidungen, die ihr unter diesen Umständen trefft, mögen euch auf etwas festlegen, das ihr später hassen werdet. Und es gibt einen gewissen gesellschaftlichen Druck, der eure Entscheidungen beeinflußt. Zum Beispiel möchten viele junge Frauen insgeheim Ehefrauen und Mütter werden, wagen es aber nicht, dies in der heutigen „emanzipierten“ Gesellschaft zuzugeben. Außerdem, wie kann ein Mädchen planen, etwas zu tun, das die Teilnahme einer anderen Person erfordert – eines Ehemanns, dem es wert ist, sie zu lieben und den Rest ihres Lebens mit ihr zu verbringen? Vielleicht wird sie eines Tages heiraten, vielleicht aber auch nicht. Ja, es gibt eine Menge Dinge, über die man sich im kritischen Jahrzehnt Gedanken machen muß.

Ich schätze mich glücklich, in jungen Jahren in einen Beruf hineingestolpert zu sein, mit dem ich gut zurechtkomme. Wäre ich zur Zeit Jesu geboren worden und hätte ich meinen Lebensunterhalt mit meiner Hände Arbeit verdienen müssen, vielleicht als Tischler oder Steinmetz, wäre ich wahrscheinlich verhungert. Ich kann mir vorstellen, wie ich dort vor dem Tempel in Jerusalem sitze mit einem Schild: „Arbeite gegen Essen". Handwerkliches Geschick ist mir nicht gerade in die Wiege gelegt worden. Meine einzige Fünf in der High School bekam ich in Werken, und selbst das war ein Geschenk meines Lehrers, Mr. Peterson. Ein ganzes Halbjahr lang habe ich versucht, eine Kiste für Schuhputzzeug zu bauen. Es war zwecklos! Diese Erfahrung hat mir aber immerhin geholfen, einige Möglichkeiten meiner Berufswahl zu streichen. Zwei davon waren Zimmermann und Möbeltischler.

Notwendige Überlegungen für die Berufswahl

Einige Möglichkeiten werdet ihr vergessen müssen, einige neu in eure Überlegungen mit einbeziehen. Wenn ihr eine wirklich fundierte Entscheidung bezüglich eures späteren Berufs treffen wollt, müssen die folgenden sechs unabdingbaren Voraussetzungen gegeben sein:

1. Es muß etwas sein, das ihr gerne tut. Das heißt, ihr müßt herausfinden, was eure Stärken, eure Schwächen und eure Interessen sind. (Es gibt einige ausgezeichnete Tests, die euch dabei helfen können.)
2. Es muß etwas sein, wozu ihr die entsprechenden Fähigkeiten besitzt. Vielleicht möchtet ihr gerne Rechtsanwalt werden, habt aber nicht das Talent für die akademische Arbeit, die zur Zulassung notwendig ist.
3. Es muß etwas sein, womit man den Lebensunterhalt verdienen kann. Vielleicht möchtet ihr Kunstmaler werden, doch falls eure Bilder sich nicht verkaufen, kann es sein, daß ihr verhungert, während ihr vor der Staffelei sitzt.
4. Es muß etwas sein, das man euch erlaubt zu tun. Es könnte ein wunderbarer Mediziner aus euch werden, und auch mit der Ausbildung hättet ihr keine größeren Schwierigkeiten, aber ihr bekommt keinen Studienplatz. Einer meiner Mitstudenten an der Universität scheiterte nach sieben Jahren harter Arbeit. Er schaffte

es bis zum letzten großen Examen, bevor ihm seine Professoren sagten: „Sie sind raus.“

5. Es muß etwas sein, das kulturell anerkannt ist. Mit anderen Worten, die meisten Menschen brauchen das Gefühl, in dem, was sie tun, von anderen respektiert zu werden. Das ist einer der Gründe, warum es für Frauen ein Problem sein kann, zu Hause zu bleiben und die Kinder großzuziehen.
6. Dieser Punkt ist am wichtigsten für den Christen. Ihr müßt bei der Wahl des Berufs die Gewißheit haben, daß Gott dahintersteht. Wie erfahre ich Gottes Willen in bezug auf solch eine persönliche Entscheidung? Das ist eine schwierige Angelegenheit, der wir uns noch genauer zuwenden werden.

Was die richtige Berufswahl so schwierig macht, ist, daß jede einzelne dieser sechs Voraussetzungen erfüllt sein muß. Wenn fünf zutreffen aber euch eure Auswahl nicht gefällt, seid ihr in Schwierigkeiten. Sind fünf Voraussetzungen erfüllt, doch ihr werdet nicht an der entsprechenden Schule zugelassen, seid ihr blockiert. Könnt ihr fünf abhaken aber verdient nicht genug, um davon leben zu können, bricht das System zusammen. Jedes Glied in der Kette muß berücksichtigt werden.

In Anbetracht dieser Herausforderung ist es nicht verwunderlich, daß so viele junge Menschen während des kritischen Jahrzehnts ins Schwimmen kommen. Über Jahre hinweg sind sie völlig blockiert, weil sie nicht wissen, was sie tun sollen. Sie sitzen zu Hause bei ihren Eltern, zupfen an ihrer Gitarre und warten darauf, daß in der Küche die Teller klappern.

So viele junge Menschen kommen während des kritischen Jahrzehnts ins Schwimmen.

Junge Erwachsene in dieser Situation erinnern mich an Raketen auf der Startrampe. Ihre Triebwerke donnern und spucken Rauch und Feuer, aber nichts bewegt sich. Das Raumschiff wurde gebaut, um sich durch die Stratosphäre ins All zu schießen, doch es steht auf der Rampe wie angenietet. Ich habe viele Frauen und Männer Anfang zwanzig getroffen, die ihre Raketen nicht vom Boden wegbringen konnten. Und ich habe auch einige kennengelernt, deren Triebwerke explodiert sind und die Trümmer zerbrochener Träume über die ganze Startrampe verteilt haben.

Manchmal scheitert das Unternehmen, weil eine Person sich weigert, Gott in seine Pläne mit einzubeziehen. Der Psalmist schrieb: „Wenn der Herr nicht das Haus baut, so arbeiten umsonst, die daran bauen. Wenn der Herr nicht die Stadt behütet, so wacht der Wächter umsonst" (Ps. 127,1). Jene Worte bieten eine unschätzbare Hilfestellung für all diejenigen, die anfangen, ihr Leben selbst in die Hand zu nehmen. Was auch immer ihr zu tun versucht, ob ihr nun aufbaut oder verteidigt, wird vergebens sein, wenn ihr es aus eurer eigenen Kraft tut. Das mag altmodisch klingen, doch ich versichere euch, daß es wahr ist. Außerdem wird sich der Herr nicht mit dem zweiten Platz in eurem Leben zufriedengeben.

Was wir von meinem Vater lernen können

Mein Vater glaubte zu dieser Regel die Ausnahme zu sein. Er hatte sich sein Leben zurechtgelegt und brauchte keine Hilfe, weder von Gott noch von irgend jemand anderem, um seine Pläne durchzuführen. Von seiner frühesten Kindheit an wußte Dad, daß er ein berühmter Maler werden wollte. Noch bevor er in den Kindergarten kam, sagte er seiner Familie, daß er später zeichnen und malen wolle. Diese Leidenschaft war nicht einfach nur eine Entscheidung, die er getroffen hatte. Sie lag ihm im Blut. Seine ganze Kindheit und Teenager-Jahre hindurch ließ er sich niemals von seiner Sehnsucht abbringen, ein zweiter Rembrandt oder Michelangelo zu werden. Während seine fünf Brüder sich unsicher waren, was sie einmal werden wollten, jagte der jüngste der Geschwister einem hochfliegenden Traum nach.

Dann eines Tages, als er in seinem sechszehnten Lebensjahr eine Straße entlangging, schien er die Stimme des Herrn zu hören. Es war keine hörbare Stimme. Doch tief in seinem Innern wußte er, daß er vom Allmächtigen angesprochen worden war. Es war eine schlichte

Botschaft mit dem folgenden Inhalt: Ich möchte, daß du deinen ehrgeizigen Plan, ein Künstler zu werden, ablegst und dich auf ein Leben in meinem Dienst vorbereitest.

Der Herr wird sich nicht mit dem zweiten Platz in eurem Leben zufriedengeben.

Mein Vater war zu Tode erschrocken durch dieses Erlebnis. Er erwiderte: „Nein! Nein, Herr. Du weißt, ich habe mir alles genau zurechtgelegt, und die Kunst bedeutet mir alles." Rasch redete er sich ein, einer Sinnestäuschung erlegen zu sein. Doch kaum hatte er alles wegerklärt und Frieden darüber gefunden, drängte sich die Stimme wieder in sein Bewußtsein. Monat für Monat konnte er den Gedanken nicht loswerden, daß Gott ihn bat – nein, von ihm forderte –, seinen Traum aufzugeben und Prediger zu werden. Es wurde zu einem der härtesten Kämpfe seines Lebens, doch erzählte er niemandem davon.

Zwei Jahre lang dauerte diese innere Schlacht an. Schließlich, kurz bevor er die High School abschloß, kam der Augenblick, da er sich entscheiden mußte, in welchem College er sein Studium antreten würde. Sein Vater sagte ihm, er könne sich die Schule aussuchen. Doch was sollte er tun? Gab er der Stimme in seinem Innern nach, müßte er sich auf den Predigtdienst vorbereiten. Folgte er jedoch seinem Traum, müßte seine Wahl auf eine Kunsthochschule fallen. Würde er Gott gehorchen oder seinen eigenen Weg gehen? Es war ein furchtbares Dilemma.

Eines Morgens, wenige Wochen vor seiner Abschlußprüfung, stand mein Vater auf und als seine Füße den Boden berührten, hörte mein Vater die Stimme erneut. Ihm war, als würde der Herr zu ihm sagen: Heute wirst du dich entscheiden müssen. Den ganzen Tag in der Schule rang er mit dieser Frage, aber immer noch erzählte er niemandem davon. Nach seiner letzten Unterrichtsstunde kam er am späten Nachmittag heim in ein leeres Haus. Im Wohnzimmer lief er auf und ab, betete und kämpfte gegen diese unerbittliche Forderung Gottes an. Plötzlich blieb er stehen, hob sein Gesicht nach oben und sagte trotzig: „Der Preis ist zu hoch, ich werde ihn nicht zahlen!"

Später beschrieb mein Vater diesen Augenblick als die furchtbarste Erfahrung seines Lebens. Er sagte, der Geist des Herrn schien ihn zu verlassen, wie eine Person von einer anderen fortgeht. Als seine Mutter wenige Minuten später das Haus betrat, war er immer noch blaß und zittrig. Sie konnte seine Verzweiflung sehen und fragte ihn, ob etwas nicht in Ordnung sei.

„Du wirst das nicht verstehen, Mom", sagte er, „aber Gott hat von mir verlangt, meinen Plan, Künstler zu werden, aufzugeben. Er möchte, daß ich Prediger werde. Ich will es nicht. Und ich werde es nicht tun. Ich habe gerade nein zu Gott gesagt, und nun ist er fort."

Meine Großmutter war eine sehr gläubige Frau, deren Gebete stets direkt zum Herzen Gottes zu gehen schienen. Sie sagte: „Ach, Liebling, du bist einfach ein wenig durcheinander. Komm, wir beten darüber."

Sie gingen auf die Knie, und meine Großmutter begann mit dem Herrn über ihren Sohn zu reden. Mitten im Satz brach sie plötzlich ab. „Ich verstehe das nicht", sagte sie, „irgend etwas stimmt nicht."

„Du verstehst es nicht", sagte mein Vater, „aber ich verstehe es. Ich habe mich gerade eben geweigert, Gott zu gehorchen, und nun ist er fort."

Sieben lange Jahre sollten vergehen, bevor mein Vater die Stimme des Herrn wieder hören konnte. Ihr seht, die Liebe zur Kunst war zu seinem Gott geworden. Sie bedeutete ihm mehr als irgend etwas anderes auf der Welt, und sie verdrängte sogar seine Beziehung zum Vater. Das war es, was in seinem Herzen vorging. Es lag nichts Sündiges oder Unmoralisches in seiner Liebe zur Kunst. Das Problem bestand darin, daß Gott in ihr keinen Platz mehr hatte.

In den folgenden Tagen fiel die Wahl meines Vaters auf eine der besten Kunsthochschulen des Landes. Im Herbst schrieb er sich dort ein, und seine Professoren erkannten sofort sein außergewöhnliches Talent. Tatsächlich wurde er bei seinem Abschluß als der begabteste Student seines Jahrgangs ausgezeichnet. Doch als er den Mittelgang entlangschritt auf das Podium zu, wo seine Bilder standen und über ihnen ein großes Spruchband, auf dem zu lesen war: *Nummer Eins,* kam ihm wieder der Bibelvers in den Sinn: „Wenn der Herr nicht das Haus baut, so arbeiten umsonst, die daran bauen."

Mein Vater machte seinen Abschluß, bereit seine großartige Karriere als Künstler zu beginnen. Unglücklicherweise litten die Vereinigten Staaten und die meisten anderen Staaten auf der Welt unter der Weltwirtschaftskrise. Es war eine beängstigende Zeit in der Geschichte mit so unfaßbar vielen Arbeitslosen. Unternehmen gingen bankrott, Banken mußten schließen, und es gab weit und breit nur sehr wenige Arbeitsmöglichkeiten. Mein Vater war einer der Millionen, die keinen Job bekommen konnten – geschweige denn in seinem erlernten Beruf. Schließlich wurde er als Tankwart eingestellt und durfte Autos auftanken und Windschutzscheiben putzen. Das war recht demütigend für einen Mann, der ein zweiter Leonardo da Vinci werden wollte.

Und nun kommt der unglaublichste Teil der Geschichte! In dieser Zeit, als mein Vater am verzweifeltsten nach einer ihm entsprechenden Arbeit suchte, schrieb ihm der Direktor der Kunstschule, an der er studiert hatte, und bot ihm eine Stelle als Dozent mit dem unvorstellbaren Gehalt von dreihundert Dollar im Monat! Es war genau das, wovon er schon seit seiner Kindheit geträumt hatte. Doch irgendwie ging der Brief auf dem Schreibtisch des Präsidenten unter. Später fand ihn der Mann wieder und schickte ihn ab mit der beigefügten Bemerkung, er habe sich schon gewundert, warum mein Vater nicht einmal so höflich gewesen sei, auf sein Angebot zu antworten. Doch als der zweite Brief ankam, war mein Vater bereits seiner selbst und seiner hochtrabenden Pläne müde geworden. Er hatte sich einen ruhigen Platz zum Beten gesucht und sich ganz Gottes Ruf für sein Leben unterstellt. Als nun das Stellenangebot eintraf, schrieb er zurück: „Vielen Dank, aber ich bin nicht mehr interessiert."

Wenn alles von einer Entscheidung abhängt

Die Zukunft meines Vaters, und damit ohne Zweifel auch meine eigene, hing an dieser Wegkreuzung in der Schwebe. Hätte er das ursprüngliche Angebot des Direktors der Kunstschule angenommen, wäre das der Beginn einer Karriere gewesen, die offensichtlich nicht im Willen Gottes lag. Wer weiß, wie sein Leben verlaufen wäre, hätte er im falschen Weinberg „umsonst" gearbeitet? Was hat ihn davon abgehalten, den größten Fehler seines Lebens zu begehen? Nun, meine Großmutter betete für ihn und bat den Herrn, ihren jüngsten Sohn wieder zu sich zurückzuholen. Ich glaube, Gott erhörte ihr Gebet, indem er die Zustellung des Briefes verzögerte, von dem alles abzuhängen schien.

Ist es nicht grausam von Gott, diesem jungen Mann das zu verwehren, was er sich am meisten wünschte? Das ist eine gute Frage! Warum sollte Gott ihn mit außergewöhnlichen Fähigkeiten ausstatten und ihn daran hindern, sie zu gebrauchen? Nun, wie immer, wenn der Herr mit uns umgeht, hatte er nur das Beste für meinen Vater im Sinn. Und er nahm ihm nichts weg.

Die Zukunft meines Vaters, und damit ohne Zweifel auch meine eigene, hing an dieser Wegkreuzung in der Schwebe.

Sobald mein Vater sich dem Willen des Herrn unterwarf, wurde ihm die Kunst zurückgegeben. Sein ganzes Leben lang nutzte er sein Talent im Dienst für Gott, und als er starb, war er der Leiter der Kunstabteilung an einem christlichen College. Er hinterließ wundervolle Gemälde und Skulpturen. Und noch viel wichtiger, Tausende von Menschen kamen durch den Predigtdienst meines Vaters zum Glauben an Jesus Christus. Sie werden in Gottes Reich kommen wegen des Rufs, der auf seinem Leben lag.

Der furchtbare Kampf, den mein Vater als Teenager durchmachen mußte, war also keine grausame Manipulation. Es war eine unerläßliche Prüfung seiner Hingabe – eine Herausforderung, Gott an die erste Stelle zu setzen. Und weil er diese Prüfung bestanden hat, kann ich euch dies heute schreiben!

Jesus Christus wird auch euch auffordern, ihn an die erste Stelle zu setzen. Entweder ist er über alles Herr, oder er ist überhaupt nicht

Herr. Das bedeutet nicht, daß ihr Prediger werden sollt. Euer Ruf ist vollkommen einzigartig. Doch ich bin sicher, was immer ihr aus Selbstsucht oder losgelöst von Gottes Plan tut, wird euch nicht zufriedenstellen, und letztlich wird es „umsonst" sein.

Jesus Christus wird auch euch auffordern, ihn an die erste Stelle zu setzen.

Wir werden uns später damit beschäftigen, wie wir Gottes Willen und seinen Plan für unser Leben erkennen können. Zunächst müssen wir uns den Herausforderungen zuwenden, die euch bevorstehen. Ein Bauunternehmer wird niemals mit dem Bau eines Wolkenkratzers beginnen, ohne über detaillierte Pläne des Architekten und des Bauingenieurs zu verfügen, anhand derer er seine Arbeit durchführen kann. Ebenso schulden es Menschen im kritischen Jahrzehnt zwischen sechzehn und sechsundzwanzig Jahren ihrer Zukunft, daß sie versuchen herauszufinden, wer sie sind und was sie vom Leben erwarten. Euch dabei zu helfen, darum geht es in diesem Buch.

Wir wollen uns nun einige der größeren „Schlammlöcher" genauer ansehen, die den nichtsahnenden Reisenden festsetzen und lahmlegen.

2

Der Gerichtssaal der Gedanken

KAPITEL 2

Auf den folgenden Seiten wollen wir uns mit der hohen Kunst beschäftigen, wie man sich selbst in peinliche Situationen bringt. Die meisten von uns sind sehr geschickt darin. Manchmal macht es sogar den Eindruck, als sei das Leben absichtlich so eingerichtet, daß es uns unserer Würde beraubt und uns lächerlich macht.

Mein Freund Mike würde sicherlich zustimmen. Als er noch Student war, hatte er eines dieser unerwarteten kleinen Erlebnisse, bei denen sich ein Mensch töricht vorkommt. Eines Tages, zur Mittagszeit, war er auf dem Campus und beschloß, in einem Schnellimbiß mit Sitzgelegenheiten im Freien zu essen. Mike bestellte einen Hamburger, Pommes und einen Schoko-Milchshake. Dann ging er nach draußen, in der einen Hand sein Essen und seine Aktentasche, in der anderen Computerausdrucke und einige Bücher. Unglücklicherweise waren alle Tische besetzt, und er konnte nirgends sein Tablett abstellen.

Mike stand da und sah all den Studenten zu, die an ihren Tischen aßen und sich unterhielten. Während er darauf wartete, daß ein Platz frei wurde, erinnerte ihn der Duft seines Essens daran, daß er Hunger hatte. Er beugte sich nach vorn, um einen Schluck von dem Milchshake zu nehmen, den er in der Hand hielt. Doch anstatt den Strohhalm in den Mund zu stecken, rammte er ihn sich in die Nase. Der Strohhalm blieb in seiner Nase stecken und kam aus dem Milchshake heraus. Und Mike hatte keine Hand frei, um ihn herauszuziehen. Da stand er vor Hunderten seiner Mitstudenten mit einem Strohhalm in der Nase, aus dem Schoko-Milchshake auf seine Hose tropfte.

Es war nur ein kurzer Augenblick und ein Ereignis, an das sich niemand außer Mike erinnern wird. Aber er wird es niemals vergessen, weil er das Gefühl hatte, wie ein kompletter Idiot dazustehen. Habt ihr jemals so etwas erlebt? Ich wette, jeder Leser, jede Leserin kann eine ähnliche Geschichte erzählen.

Ich erinnere mich an ein Mädchen meiner Klasse, das ich hier einmal Mary Jane nennen will. Sie hatte ihrer Figur heimlich etwas nachgeholfen, indem sie ihren BH ausgestopft hatte. Dann beging sie den Fehler, zu einer Swimmingpool-Fete zu gehen – dort kam die Wahrheit über Mary Jane an die Wasseroberfläche. Alle fanden es urkomisch, nur Mary Jane lachte nicht.

Wir sind extrem sensibel
in unseren Beziehungen zueinander...
Wir sind leicht in Verlegenheit zu bringen.
Wir sind schnell verletzt.

So schmerzhaft derartige Umstände auch sein können, sie gehören zum menschlichen Erfahrungsschatz. Wir alle haben so etwas irgendwann einmal erlebt. Mark Twain stellte fest, daß der Mensch das einzige Lebewesen ist, das errötet – oder das es nötig hat, es zu tun. So sind wir eben geschaffen. Sollte ich unseren emotionalen Apparat mit einem einzigen Wort beschreiben, würde ich sagen: verletzlich. Wir sind extrem sensibel in all den Bereichen, in denen wir gedemütigt werden könnten. Wir sind leicht in Verlegenheit zu bringen. Wir sind schnell verletzt. Wir werden schnell zornig. Und wir „fallen oft gerade dann auf die Nase“, wenn es am unpassendsten ist.

Wir werden hin und wieder im Leben in Verlegenheit gebracht werden. Dies ist ein Teil eines Plans. Gott hat uns aus gutem Grund verletzlich und sensibel geschaffen. Er hätte uns ohne Schwierigkeiten auch mit vollkommen anderen Charakterzügen ausstatten können. Er hätte uns die Kraft von Wasserbüffeln geben können, die Unabhängigkeit von Tigern und die Aggressivität von Löwen. Genauso denken wir gerne über uns selbst. Doch die Bibel sagt etwas ganz anderes. Gott sieht uns als Schafe. Das ist nicht sehr schmeichelhaft, nicht wahr? Doch wir lesen dies in Dutzenden von Bibelstellen. Zum Beispiel:

Ps. 100,3: „Erkennet, daß der Herr Gott ist! Er hat uns gemacht und nicht wir selbst zu seinem Volk und zu Schafen seiner Weide."

Jes. 53,6: „Wir gingen alle in die Irre wie Schafe, ein jeder sah auf seinen Weg. Aber der Herr warf unser aller Sünde auf ihn."

Mt. 9,36: „Und als er das Volk sah, jammerte es ihn; denn sie waren verschmachtet und zerstreut wie die Schafe, die keinen Hirten haben."

Joh. 10,27: „Meine Schafe hören meine Stimme, und ich kenne sie, und sie folgen mir."

1. Petr. 2,25: „Denn ihr wart wie die irrenden Schafe; aber ihr seid nun bekehrt zu dem Hirten und Bischof eurer Seelen."

Schafe auf des Herrn Weide

Welche Eigenschaften, die Schafe besitzen, erinnern den Herrn an euch und mich? Was will er damit ausdrücken, wenn er auf solch eine Weise von uns spricht? Nun, von Schafhirten und Bauern können wir erfahren, daß diese Tiere Eindringlingen gegenüber so gut wie wehrlos sind, nicht sehr einfallsreich, und daß sie zudem in punkto Sicherheit vollkommen von ihren menschlichen Beschützern abhängig sind. Außerdem neigen sie dazu, einander in gefährliche Situationen zu folgen. Wenn David also schreibt: „Wir gingen alle in die Irre wie Schafe", bezieht er sich auf unseren Hang, uns als Herde ohne nachzudenken aus dem Blickfeld unseres wachsamen Hirten zu entfernen.

Ich konnte diesen Herdentrieb vor einigen Jahren in einem Dokumentarfilm beobachten. Die Aufnahmen waren in einem Betrieb gemacht worden, wo Schafe geschlachtet wurden. In Pferchen vor dem Gebäude warteten Hunderte nervöser Tiere. Sie schienen die

Gefahr zu spüren, die von ihrer ungewohnten Umgebung ausging. Dann wurde ein Tor geöffnet, hinter dem eine Rampe nach oben und durch eine Tür zur Rechten führte. Um die Schafe dazu zu bringen, die Rampe hinaufzulaufen, benutzten die Arbeiter einen sogenannten „Judas-Bock". Das ist ein Bock, der dafür abgerichtet ist, die Schafe ins Schlachthaus zu führen. Der Bock führte seine Aufgabe sehr effizient aus. Selbstbewußt ging er bis an den Fuß der Rampe und schaute sich um. Dann machte er einige weitere Schritte die Rampe hinauf und hielt wieder inne. Die Schafe schauten einander unruhig an und begannen sich auf die Rampe zuzubewegen. Schließlich folgten sie dem Bock bis zum oberen Ende der Rampe, wo er durch ein kleines Tor nach links verschwand, sie jedoch gezwungen wurden, nach rechts und in ihren Tod zu gehen. Eine dramatische Illustration für gedankenloses Herdenverhalten und die tödlichen Konsequenzen, die es oftmals mit sich bringt.

Dieser unwiderstehliche Drang zu folgen

Der Druck, sich anzupassen ...
ist noch viel stärker als das Bedürfnis nach
Sicherheit und Wohlbefinden.

Es besteht eine augenfällige Ähnlichkeit zwischen den Schafen, die dem Judas-Bock folgen, und Teenagern, die sich einem tödlichen Gruppenzwang durch Gleichaltrige unterwerfen. Sie spritzen sich Heroin, schnupfen Crack, nehmen an gefährlichen sexuellen Praktiken teil, fahren betrunken Auto... Warum tun sie solche destruktive Dinge? Machen sie sich nichts aus ihrem Leben und aus der Zukunft, die sie aufs Spiel setzen? Die meisten von ihnen tun das schon. Doch der Druck, sich anzupassen – den Führern zu folgen –, ist noch viel stärker als das Bedürfnis nach

Sicherheit und Wohlbefinden. Erwachsene haben das gleiche Problem. Wie König David festgestellt hat, gingen wir alle in die Irre wie Schafe.

Warum ist dieser Drang zu folgen in der menschlichen Persönlichkeit so unwiderstehlich? Weil er seinen Antrieb hat in dem äußerst machtvollen Bedürfnis nach Liebe, Zugehörigkeit und Angenommensein. Diejenigen, die nicht in der Lage sind, diese tiefe Sehnsucht zu befriedigen, bleiben manchmal sogar in ihrer physischen Entwicklung stehen. Es ist zum Beispiel seit vielen Jahren bekannt, daß Säuglinge, die weder geliebt noch berührt werden, an einer seltsamen Krankheit sterben können, die durch diesen Liebesentzug hervorgerufen wird.

Etwas Ähnliches gibt es auch unter vernachlässigten Erwachsenen. Während des Korea-Kriegs Anfang der fünfziger Jahre machten die chinesischen Kommunisten in ihren Gefangenenlagern Gebrauch von einer neuen Technik, der sogenannten „Gehirnwäsche". Diese Technik bestand darin, daß die Kriegsgefangenen voneinander isoliert wurden, man ihre Anführer beiseite schaffte und die Soldaten jeglichen Lebenssinns beraubte.

Entmutigende Post durfte an die Gefangenen weitergeleitet werden, gute Nachrichten oder Zusicherungen der Unterstützung aus ihrer Heimat wurden zurückgehalten. Die Gefangenen wurden belohnt, wenn sie einander „verrieten", so daß niemand wußte, wem er wirklich trauen konnte. Tag und Nacht wurde ihr Heimatland beschimpft und kritisiert. Kurz, die Kommunisten versuchten, den Männern alles zu entreißen, womit sie sich identifizieren und woraus sie inneren Halt ziehen konnten. Sie wurden praktisch voneinander und von der Welt isoliert. Das Ergebnis? Über 3.000 kampferprobte Soldaten legten sich auf ihre Feldbetten, zogen die Decke über den Kopf und starben. Die Todesursache war nicht bekannt, außer daß sie ihren Lebenswillen verloren hatten.

So sind wir geschaffen – verletzlich, bedürftig und in hohem Maße abhängig voneinander.

So sind wir geschaffen – verletzlich, bedürftig und in hohem Maße abhängig voneinander. Manche Menschen sind natürlich empfindsamer als andere, besonders in den frühesten Jahren der Kindheit. Forschungsergebnisse zeigen, daß ein überraschend hoher Prozentsatz weiblicher Viertkläßler, also kaum zehn Jahre alte Mädchen, sich für „dick" halten und versuchen abzunehmen.[1] Ist das nicht unglaublich? Kinder, die sich mit dem Springseil, bei gemeinsamen Spielen und beim Schaukeln vergnügen sollten, machen sich Sorgen über ihren Körper und wie andere ihr Aussehen finden. Da überrascht es kaum, daß einige von ihnen in späteren Jahren Eßstörungen entwickeln, wie Magersucht und Bulimie.

Schon in der Vorschulphase läßt sich beobachten, wie diese Kräfte das Verhalten zu beeinflussen versuchen. Einer unserer Mitarbeiter bei „Brennpunkt Familie" (Focus on the Family) erzählte uns eine Geschichte von seiner drei Jahre alten Tochter Beverly, die das frühe Bedürfnis nach Liebe und Zugehörigkeit illustriert. In ihrer Nachbarschaft wohnten vor allem ältere Kinder, die das kleine Mädchen nicht ständig an ihrem Rockzipfel hängen haben wollten. Sie konnten schneller laufen, höher klettern und überhaupt alles besser tun als sie; eine Tatsache, die ihrer Aufmerksamkeit nicht entgangen war.

Eines Tages kam Bev ins Haus gelaufen und rief ihrer Mutter zu: „Lolli, Mami! Ich will Lolli."

Die Mutter ging zum Schrank und gab dem Mädchen einen Dauerlutscher. Doch das Kind drängelte: „Nein, Mami. Ich will viele Lollis."

Inzwischen hatte die Mutter gemerkt, daß irgend etwas los war, also beschloß sie, das Spiel mitzuspielen. Sie drückte ihrer Tochter fünf oder sechs Dauerlutscher in die Hand und ging zum Fenster, um zu sehen, was sie damit machen würde.

Beverly lief zum Zaun, der ihr Haus begrenzte. Auf der anderen Seite spielten ihre Freunde Baseball. Sie steckte ihren Arm durch den Zaun und winkte mit den Lollis. Zuerst sahen sie die anderen Kinder nicht. Sie spielten weiter, als ob das kleine Mädchen Luft gewesen wäre. Dann schaute eines der Kinder zu ihr hinüber und sah, daß sie ihnen etwas Gutes anbot. Plötzlich kamen alle zu ihr gelaufen und rissen ihr die Lollis gierig aus der Hand. Dann setzten sie, ohne ihr zu danken, ihr Spiel fort. Die kleine Beverly stand alleine da, ihre Lollis und ihre Freunde waren fort.

Elaine kämpfte gegen die Tränen an, als sie ihre Tochter traurig am Zaun stehen sah. Das Kind hatte versucht, sich Anerkennung zu kaufen, doch hatte sie dadurch nur noch stärkere Ablehnung erfahren. Wie sehr sich Beverly wünschte, die anderen Kinder würden sie mögen und sie mitspielen lassen. Was sie jedenfalls an diesem Tag lernte, war, daß man sich Liebe nicht kaufen kann und daß Bestechungsversuche nur Verachtung einbringen. Millionen von Mädchen in ihren Teenagerjahren haben dasselbe Prinzip erfahren, wenn ihr Freund zu ihnen gesagt hat: „Wenn du mich wirklich lieben würdest, würdest du mit mir ins Bett gehen." Da sie nicht abgelehnt werden wollten, gaben sie das Wertvollste, das sie zu geben hatten – nur um nachher von den Jungen allein und abgewiesen am Zaun stehengelassen zu werden.

Kinder fügen einander oftmals großen Schaden durch ihre Grausamkeit und ihren Spott zu. Nehmen wir als Beispiel diese Notiz, die ich von der Mutter einer Viertkläßlerin bekommen habe. Sie war ihr ohne einen ersichtlichen Anlaß von einer ihrer Klassenkameradinnen geschrieben worden:

> *Schreckliche Janet*
>
> *du bist das eklichste Mädchen auf der ganzen Welt. Hoffe du stirbst aber das ist wohl nicht möglich. Ich hab ein par Iden.*
> *1. Spiel auf der Strase*
> *2. Schneit dir den Hals durch*
> *3. Trink Gift*
> *4. Erstech dich*
> *Bitte mach was davon du dickes fettes Mädchen. wir hassen dich alle. Ich bete immer O bitte lieber Gott lass Janet sterben. Wir brauchen frische Luft. Hast du mich gehört lieber Gott wenn nicht sterben wir alle mit ihr. Siest du Janet, wir sind nicht alle böse.*
>
> *von Wanda Jackson*

Was denkt wohl die „schreckliche Janet" über solch einen Brief? Vielleicht besitzt sie soviel Selbstbewußtsein, daß sie einfach darüber hinweggehen kann. Doch wenn Wanda beliebt ist und Janet ist es nicht, ist der Weg für nicht erheblichen Schmerz geebnet. Interessant ist, daß Wanda alle empfindlichen Stellen getroffen hat. Sie beleidigte Janets körperliches Erscheinungsbild und deutete an, daß alle ihre Mitschüler meinten, sie stinke. Diese beiden Botschaften – „du bist häßlich“ und „alle hassen dich“ – können ein besonders empfindsames Kind zutiefst verletzen. Er oder sie wird sich ein Leben lang daran erinnern.

Niemand ist gegen den Schmerz der Ablehnung immun

Fragt einmal einen Erwachsenen nach einer ähnlichen Erfahrung aus seiner Kindheit, und ihr werdet ohne Zögern eine Antwort bekommen. Viele erinnern sich an Ereignisse, die Jahrzehnte zurückliegen. Komiker nutzen diese empfindlichen Stellen sehr effektiv, um uns zum Lachen zu bringen, denn, wie William Makepeace Thackeray feststellte: „Humor ist die Mätresse der Tränen.“ Rodney Dangerfield stimmte dem zu und baute seine Komödien um den Satz herum auf: „Niemand respektiert mich“. Er sagte, als Kind sei er derart abgelehnt worden, daß nicht einmal sein Jo-Jo zu ihm zurückkommen wollte. Der Komiker, der am wirkungsvollsten Nutzen aus Minderwertigkeitsgefühlen gezogen hat, war der magere, introvertierte Woody Allen. Die folgende Geschichte aus seiner Kindheit wurde immer lebendig, wenn er selbst sie erzählte.

Er war auf dem Weg zur Geigenstunde, als er an der Billardkneipe vorbeikam, wo „Floyd“ und seine Freunde rumhingen. Sie stahlen Radkappen von Autos und trieben ähnliche Scherze, um sich die Zeit zu vertreiben. Als Woody vorbeiging, rief ihm Floyd eine Beleidigung zu, daraufhin ließ Woody ihn wissen, daß er sich so etwas von niemandem gefallen lassen würde! Er setzte seinen Geigenkasten ab und sagte: „Wenn du mit mir sprichst, dann wirst du mich in Zukunft als Herr Haywood Allan ansprechen.“ Woody sagte, er habe jenen Winter in einem Rollstuhl verbracht. Ein ganzes Team von Chirurgen mußte hart arbeiten, um die Geigensplitter aus seinem Schädel zu entfernen. Sein Glück war, daß es kein Cello gewesen sei.

Die meisten Menschen finden das komisch, weil wir alle irgendwann in unserer Kindheit von einem „Floyd“ tyrannisiert worden sind. Außerdem können wir uns an jedes Versagen und an jede Demütigung unserer jungen Jahre erinnern. Als ich in der dritten Klasse war, spielte ich in einem äußerst wichtigen Baseball-Spiel. Wie genau ich mich noch an diesen schwarzen Tag erinnern kann! Ein Junge trat ans Schlagmal und schlug den Ball geradewegs in meine Richtung. Alles, was ich zu tun hatte, war, ihn zu fangen. Doch vor den Augen der Fans, die meisten von ihnen Mädchen, ließ ich den Ball durch meine ausgestreckten Finger fallen. Auf dem Weg zum Boden stauchte er mir den Daumen. Noch heute höre ich das Stampfen der Füße von vier Spielern auf dem Weg zur Home Plate. In meiner Wut hob ich den Ball auf und warf ihn auf den Schiedsrichter, der einen Schritt zur Seite machte und ihn fast einen Häuserblock weit rollen ließ. „Buuuuh!" rief die eine Hälfte der Fans. „Jaaaaaaa!" schrie die andere Hälfte.

An diesem Nachmittag blutete und starb ich da draußen auf dem Spielfeld. Es war eine einsame Beerdigung. Doch nachdem ich mir die ganze Geschichte in den folgenden Tagen gründlich hatte durch den Kopf gehen lassen, gab ich Baseball auf und habe seitdem nur noch selten den Weg zurück gefunden. Ich bin Rennen gelaufen, habe Basketball gespielt und auf dem College vier Jahre Tennis, Baseball nie mehr.

Wenn Hunderten von frühen schmerzhaften Erfahrungen wie dieser eine stürmische Jugend folgt, kann es zu einer „Selbstvertrauenskrise" kommen, sobald ein junger Mensch in das kritische Jahrzehnt eintritt. Diese wirkt sich auf alles aus, was wir zu tun versuchen.

Eine Selbstvertrauenskrise

Nehmen wir zum Beispiel die Rolle, die das Selbstvertrauen im Profi-Tennis spielt. Es sind nicht die besten Spieler, die immer gewinnen. Aber normalerweise sind es die selbstbewußtesten. Zudem ist es bei gleichwertigen Gegnern nicht unüblich, daß das Pendel mal in die eine, mal in die andere Richtung ausschlägt. Vielleicht gewinnt ein Spieler den ersten Satz mit 6:0 und verliert den zweiten in gleicher Höhe. Wie können wir diese radikale Wendung erklären? Die äußeren Umstände waren während beider Sätze gleich.

Die Spieler, ihre Fähigkeiten und Erfahrung, der Platz, das Wetter, die Bälle, die Schläger, der Wind, das Publikum und das Netz haben sich nicht verändert.

Welche Variable ist dafür verantwortlich, daß ein erfahrener Tennisprofi im ersten Satz einen Sieg feiert, im zweiten jedoch eine herbe Niederlage hinnehmen muß? Es ist die Ebbe und Flut des Selbstvertrauens. Dieses kommt und geht im Verlauf eines sportlichen Wettbewerbs. Und im Grunde ist es nur ein Nebenprodukt des Vertrauens in sich selbst.

Es sind nicht die besten Spieler, die immer gewinnen.

Glaubt ihr an eure Fähigkeit, es mit den größeren Herausforderungen des Lebens aufnehmen zu können? Wenn nicht, werden es andere auch nicht tun. Sie werden euch genau beobachten, um herauszufinden, was ihr über euch selbst denkt. Immerhin seid ihr in dieser Hinsicht die zuverlässigste Informationsquelle. Die eigenen Unsicherheiten und Zweifel werden sich direkt auf die Einstellungen der Altersgenossen übertragen.

Bitte versteht mich nicht falsch: Ich will nicht sagen, es sei positiv, überheblich und stolz zu sein. Eingebildetsein ist eine seltsame Krankheit. Sie verursacht jedem Übelkeit, außer demjenigen, der an ihr leidet. Auch Stolz bringt uns in mancherlei Schwierigkeiten.

Wir neigen nicht nur dazu, diejenigen unsympathisch zu finden, die ein arrogantes Verhalten an den Tag legen, sondern wir wissen aus der Bibel, daß auch Gott diesen Charakterzug verachtet. Viele der Geschichten in der Bibel beschreiben hochmütige Menschen und das Urteil, das Gott letztlich über sie gefällt hat. In den Sprüchen lesen wir, daß es sieben Dinge gibt, die Gott haßt, und Hochmut findet sich ganz oben auf der Liste (vgl. Spr. 6,16-17). Denkt also bitte nicht, mein Vorschlag sei, daß ihr eine selbstbezogene, selbstzufriedene und arrogante Haltung entwickeln sollt. Es geht mir nicht einmal um das Selbstwertgefühl, wie oftmals behauptet wird. Unser Schwerpunkt soll der innere Friede sein, der aus dem Wissen erwächst, daß ihr ein Kind Gottes seid und mit seiner Hilfe alles bewältigen könnt, worum er euch bittet. Das bedeutet die Weigerung, sich im Selbsthaß zu suhlen. Es bedeutet, an seinen Wert als Mensch zu glauben, ungeachtet all der Schmerzen und der Ablehnung, die man durch andere erfahren hat. Es bedeutet mit einem Wort: Vertrauen.

Zum Abschluß dieser Überlegungen möchte ich zwei Konzepte vorstellen, die hilfreich sein dürften.

1. Worüber wir indirekt gesprochen haben, ist eine Stimme tief im Inneren des Menschen, die jedem von uns zuflüstert: „Du bist ein Narr. Niemand mag dich, und das aus gutem Grund. Du bist ein Versager. Du scheiterst in allem, was du zu tun versuchst. Alle anderen sind aus dem richtigen Holz geschnitzt, aber du bist anders. Niemand könnte dich wirklich lieben. Nicht einmal Gott macht sich etwas aus dir."

Ich möchte euch sagen, daß der Besitzer dieser „kleinen Stimme" „der Vater der Lüge" genannt worden ist (Joh. 8,44). Sein Ziel ist es, zu betrügen, zu zerstören und zu entmutigen. Und seine beste Waffe gegen uns ist es, einen internen Krieg auszulösen, der uns innerlich auseinanderreißt. Abraham Lincoln sagte einmal: „Ein Haus, das mit sich selbst uneins ist, kann nicht bestehen." Dies trifft besonders auf die Tiefen der Gedankenwelt zu.

Unglücklicherweise unterstützen viele von uns Satan in seinem Bemühen, uns niederzudrücken. Eine frühere First Lady der Vereinigten Staaten, Eleanor Roosevelt, sagte einmal, niemand könne einen Narren aus jemandem machen ohne dessen Einwilligung. Sie hatte recht. Wenn es darum geht, unser Selbstvertrauen zu untergraben, sind wir oftmals selbst unsere größten Feinde.

Ich möchte nun beschreiben, wodurch Selbsthaß und Minderwertigkeitsgefühle ausgelöst werden können; ich nenne dies „der Gerichtssaal der Gedanken". (In dem Buch „Minderwertigkeitsgefühle – eine Epidemie" wird dieses Thema eingehender behandelt.)

Angenommen, du bist eine sechzehn Jahre alte Jugendliche, und dein Name ist Helena. Um ganz ehrlich zu sein, du bist nicht gerade eine Schönheit. Deine Schultern hängen ein wenig nach vorn, und du hast Schwierigkeiten, darauf zu achten, beim Nachdenken den Mund zu schließen. (Das scheint deiner Familie beträchtliche Sorgen zu bereiten.) Deine Stirn und dein Kinn sind mit Pickeln übersät, und deine zu groß geratenen Ohren schauen immer wieder durch dein Haar hindurch, das sie eigentlich verstecken sollte. Du denkst oft über diese Makel nach und hast dich schon gefragt, natürlich in angemessener Ehrfurcht, warum Gott nicht achtgegeben hat, als er dich erschaffen hat.

Noch nie in deinem Leben hast du ein Rendezvous gehabt, abgesehen von dieser Katastrophe im vergangenen Februar. Eine Freundin deiner Mutter hatte eine Verabredung arrangiert, die fast das Ende der Welt für dich bedeutet hatte. Du wußtest, wie groß das Risiko dabei sein würde, aber warst viel zu aufgeregt, um rational denken zu können, und sagtest zu. Als der charmante Charlie eintraf, war er in bester Stimmung, denn er dachte, dem Mädchen seiner Träume zu begegnen. Du entsprachst nicht dem, was er sich vorgestellt hatte. Erinnerst du dich an die Enttäuschung auf seinem Gesicht, als du ins Wohzimmer kamst? Erinnerst du dich daran, wie er Mary Lou am nächsten Morgen erzählte, daß deine Zahnspange weiter hervorstand als dein Busen? Erinnerst du dich noch, daß er sagte, du hättest soviel Metall im Mund, daß er einen Schneidbrenner gebraucht hätte, wenn er dich hätte küssen wollen? Grauenvoll! Doch an dem Abend eurer Verabredung hatte er kein Wort gesagt. Er hatte den ganzen Abend hindurch geschmollt und dich zwei Stunden zu früh nach Hause gebracht. Natürlich konnte Mary Lou es nicht erwarten, dir am folgenden Nachmittag zu erzählen, wie sehr Charlie dich haßte. In deiner Wut revanchiertest du dich. Du paßtest ihn in der Eingangshalle ab und sagtest ihm, er sei nicht gerade der hellste, obwohl er einen Kopf wie eine Glühbirne habe. Doch der Schmerz saß tief. Fast sechs Monate lang verabscheutest du alle männlichen Wesen und glaubtest schon, deine Hormone hätten sich für alle Zeiten abgesetzt.

Als du an jenem Nachmittag aus der Schule heimkamst, gingst du, ohne ein Wort zu sagen, auf dein Zimmer. Du machtest die Tür zu und setztest dich auf dein Bett. Du dachtest darüber nach, wie ungerecht das Ganze war, und spieltest mit deinen jungen Gedanken Himmel-und-Hölle über all den schmerzlichen kleinen Erinnerungen, die sich nicht zum Schweigen bringen ließen. Dir schien sogar, als stündest du plötzlich vor Gericht, wo deine Annehmbarkeit für die menschliche Rasse festgestellt werden sollte.

Der Vertreter der Anklage stand vor der Geschworenenbank und begann, belastendes Beweismaterial für deine Wertlosigkeit zu präsentieren. Er erinnerte an jenen Valentinstag, als deine hübsche Kusine Ann vierunddreißig Karten und zwei Schachteln Pralinen bekam, die meisten von Jungen, die unsterblich in sie verliebt waren. Du bekamst ganze drei Karten – zwei von anderen Mädchen und eine von Onkel Albert aus San Antonio. Die Geschworenen schüttelten traurig die Köpfe. Der Staatsanwalt beschrieb dann den Tag, als jener Junge aus der sechsten Klasse sein Eis mit Betty teilte, aber sagte, daß er sich „an deiner Häßlichkeit anstecken" würde, gäbe er dir etwas davon ab. Du tatst, als hättest du es nicht gehört, doch verstecktest dich in der Toilette und weintest, bis die Pause vorbei war.

„Meine Damen und Herren Geschworenen", sagte der Ankläger, „was Sie hier gehört haben, sind die unvoreingenommenen Meinungen Helenas eigener Generation. Die gesamte Schülerschaft stimmt offenbar mit ihnen überein. Sie haben keinen Anlaß zu lügen. Ihre Auffassungen spiegeln die reine Wahrheit wider. Dieses unscheinbare und reizlose Mädchen verdient es nicht, eine von uns zu sein! Ich fordere Sie auf, sie hier und heute schuldig zu sprechen!"

Dann erhob sich der Verteidiger. Er war ein schwächlicher kleiner Mann, der stotterte. Er rief einige Zeugen auf, die zu deinen Gunsten aussagten, darunter deine Mutter, dein Vater – und natürlich Onkel Albert.

„Einspruch, Euer Ehren!" rief der Staatsanwalt. „Das sind Mitglieder ihrer Familie. Sie zählen nicht. Es sind voreingenommene Zeugen, und ihre Aussagen sind nicht vertrauenswürdig."

„Einspruch stattgegeben", vermerkte der Richter. Nervös und aus dem Konzept gebracht, führte dein Anwalt nun an, wie sehr du immer auf Ordnung in deinem Zimmer geachtet hast, und er machte großes Aufheben um die Eins, die du im Monat zuvor in Geographie geschrieben hattest. Du sahst, wie der Vorsitzende der Geschworenen ein Gähnen unterdrückte, während die anderen vollkommen gelangweilt wirkten.

„U-u-und d-deshalb, meine D-d-d-damen u-und Herren Ge-gegeschworenen, b-b-bitte ich Sie, die-diese junge Da-da-dame für n-n-nicht schuldig im Sinne d-d-der A-anklage zu b-b-befinden."

Die Geschworenen brauchten ganze siebenunddreißig Sekunden, um ihr Urteil zu fällen. Du standst vor ihnen und erkanntest sie alle. Da war die Schönheitskönigin des vergangenen Jahres, der „Superstar" der Footballmannschaft, der Festredner der letzten Abschlußfeier der Oberstufe, der gutaussehende Sohn des Chirurgen. Sie alle blickten ernst auf dich herab und riefen plötzlich wie mit einer Stimme: *„Schuldig im Sinne der Anklage, Euer Ehren!"* Dann verlas der Richter dein Urteil:

„Helena, du bist von einer Jury deiner Altersgenossen als für die menschliche Rasse unannehmbar befunden worden. Hiermit wirst du zu einem Leben in Einsamkeit verurteilt. Du wirst wahrscheinlich in allem, was du tust, versagen und wirst ohne einen einzigen Freund in der Welt zu Grabe getragen werden. Eine Heirat ist vollkommen ausgeschlossen, und in deinem Heim wird es niemals Kinder geben. Du bist eine Versagerin, Helena. Du bist eine Enttäuschung für deine Eltern und wirst von nun an als das fünfte Rad am Wagen betrachtet werden müssen. Der Fall ist hiermit abgeschlossen."

Der Traum löste sich langsam auf, doch die Entscheidung der Geschworenen blieb real. Deine Eltern wunderten sich, warum du in den darauffolgenden Wochen so reizbar und gemein warst. Sie wußten nicht – und du erzähltest es ihnen nie -, daß du aus der Welt der schönen Menschen ausgeschlossen worden warst.

Ich wünschte, ich könnte mit all den Helenas, Michaels, Susis und Peters sprechen, die im Gerichtssaal der Gedanken für unannehmbar befunden wurden. Vielleicht werden sie niemals herausfinden, daß der ganze Prozeß manipuliert war – daß jedes Mitglied der Jury des gleichen Vergehens für schuldig befunden worden ist – daß selbst der Richter vor mehr als dreißig Jahren verurteilt wurde. Ich wünschte, ich könnte jedem Teenager erzählen, daß wir alle vor diesem ungerechten Gericht gestanden haben – und daß nur wenige freigesprochen wurden. Einige der jugendlichen Verurteilten werden zu einem späteren Zeitpunkt ihres Lebens „begnadigt", doch eine weitaus größere Zahl wird dem Urteil des Richters niemals entkommen! Und die Ironie in all dem ist, daß jeder von uns selbst seinen eigenen manipulierten Prozeß durchführt. Wir sind unsere eigenen Ankläger, und das Endurteil wird unter unserer eigenen, unverrückbaren Aufsicht gefällt werden – selbstverständlich nicht ohne eine kleine Hilfestellung unserer „Freunde".

Der Prozeß war manipuliert

Wenn ihr euch selbst in der Vergangenheit vor Gericht gestellt habt, ist es Zeit für eine Begnadigung, damit ihr von allen Anschuldigungen freigesprochen werdet. Der Prozeß gegen euch war purer Nonsens!

Gemeinsam mit Gott seid ihr in der Überzahl. Ich erinnere mich an einen Frischling in der National Basketball Association (NBA), der sein erstes Profijahr während der aktiven Jahre des Superstars Michael Jordan bei den Chicago Bulls bestritt. Bei einem Spiel wurde Jordan wild und warf unglaubliche achtundsechzig Punkte. Der Neuling blieb bis zur letzten Spielminute auf der Ersatzbank, als der Trainer ihn endlich ins Spiel schickte. In den allerletzten Sekunden der Begegnung gelang ihm noch ein einziger Freiwurf. Als er nach dem Spiel interviewt wurde, war er sehr zufrieden mit sich: „Zusammen", sagte er, „haben Michael Jordan und ich neunundsechzig Punkte gemacht."

Wenn es darum geht, unser Selbstvertrauen zu untergraben, sind wir oftmals selbst unsere größten Feinde.

Genauso ist es auch mit unserer Beziehung zum Herrn. Wir sind nur Anfänger, die an der Seite der Legende spielen. So lange er unsere dürftigen Begabungen segnet, sind sie vollkommen ausreichend. Vor einigen Jahren hat jemand ein Lied geschrieben, das diesen Gedanken aufgreift. Es hatte den Titel: „Little Is Much If God Is In It" (Wenig ist viel, wenn der Herr dahintersteht). Der Texter sagte darin, daß unsere Unfähigkeiten ohne Bedeutung sind, wenn der Herr sich entschließt, seinen Segen hinzuzufügen. Die Betonung lag schon immer auf seiner Kraft, nicht auf dem, was wir erreichen.

Seht euch zum Beispiel die Männer an, die Jesus zu seinen zwölf Jüngern auserwählte. Er wußte, daß sie eines Tages das Evangelium in eine feindliche Welt würden hinaustragen müssen. Die Zukunft der ganzen christlichen Kirche würde auf ihren Schultern ruhen.

Eine unschlagbare Verbindung

Aus menschlicher Sicht betrachtet, hätte Jesus die mächtigsten und begabtesten Führer seiner Zeit erwählen müssen. Aber er war nicht interessiert an Theologen, militärischen Helden und politischen Potentaten. Statt dessen suchte er sich einen bunten Haufen vollkommen einfacher Menschen zusammen, darunter einige ungebildete Fischer und ein verhaßter Steuereintreiber. Doch er gebrauchte sie, um die Welt auf den Kopf zu stellen.

Heute sind wir seine auserwählten Jünger – seine einfachen Menschen. In diesem Licht sollten wir die Herausforderungen betrachten, die vor uns liegen. Wird unser bescheidener Beitrag mit seiner Größe kombiniert, ist das Team unschlagbar.

Gemeinsam mit Gott seid ihr in der Überzahl.

Ein Punkt wird in der Schrift ganz deutlich. Der Herr will nicht, daß wir unsere Unzulänglichkeiten als Ausrede benutzen, um uns vor der Verantwortung zu drücken. Das hat er unmißverständlich in einer frühen Begegnung mit Mose klargestellt, die wir im vierten Kapitel des zweiten Buchs Mose nachlesen können. Gott hatte aus dem brennenden Dornbusch zu Mose gesprochen und ihm befohlen, Pharao zu sagen, daß er die Kinder Israel ziehen lassen müsse. Mose jedoch brachte nicht das nötige Selbstvertrauen für solch eine Aufgabe auf und versuchte, sich herauszureden. Er sagte: „Ach, mein Herr, ich bin von jeher nicht beredt gewesen, auch jetzt nicht, seitdem du mit deinem Knecht redest; denn ich hab eine schwere Sprache und eine schwere Zunge."

Darauf erwiderte der Herr: „Geh nun hin; ich will mit deinem Munde sein und dich lehren, was du sagen sollst."

Mose aber sprach: „Mein Herr, sende, wen du senden willst."

Welch eine Feigheit Mose an den Tag legte! Der Gott des Universums, der den Himmel und die Erde erschaffen hat, hat versprochen, mit ihm zu gehen. Und trotzdem machen Selbstzweifel seine Knie weich.

Akzeptierte der Herr diese Entschuldigung? Kaum! In 2. Mose 4,14 lesen wir: „Da wurde der Herr sehr zornig über Mose."

Habt ihr schon jemals gesagt: „Ich weiß, was du von mir verlangst, Herr, aber es tut mir wirklich leid. Ich tauge einfach nicht dazu"? Na dann, viel Glück. Unser himmlischer Vater wird den Hinweis auf unsere Unzulänglichkeiten nicht als Entschuldigung gelten lassen. Er bietet uns dieselbe Unterstützung an, die er Mose damals angeboten hat, und erwartet von uns, daß wir die Koffer packen und uns auf den Weg machen!

Der Apostel Paulus hat uns ein Beispiel für die richtige Einstellung gegeben, als er schrieb: „Ich vermag alles durch den, der mich mächtig macht" (Phil. 4,13). Das ist die Grundlage für ein erfolgreiches Leben. Vergeßt den Gerichtssaal der Gedanken! Ihr seid freigesprochen!

3

Aus Liebe zum Geld

KAPITEL 3

Vor kurzem wartete ich auf dem internationalen Flughafen in Atlanta, Georgia, auf meinen Flug und sah zu, wie all die Menschen geschäftig hin und her eilten. Vor meinen Augen spielten sich faszinierende kleine Dramen ab. Eine Mutter hastete vorbei, die offensichtlich zu Gate 92 wollte. In einiger Entfernung kam ein kleiner Junge hinterhergewackelt, dem scheinbar nichts so gleichgültig war wie die Frage, ob sie ihr Flugzeug rechtzeitig erreichen würden. Er sang ein Liedchen vor sich hin und spazierte fröhlich durch das Flughafengebäude. Seine Mama drehte sich schließlich um und versuchte ihn zur Eile anzutreiben. Vergeblich! Als sie in der Menge verschwanden, lief der Junge etwa drei Meter hinter seiner Mutter und fiel immer weiter zurück.

Es liefen ein Teenager und ihre Mutter vorbei. Es sah aus, als hätten sie an diesem Vormittag eine große Auseinandersetzung gehabt. Vielleicht war die verrückte Frisur des Mädchens der Auslöser gewesen. Worüber auch immer sie sich gestritten hatten, die Tochter war offenbar als Sieger hervorgegangen. Die Mutter machte für die Uhrzeit jedenfalls schon einen recht angespannten Eindruck. Die Jugendliche hatte augenscheinlich an diesem Morgen Stunden damit verbracht, sich so herzurichten, daß sie sexy aussah und älter, als sie eigentlich war. Es war ihr gelungen.

Ihr werdet dem schnellen Leben nicht entkommen können. Das garantiere ich euch.

Hunderte anderer Menschen hasteten an meinem Beobachtungsposten vorbei. Sie alle waren tief in Gedanken versunken – darauf konzentriert, schnell irgendwohin zu kommen und das zu tun, wozu sie gekommen waren. Unweigerlich machte ich mir Gedanken, wer wohl diese Menschen sein mochten und welche Sorgen sie mit sich herumschleppten. In den sechziger Jahren sangen die Beatles: *„All the lonely people, where do they all come from"*[1] (Woher kommen nur all die einsamen Menschen). Ja, ich sah einige Typen, die den Eindruck machten, als bräuchten sie dringend einen Freund. Doch vor allem sah ich beschäftigte, erschöpfte Männer und Frauen, die Stunden hinter ihrem Zeitplan zurück zu sein schienen. Wäre es wirklich der Auslöser einer internationalen Krise gewesen, wenn sie sich auf einen der Stühle neben mir gesetzt und ein paar Minuten den vorbeilaufenden Menschen zugeschaut hätten? Ich weiß! Ich weiß! Flugzeuge warten nicht.

Was ich auf dem Flughafen mitangesehen habe, ist charakteristisch für die moderne Art zu leben. Vielleicht seid ihr in den sorgenfreien Tagen der Jugend und kennt daher diese Art von modernem Leben noch nicht. Doch ihr werdet dem schnellen Leben nicht entkommen können. Das garantiere ich euch. Die hektische Schnellebigkeit unserer Tage, die uns fast jeglichen Lebenssinns beraubt, ist sehr ansteckend, und die meisten Menschen finden sich früher oder später in ihrer Tretmühle wieder.

Die wirklich großen Fragen des Lebens

Es ist sehr wichtig, innezuhalten und sich über grundlegende Punkte Gedanken zu machen, solange ihr jung seid und bevor die Belastungen durch Arbeit und Familie euch ablenken. Es gibt einige ewige Fragen, denen sich jeder Mensch früher oder später einmal stellen muß. Ich denke, ihr werdet davon profitieren, wenn ihr diese Aufgabe gleich jetzt in Angriff nehmt.

Ob ihr nun Atheist, Moslem, Buddhist, Jude, New-Ager, Agnostiker oder Christ seid: Die Fragen, denen sich jeder Mensch gegenübergestellt sieht, sind dieselben. Nur die Antworten unterscheiden sich. Sie lauten:

Wer bin ich als Person?
Woher komme ich?
Welche Dinge sind für mich wichtig?
Führt jemand Buch über mein Leben?
Was erwartet er von mir?
Gibt es ein Leben nach dem Tod?
Wie bekomme ich ewiges Leben, falls es existiert?
Was bedeutet der Tod?

Wir werden uns in Kürze mit vielen dieser wichtigen Fragen auseinandersetzen. Jetzt wollen wir uns auf eine andere, wirklich fundamentale Frage konzentrieren: Welche Ziele sind es wert, daß ich mein Leben in sie investiere? Das sollte geklärt werden, bevor wir uns eingehend mit dem Erwachsensein befassen.

Spielleidenschaft

Wenn es um die Ziele im Leben geht, scheint die Motivation der meisten Menschen in erster Linie von dem Streben nach Geld und nach den Dingen, die man damit kaufen kann, bestimmt zu sein. Falls ihr das bezweifelt, braucht ihr nur, den Fernseher einzuschalten und den Kandidaten beim Kampf um Geld und Sachpreise zuzuschauen. Seht euch diese Paradiesvögel an, wie sie mit Schaum vor dem Mund herumspringen und an den Kleidern des Gastgebers zerren. Ihre Augen sind glasig und die Ohren knallrot. Sie befinden sich in einem Zustand, den man Spielleidenschaft nennt und der seine Opfer jeglicher Fähigkeit, rational zu denken, beraubt.

Ja, *Lisa Schulze, Sie* haben eine *neue Waschmaschine* gewonnen, einen Jahresvorrat an *Krügers Kaubonbons* und diese phantastische neue Puppe, *Pamela,* die sogar das Kleidchen Ihrer Tochter naßmacht! *Herzlichen Glückwunsch, Lisa,* und danke, daß Sie beim *„Glücksbeutel"* mitgespielt haben (tosender Applaus).

Warum ich mich so gut darin auskenne? Weil ich selbst einmal bei einer solchen Show mitgemacht habe. 1967 schaffte es meine Frau, mich in die Show zu zerren, die zu jener Zeit der absolute Renner war. Man mußte sich originell verkleiden, um als Kandidat ausgewählt zu werden. Überall an ihrem Kopf und ihrer Bluse befestigte Shirley Spielzeugvögel, und ich hielt ein Schild: „Bei meiner Frau piept's gewaltig." Furchtbar witzig, oder? Zumindest witzig genug, um den Showmaster, Monty Hall, dazu zu bringen, uns als glückliche Kandidaten auszuwählen. Man setzte uns ganz vorn in der Nähe der Kameras, aber zu Beginn der Sendung nahmen sie sich erst einmal ein paar andere arme Würstchen vor.

Als ich dort mit den anderen Kandidaten saß, dachte ich immer wieder: Was in aller Welt tue ich hier mit diesem dummen Schild? Ich hätte der ganzen Geschichte kaum skeptischer gegenüberstehen können. Schließlich rief Monty unsere Namen, und die Kameras schwenkten herüber.

"Hier, hinter Tür Nummer eins, steht ... (ein Vorhang öffnet sich) ... *ein neues Autooooo!!"* (das Publikum rast vor Begeisterung).

Plötzlich zog sich mir der Magen zusammen. Mein Mund begann zu zucken, und das Herz schlug mir bis zum Hals. Da vorne auf der Bühne stand mein Traumwagen – ein nagelneuer Camaro. Verlangen kroch meine Kehle hinauf und blieb irgendwo in der Gegend um den Adamsapfel stecken. Meine Atmung wurde unregelmäßig und flach – ein weiterer eindeutiger Hinweis darauf, daß mich die Spielleidenschaft gepackt hatte.

Um diese Reaktion verstehen zu können, müßt ihr wissen, daß ich einige der übelsten Autos in der ganzen Geschichte der Automobilindustrie besessen habe. Während meines Studiums fuhr ich ein 1949er Mercury Cabriolet (ich nannte ihn Ol' Red), das über elektrische Sitzverstellung, elektrische Fensterheber, ein elektrisches Verdeck und elektrische Wasweißichnichtalles verfügte – nur die Elektrizität, um das alles zu betreiben, fehlte. Im Winter kurbelte ich die Scheiben hoch, im Sommer runter. Und so blieben sie, ungeachtet der wechselnden Temperaturen. Shirley, mit der ich damals befreundet war, muß mich über alle Maßen geliebt haben, daß sie es trotz dieses Autos mit mir aushielt. Sie haßte es! Der Beifahrersitz hatte eine schlechtgelaunte Sprungfeder, die ihr die Kleider zerriß und sie in die Beine stach. Auch ließ sich Ol' Red nicht immer so ohne weiteres zum Anspringen überreden. So mußten Shirley und ich diesen Schrotthaufen alle paar Tage die Straße entlangschieben.

Warum ich dieses neue Auto unbedingt gewinnen wollte

Der dramatische Höhepunkt ereignete sich, kurz nachdem wir unser Examen bestanden hatten. Wir waren auf dem Weg zu einem Vorstellungsgespräch und hatten für diese Gelegenheit unsere Sonntagsgarderobe aus dem Schrank geholt. Da saßen wir nun, mit Anzug und Krawatte, hochhackigen Schuhen und weißer Rüschenbluse, und brausten in Ol' Red die Landstraße entlang, als plötzlich das Verdeck abriß. Schnüre und Staub schlugen uns ins Gesicht, während der Stoff des Verdecks hinter uns her flog wie Supermans Cape. Es war furchtbar peinlich. Und könnt ihr euch vorstellen, daß Shirley auf mich sauer war, weil ich das hatte geschehen lassen? Sie kauerte auf dem Boden und machte mir Vorwürfe, weil ich solch eine Klapperkiste fuhr. Es ist ein Wunder, daß unsere Beziehung diesen emotionsgeladenen Nachmittag überlebte.

Obwohl Ol' Red schon lange vor unserem Auftritt in dieser Sendung zur letzten Ruhe gebettet worden war, hatte ich bis dahin noch nie einen Neuwagen besessen. Jeder verfügbare Dollar war in das Studium geflossen. Ich hatte erst zwei Monate zuvor meinen Ph.D. gemacht.

Das erklärt meine heftige Reaktion auf das Auto dort hinter Tür Nummer eins.

„Alles, was ihr zu tun habt, um das Auto zu gewinnen", sagte Monty, „ist, uns die Preise der folgenden vier Gegenstände zu nennen."

Shirley und ich errieten die ersten drei, doch beim vierten lagen wir daneben. „Tut mir leid, ihr seid raus. Aber diesen Staubsauger und drei Dollar könnt ihr mitnehmen. Und danke, daß ihr dabei wart!"

Shirley und mir war es hundeelend zumute. Auf der Heimfahrt sprachen wir darüber, wie unsere Emotionen in dieser Situation manipuliert worden waren. Wir beide hatten unvorstellbare Gier verspürt, und das war kein sehr angenehmes Gefühl. Es war für mich eine sehr wertvolle Erfahrung, weil ich etwas über Lust und ihre Dynamik im geistlichen Zusammenhang gelernt habe. Ich habe die

Beobachtung gemacht, daß, wonach auch immer einem Menschen hungert, Satan es ihm als Gegenleistung für einen geistlichen Kompromiß bietet. In meinem Fall war ein neues Auto das ideale Lockmittel, um meine Gier zu entfesseln. Sehnt ihr euch nach verbotenem Geschlechtsverkehr, wird sich früher oder später eine Gelegenheit dazu bieten. Seid also nicht überrascht, wenn euch ein williger Partner über den Weg läuft. Falls ihr euch nach Ruhm oder Macht ausstreckt, wird euch das Objekt eurer Begierde zugesichert (wenn auch niemals geliefert) werden.

Wonach auch immer einem Menschen hungert, das wird ihm Satan bieten.

Denkt daran, daß Jesus nach seinem vierzigtägigen Fasten in der Wüste Brot angeboten wurde. Ruhm und Macht wurden ihm versprochen, nachdem er über seinen vor ihm liegenden Weg zum Kreuz nachgesonnen hatte. Ich will darauf hinaus, daß Satan unser stärkstes Verlangen benutzt, um uns zu versuchen.

Vorsicht! Versuchung!

Wenn sich euer Herz nach großem Reichtum sehnt – gebt acht! Ihr befindet euch in einer sehr gefährlichen Situation. Wenn ihr das bezweifelt, lest 1.Timotheus 6,9, wo es heißt: „Denn die reich werden wollen, die fallen in Versuchung und Verstrickung und in viele törichte und schädliche Begierden, welche die Menschen versinken lassen in Verderben und Verdammnis." Welche unglaubliche Einsicht in die menschliche Natur. Wenn ihr Menschen beobachtet, die eine unbändige Leidenschaft für Geld haben, werdet ihr feststellen, daß viele von ihnen äußerst empfänglich sind für spleenige Ideen und zwielichtige Geschäfte. Sie stehen dauernd kurz vor der Entdeckung einer Goldgrube, die ihnen durch die Finger zu rinnen scheint. Anstatt Reichtum anzuhäufen, werden sie zunehmend abhängig.

Der Milliardär John D. Rockefeller hatte einen Rat für all diejenigen bereit, die reich werden wollten: „Es ist ganz einfach", sagte er. „Man braucht nur früh aufzustehen, hart zu arbeiten – und Öl zu finden." Er hatte leicht reden.

Diese Überlegungen erinnern mich an einen Jagdausflug, den ich einmal mit meinem Sohn unternahm, als er ein Teenager war. Sehr früh am Morgen, noch bevor die Sonne aufgegangen war, kletterten wir auf den Hochsitz. In etwa zwanzig Meter Entfernung stand ein Fütterungsautomat, der mit einer Zeitschaltuhr verbunden war. Um 7 Uhr ließ er Maiskörner in eine darunterstehende Schüssel fallen.

Ryan und ich saßen ganz dicht beieinander und unterhielten uns leise über dies und jenes. Dann sahen wir durch den Nebel eine Hirschkuh ohne einen Laut in die Lichtung treten. Sie brauchte etwa dreißig Minuten, bis sie sich an die Futterstelle in der Nähe unseres Verstecks herangetastet hatte. Wir hatten nicht vor, sie zu schießen, doch es machte Freude, diesem wunderschönen Tier aus nächster Nähe zuzuschauen. Sie war extrem vorsichtig, hielt immer wieder die Nüstern in den Wind und lauschte auf mögliche Gefahren. Schließlich tastete sie sich zentimeterweise an den Automaten heran, wobei sie immer noch ein wenig scheu umherschaute, als könnte sie unsere Nähe spüren. Dann genehmigte sie sich ein schnelles Frühstück und floh.

Ich flüsterte Ryan zu: „Aus dem, was wir gerade gesehen haben, können wir etwas sehr Wertvolles lernen. Wenn du plötzlich und unerwartet mitten im Wald auf einen Gratis-Vorrat von erstklassigem Mais triffst, dann gib acht! Die ihn dort aufgestellt haben, beobachten dich wahrscheinlich und warten nur darauf, dich abzuschießen. Halte Augen und Ohren offen!"

Vielleicht wird Ryan sich nicht sein Leben lang an diesen Rat erinnern, ich jedenfalls habe ihn nicht vergessen. Dieser Rat ist auch auf euer Leben anwendbar. Je gieriger ihr werdet, desto empfänglicher seid ihr für die Bauernfänger unserer Tage. Sie werden erstklassigen „Mais" als Köder auslegen, sei es Geld, Sex, ein reizvoller Job oder Schmeicheleien. Ihr werdet euren Augen nicht trauen können. Was für ein Angebot! Aber gebt acht! Euer hübscher Kopf könnte schon im Fadenkreuz irgendeines Jagdgewehrs sein.

Es lauern nicht nur Fallstricke für all jene, die sich nach Reichtümern ausstrecken, sondern auch diejenigen, die sie bekommen, dürften sehr bald eine Überraschung erleben. Sie lernen sehr schnell, daß Wohlstand ihr Bedürfnis nach Anerkennung nicht befriedigt. Kein Geldbetrag kann das tun.

*Je gieriger ihr werdet,
desto empfänglicher seid ihr auch für die
Bauernfänger unserer Tage.*

Ich hoffe, ihr glaubt mir, wenn ich sage, daß ein in die Anhäufung von Besitz investiertes Leben ein verschwendetes Leben ist. Es muß einfach einen sinnvolleren Lebensinhalt geben als das.

Geld – das Thema, über das Jesus am häufigsten sprach

Jesu Lehren sind an dieser Stelle für uns von großer Bedeutung. Habt ihr euch jemals gefragt, über welches Thema Jesus mehr gesprochen hat als über jedes andere? War es Himmel, Hölle, Sünde, Buße, Liebe oder sein zweites Kommen? Nein, es war Geld, und das meiste, was er sagte, hatte die Form einer Warnung. Diese Vorsicht allem gegenüber, was mit Besitz und Reichtümern zu tun hat, begegnet uns überall in Jesu Lehren. Hier sind einige Abschnitte aus nur einem der vier Evangelien, dem Evangelium des Lukas: Zu einer großen Menge seiner Nachfolger sagte er: „Weh euch Reichen! Denn ihr habt euren Trost schon gehabt" (Lukas 6,24).

Auch sagte er: „Seht zu und hütet euch vor aller Habgier; denn niemand lebt davon, daß er viele Güter hat" (Lukas 12,15).

Jesus erzählte ein Gleichnis von einem reichen Narren, der meinte, daß er Gott nicht brauche. Er glaubte, er habe noch viele Jahre zu leben, und sagte zu sich selbst: „Liebe Seele, du hast einen großen Vorrat für viele Jahre; habe nun Ruhe, iß, trink und habe guten Mut! Aber Gott sprach zu ihm: Du Narr! Diese Nacht wird man deine Seele von dir fordern; und wem wird dann gehören, was du angehäuft hast?" Jesus schloß das Gleichnis mit der nüchternen Warnung: „So geht es dem, der sich Schätze sammelt und ist nicht reich bei Gott" (Lukas 12,19-21).

Später besuchte Jesus einen prominenten Pharisäer und sagte zu seinem Gastgeber: „Wenn du ein Mittags- oder Abendmahl machst, so lade weder deine Freunde noch deine Brüder noch deine Verwandten noch reiche Nachbarn ein, damit sie dich nicht etwa wieder einladen und dir vergolten wird. Sondern wenn du ein Mahl machst, so lade Arme, Verkrüppelte, Lahme und Blinde ein, dann wirst du selig sein" (Lukas 14,12-14).

Er erzählte das Gleichnis vom verlorenen Sohn, der sein Erbteil forderte und es für Prostituierte und ein ausschweifendes Leben verschwendete (siehe Lukas 15,11-32).

Jesus sagte zu seinen Jüngern: „Kein Knecht kann zwei Herren dienen; entweder er wird den einen hassen und den andern lieben, oder er wird an dem einen hängen und den anderen verachten. Ihr könnt nicht Gott dienen und dem Mammon" (Lukas 16,13).

Er erzählte das Gleichnis vom reichen Mann, der alles hatte, was man sich nur wünschen konnte. Er war in feinstes Purpur und Leinen gekleidet und aß das allerbeste Essen. Doch kümmerte er sich nicht um das Elend des Bettlers Lazarus, der hungrig war und mit Geschwüren bedeckt. Der Reiche starb und kam in die Hölle, wo er gequält wurde, doch Lazarus kam in den Himmel und wurde dort getröstet (siehe Lukas 16,19-31).

Er sprach mit einem reichen Oberen und forderte ihn auf, alles, was er hatte, zu verkaufen und das Geld den Armen zu geben. Der Mann ging sehr traurig fort, „denn er war sehr reich" (Lukas 18,18-23).

Schließlich wandte sich Jesus seinen Jüngern zu und sagte: „Wie schwer kommen die Reichen in das Reich Gottes! Denn es ist leichter, daß ein Kamel durch ein Nadelöhr gehe, als daß ein Reicher in das Reich Gottes komme" (Lukas 18,24-25). Ist es nicht erstaunlich, wie viele der Aussagen Jesu auf die eine oder andere Weise mit Geld zu tun hatten! Wir müssen uns fragen, warum das so ist. Gibt es einen

Grund dafür, daß der Meister immer wieder auf dieses Thema zu sprechen kam? Natürlich gibt es einen. Jesus lehrte uns, daß große geistliche Gefahren mit dem Streben nach Reichtum einhergehen. Den Grund dafür legte er in Matthäus 6,21 dar: „Denn wo dein Schatz ist, da ist auch dein Herz."

Überlaßt dem Herrn den ersten Platz

Erinnert euch an meine Bemerkung im ersten Kapitel, daß der Herr sich nicht mit dem zweiten Platz in eurem Leben zufriedengeben wird. Diese Gefahr geht vom Geld aus. Es kann zu unserem Schatz – unserer Leidenschaft – unserer größten Liebe werden. Und wenn das geschieht, wird Gott fast bedeutungslos.

Große geistliche Gefahren gehen mit dem Streben nach Reichtum einher.

Was bedeutet diese Einsicht nun für die heutige Zeit? Ist es uns verboten, unseren Lebensunterhalt zu verdienen, Haus und Auto zu besitzen, ein Sparkonto zu haben? Ganz sicher nicht. In 1. Timotheus 5,8 können wir lesen: „Wenn aber jemand die Seinen, besonders seine Hausgenossen, nicht versorgt, hat er den Glauben verleugnet und ist schlimmer als ein Heide." Die besondere Aufgabe der Männer ist es, ihre Familie zu versorgen und zu schützen, und dazu müssen sie mit ihrer Arbeit Geld verdienen.

Der Herr wird sich nicht mit dem zweiten Platz in eurem Leben zufriedengeben.

Reichtum ist nichts Böses an sich. Abraham, David und andere bedeutende Männer der Bibel waren mit Reichtümern gesegnet. Und die Schrift sagt uns sogar, daß Gott einigen Menschen die Macht gab, Reichtümer zu erlangen (siehe 5. Mose 8,18 und 1. Samuel 2,7). Worin besteht die Gefahr? Der Apostel Paulus macht uns deutlich, daß das Geld selbst nicht das Problem ist. Die Liebe zum Geld ist die Wurzel alles Übels (siehe 1. Tim. 6,10). Sobald unser Besitz zu unserem Gott wird, geraten wir in Schwierigkeiten.

Wie geht nun die Bibel mit Besitz und Geld um? Wir haben gesehen, was falsch ist, was aber ist richtig? Laut dem christlichen Finanzberater und Schriftsteller Ron Blue gibt es vier grundlegende Prinzipien im Umgang mit Geld. Wenn ihr sie in eurem Leben anwendet, wird der Materialismus für euch niemals zum Problem werden. Wir wollen uns diese Prinzipien kurz anschauen:

Prinzip Nr. 1: Alles gehört Gott.

Jede Entscheidung, Geld auszugeben, ist eine geistliche Entscheidung. Einige sind der Auffassung, der Herr habe Anspruch auf zehn Prozent unseres Einkommens, was wir den „Zehnten" nennen, während die restlichen neunzig Prozent uns gehörten. Stimmt nicht. Ich selbst bin von dem Konzept, den Zehnten zu geben, durchaus überzeugt, aber nicht, weil Gottes Anteil auf ein Zehntel beschränkt wird. Wir sind nur Verwalter all dessen, was er uns anvertraut hat. Er ist unser Eigner – und manchmal auch unser Enteigner. Alles, was wir haben, ist nur von ihm geliehen. Als Gott ihm seine Reichtümer nahm, hatte Hiob die richtige Einstellung: „Ich bin nackt von meiner Mutter Leibe gekommen, nackt werde ich wieder dahinfahren. Der Herr hat's gegeben, der Herr hat's genommen; der Name des Herrn sei gelobt" (Hiob 1,21).

Wenn ihr dieses grundlegende Konzept versteht, wird deutlich, daß jede Entscheidung, Geld auszugeben, eine geistliche Entscheidung ist. Verschwendung ist zum Beispiel keine Vergeudung unserer eigenen Mittel. Es ist ein erbärmliches Gebrauchen der Mittel Gottes.

Ausgaben für lohnende Dinge, wie Urlaub, Eiscreme, Fahrräder, Jeans, Zeitschriften, Tennisschläger, Autos und Hamburger, werden genauso von seinem Geld bestritten. Aus diesem Grund neigen wir in meiner Familie vor jeder Mahlzeit den Kopf, um dem Herrn zu danken. Alles, auch unser Essen, ist ein Geschenk aus seiner Hand.

Prinzip Nr. 2: Es besteht immer eine Diskrepanz zwischen Zeit und Aufwand und zwischen Geld und Belohnungen.

Ihr habt sicherlich schon einmal die Ausdrücke gehört: „Umsonst ist nur der Tod" und „Man bekommt nichts geschenkt". Hinter diesen Sätzen steckt eine tiefe Einsicht. Geld sollte immer in Verbindung mit Arbeit und Schweiß gesehen werden.

Was für eine Bedeutung hat dieses zweite Prinzip für uns? Überlegt einmal einen Augenblick, was der wertloseste und nutzloseste Gegenstand ist, den ihr in den vergangenen Jahren gekauft habt. Vielleicht ein elektrischer Rasierapparat, der unbenutzt im Badmöbel liegt, oder ein Kleidungsstück, das ihr niemals getragen habt. Es ist wichtig, daß ihr euch folgendes bewußt macht: Dieser Gegenstand wurde nicht von eurem Geld gekauft; er wurde mit eurer Zeit bezahlt, die ihr gegen Geld eingetauscht habt. Im Endeffekt habt ihr einen bestimmten Bruchteil eurer euch zugeteilten Tage hier auf der Erde gegen dieses Stück Müll eingetauscht, das nun in euerer Wohnung Platz wegnimmt.

Habt ihr erst einmal begriffen, daß ihr für alles, was ihr kauft, mit einem Teil eures Lebens bezahlt, dürftet ihr im Umgang mit Geld viel vorsichtiger werden.

Prinzip Nr. 3: Es gibt keine unabhängigen finanziellen Entscheidungen.

Ihr werdet niemals genug Geld haben, um alles zu kaufen oder zu tun, was ihr wollt. Selbst Milliardäre unterliegen gewissen Einschränkungen ihrer Kaufkraft. Daher hat jede Ausgabe Auswirkungen auf andere Dinge, die ihr braucht oder gerne haben möchtet. Es hängt alles miteinander zusammen. Das bedeutet, daß diejenigen, die der Versuchung nicht widerstehen können, ihr Geld für Unnötiges hinauszuwerfen, sich selbst in Bereichen größerer Bedürfnisse oder Interessen einschränken.

Und, nebenbei bemerkt, auch Ehepaare streiten sich oft über die Verwendung von Geld. Warum? Weil ihre Wertesysteme unterschiedlich sind und sie sich oftmals nicht darüber einig werden können, was sinnvoll ist und was nicht. Meine Mutter und mein Vater waren typisch in dieser Hinsicht. Wenn Dad sich für fünf Dollar Schrotflintenmunition oder Tennisbälle kaufte, rechtfertigte er die Ausgabe damit, daß sie seinem Vergnügen diente. Doch wenn Mutter Geld für einen Kartoffelschäler ausgab, hielt er es für Verschwendung. Einmal abgesehen davon, daß ihr das Einkaufen ebensosehr Vergnügen bereitete, wie ihm das Jagen und Tennisspielen. Sie hatten vollkommen unterschiedliche Standpunkte. Das ist ein potentielles Problem, das ihr und euer zukünftiger Ehepartner werdet durchstehen müssen.

Wiederum bedarf dieses dritte Prinzip der grundlegenden Erkenntnis, daß eine Extravaganz zu dem einen Zeitpunkt in einer Enttäuschung zu einem anderen Zeitpunkt enden kann. Gute Geschäftsführer haben bei allen finanziellen Entscheidungen stets das Gesamtbild im Blick.

Prinzip Nr. 4: Eine verzögerte Bedürfnisbefriedigung ist der Schlüssel zu finanzieller Reife.

Da wir nur über begrenzte Mittel verfügen, jedoch eine unbegrenzte Auswahl haben, besteht die einzige Möglichkeit, finanziell voranzukommen, darin, daß wir auf einiges, das wir uns wünschen, verzichten. Wenn uns die Disziplin fehlt, das zu tun, werden wir stets in Schulden leben. Bedenkt, daß, wenn ihr nicht weniger ausgebt, als ihr verdient, kein Einkommen ausreichend sein wird. Das ist der Grund, weshalb manche Menschen eine Gehaltserhöhung bekommen und kurze Zeit später noch tiefer verschuldet sind.

Laßt mich diesen wichtigen Punkt wiederholen: Kein Einkommen wird ausreichend sein, falls nicht die Ausgaben unter Kontrolle gebracht werden. Nehmen wir zum Beispiel den Finanzhaushalt der Regierung der Vereinigten Staaten. Sie erhält jährlich mehr als eine Billion Dollar aus den Taschen der amerikanischen Steuerzahler. Das sind tausend Milliarden Dollar! Aber unser Kongreß gibt Hunderte von Milliarden Dollar mehr aus.

Selbst bei äußerst großzügiger Interpretation muß man feststellen, daß der größte Teil dieser Beträge für undurchführbare Programme und unnötige und teure Verwaltungsaufgaben aufgewandt wird. Folglich bewegt sich unser nationales Schuldenaufkommen in schwindelerregender Höhe. Die Konsequenz ist mehr als deutlich: Bei einer Regierung ebenso wie bei einer Einzelperson muß die Bereitschaft vorhanden sein, sich die kurzfristige Befriedigung von Bedürfnissen zu versagen und nicht über seine Verhältnisse zu leben. Das ist nicht einfach, aber es wird sich später auszahlen.[2]

Ein solides finanzielles Fundament

Vielleicht können euch diese vier Prinzipien helfen, ein Fundament finanzieller Stabilität zu errichten, ohne daß ihr Kompromisse bezüglich des Glaubens eingehen müßt. Um es kurz zu fassen, das Geheimnis eines erfolgreichen Lebens besteht darin, sein Leben in etwas zu investieren, das es überdauert, oder, wie es der Schreiber des Hebräerbriefes ausgedrückt hat: „Seid nicht geldgierig, und laßt euch genügen an dem, was da ist" (Hebr. 13,5).

Kommen wir noch einmal zu der Frage, mit der wir begonnen haben: Welche Ziele sind es wert, daß ich mein Leben in sie investiere? Wir haben diese Frage noch nicht erschöpfend beantwortet, doch haben wir Geld als mögliche Antwort ausgeschlossen. Im nächsten Kapitel wollen wir uns mit einer weiteren Alternative beschäftigen.

4

Das Streben nach Macht

KAPITEL 4

Wir haben bisher über die Hauptmotivationen menschlichen Verhaltens gesprochen und darüber, wie sie mit den Entscheidungen zusammenhängen, die während des kritischen Jahrzehnts getroffen werden müssen. Eine von ihnen, nämlich das Streben nach Geld, konnten wir bereits (so hoffe ich) als gültigen Lebensinhalt ausschließen. Nun wollen wir uns mit einer weiteren Antriebskraft befassen, die den Lauf der Dinge sogar noch stärker beeinflussen kann. Ich spreche vom Streben nach Macht. Die Machtgier durchdringt die menschliche Gesellschaft und hat ihren Ursprung sehr früh im Leben eines Menschen.

Schon ein Kleinkind ist sehr geschickt darin, mit Macht umzugehen und sie zu seinem Vorteil einzusetzen. Er oder sie liebt es, Kontrolle über Dinge zu haben – und Dinge zu zerbrechen, sie zu zerquetschen, naß zu machen und abscheuliche Dinge zu essen. Der Komiker Bill Cosby sagte einmal: „Gebt mir zweihundert aktive Zweijährige, und ich könnte die Welt erobern." Es stimmt. So niedlich und charmant Kleinkinder sind – sie können wahre Tyrannen sein. Sie glauben aufrichtig, daß sich das gesamte Universum nur um sie dreht, und das gefällt ihnen.

Wie bereits erläutert, hält dieses Selbstbewußtsein nur einige wenige Jahre an. Dann überläßt es Selbstzweifeln und Unsicherheit das Feld. Und leider ist einer der unangenehmsten Aspekte des Heranwachsens das Gefühl von Machtlosigkeit, das es mit sich bringen kann. Eine Mutter erzählte mir, daß sich die Mitschüler ihrer Tochter, die in die siebte Klasse ging, tagtäglich über sie lustig machten. Sie sagte, das Mädchen wäre jeden Morgen eine Stunde, bevor sie aufstehen mußte, wach und würde darüber nachdenken, wie sie den Tag überstehen konnte, ohne gedemütigt zu werden. Millionen von Teenagern könnten sich mit ihr identifizieren.

Andere Jugendliche ärgern sich darüber, daß ihre Eltern so viel Macht haben. Als Minderjährige dürfen sie nicht wählen, Auto fahren, trinken, miteinander schlafen oder schlicht ihr eigenes Leben bestimmen – es sei denn, sie brechen die Regeln. Einige von ihnen ärgern sich über diese Situation und weigern sich, sie zu akzeptieren. Das führt zu jener Art von Rebellion, mit der wir alle vertraut sind. Sie greifen verfrüht nach der Macht, anstatt darauf zu warten, daß sie sie als Twens auf natürlichem Weg erhalten. Einige tragische Fehler werden oftmals von jenen begangen, die die Zügel in die Hand bekommen, bevor sie vom Grad ihrer Reife her dazu in der Lage sind, mit ihnen umzugehen.

Macht und die Beziehungen Heranwachsender

Es ist unmöglich, das gesellschaftliche Verhalten Heranwachsender zu verstehen, ohne sich mit der Rolle der Macht in zwischenmenschlichen Beziehungen befaßt zu haben. Da ihr diese Phase gerade erst hinter euch gebracht habt, dürftet ihr euch noch gut an dieses von Konkurrenzdruck geprägte Klima erinnern. Das ist es, was ihr Wertesystem ausmacht. Die Erscheinungsformen sind natürlich vollkommen unterschiedlich. Für Mädchen gibt es keine größere gesellschaftliche Überlegenheit als die Schönheit. Eine wahrhaft hinreißende junge Frau besitzt so viel Macht, daß selbst junge Männer oftmals Angst vor ihr haben. In der Schule regiert sie wie eine Königin (in den USA wird sie sogar in der Regel mit Titeln bedacht, deren Bezeichnungen einen deutlichen Bezug auf die Monarchie aufweisen: Homecoming Queen, All-School Queen, Sweet-heart Queen, Football Queen, Prom Queen usw.). Die Art und Weise, wie sie diesen Status im Umgang mit ihren Mitschülern benutzt, ist für diejenigen von uns faszinierend, die sich für das menschliche Verhalten interessieren.

Eine wahrhaft hinreißende junge Frau besitzt so viel Macht, daß selbst junge Männer oftmals Angst vor ihr haben.

Für Jungen haben Machtspiele viel mehr mit körperlicher Kraft zu tun als für Mädchen. Die Tyrannen unter ihnen bläuen den Schwächeren ihren Willen buchstäblich ein. Ich erinnere mich, daß es während meiner eigenen Schulzeit so war. Ich hatte in jenen Jahren einige Schlägereien durchzustehen, um mich behaupten zu können. Es gab jedoch einen Typen, mit dem ich kein Interesse hatte, mich anzulegen. Sein Name war McKeechern, aber alle nannten ihn nur Killer. Er war der Schrecken der Stadt. Wir waren alle davon überzeugt, daß er jeden auseinandernehmen würde, der ihm quer kam. Meines Wissens ist diese Annahme niemals überprüft worden. Zumindest nicht, bis ich in eine Konfrontation hineinstolperte.

Als ich fünfzehn und ein impulsiver Frischling an der Schule war, beendete ich beinahe ein langes und glückliches Leben, noch bevor es richtig begonnen hatte. Ich erinnere mich noch, daß in der Nacht zuvor ein Schneesturm über unseren Staat hinwegfegte, und eine Gruppe von uns hatte sich vor der Schule versammelt, um Autos mit Schneebällen zu bewerfen. (Sagt euch das etwas über den Grad unserer kollektiven Reife zu jener Zeit?) Kurz bevor das Klingelzeichen zum Nachmittagsunterricht rief, schaute ich die Straße entlang und sah McKeechern in seinem alten 1934er Auto herantuckern. Der Wagen war ein Schrotthaufen mit einem „Fenster" aus Pappe in der Fahrertür. McKeechern hatte eine acht mal acht Zentimeter große Klappe in den Karton geschnitten, die er anhob, wenn er nach links abbog. Für einen kurzen Moment konnte man seinen finsteren Blick sehen, als er um eine Ecke fuhr. War die Klappe jedoch unten, bekam er nichts mit von dem, was sich auf der linken Seite seines Wagens abspielte. Wie es der Zufall wollte, stand ich genau dort mit einem riesigen Schneeball in der Hand – und hatte sehr lustige und furchtbar unweise Gedanken.

Wenn ich zu diesem Tag zurückgehen und mir selbst einen Rat geben könnte, würde ich sagen: Tu's nicht, Jim! Du könntest hier und jetzt dein schönes Leben verlieren. McKeechern wird dir die Zunge herausreißen, falls du ihn mit diesem Schneeball triffst. Leg ihn einfach hin und geh in den Unterricht. Doch ein solcher Rat drang an jenem Tag nicht an mein Ohr. Mit all meiner Kraft schleuderte ich den Schneeball in die Luft hinauf. Er kam in dem Moment herunter, als McKeechern vorbeifuhr, und flog, was ich nicht zu hoffen gewagt hatte, direkt durch die Klappe in seinem Pappfenster. Das Geschoß traf ihn offensichtlich mitten ins Gesicht, denn sein Auto kam ins Schleudern, rumpelte über den Randstein und blieb kurz vor dem Schulgebäude stehen.

Killer sprang tobend aus seinem Sitz und war nur allzu bereit, jemanden (mich!) in Stücke zu reißen. Ich werde diesen Anblick niemals vergessen. Sein ganzes Gesicht war voller Schnee, und kleine Dampfwolken stiegen von seinem Kopf auf. Mein Leben lief vor meinen Augen ab, als ich mich unter die Menge mischte. So jung! dachte ich.

Das einzige, was mich an diesem Tag rettete, war die Tatsache, daß McKeechern nicht in der Lage war, mich zu identifizieren. Niemand erzählte ihm, daß ich den Schneeball geworfen hatte, und ihr könnt mir glauben, ich habe mich nicht freiwillig gestellt. Ich entkam ungeschoren, wenn mich auch dieser schicksalsschwere Augenblick emotional tief getroffen haben muß. Noch heute, nach all den Jahren, habe ich regelmäßig Alpträume von diesem Ereignis. In meinen Träumen höre ich die Türglocke und gehe hin, um die Haustür zu öffnen. Da steht McKeechern mit einer Schrotflinte in der Hand. Und er hat immer noch Schnee im Gesicht. (Wenn du das liest, Killer, hoffe ich, daß wir Freunde sein können. Schließlich waren wir doch noch Kinder, oder?)

Die ewige Suche nach Macht

Warum habe ich die Machtkämpfe der Jugend beschrieben? Was hat dieser turbulente Lebensabschnitt mit dem kritischen Jahrzehnt und der Zeit danach zu tun? Nun, all das ist äußerst relevant für den hier besprochenen Themenbereich und spielt eine bedeutende Rolle für eure eigene Zukunft. Wie ich bereits angemerkt habe, ist das Streben nach Macht für viele Menschen eine Leidenschaft, die sie ihr ganzes Leben hindurch nicht losläßt. Im Erwachsenenalter nimmt es andere Formen an, doch sind die emotionalen Ursprünge dieselben. Die meisten von uns wollen Dinge kontrollieren. Selbst der Wunsch nach Geld, den wir im vorangegangenen Kapitel besprochen haben, hat mit diesem Streben nach Kontrolle und Einfluß zu tun. Warum? Weil diejenigen, die am meisten Geld besitzen, in der Regel am mächtigsten sind.

Wie wichtig ist nun die Macht in eurem eigenen emotionalen System? Hofft ihr Arzt, Rechtsanwalt, Armeeoffizier oder Politiker zu werden, weil diese Berufe in unserer Kultur Einfluß bedeuten? Seid ihr fest entschlossen, euch einen Namen zu machen? Wollt ihr, daß die Menschen sagen, wenn ihr vorbeigeht: „Da geht ein bedeutender Mensch"? Hofft ihr, sie möchten ein Autogramm von euch? Liegt euer Lebenssinn in diesen Symbolen von Bedeutsamkeit begründet?

Wenn dem so ist, lehnt eure Leiter an der falschen Wand. Doch laßt mich rasch etwas klarstellen. Gott hat euch Begabungen gegeben, und er möchte, daß ihr sie produktiv nutzt. Ihr solltet euch hohe Ziele stecken und eure Energien dafür einsetzen, sie zu erreichen. Schult euren Intellekt. Baut eure Fähigkeiten aus. Lernt, eure Wünsche zu disziplinieren. Bereitet euch auf die Zukunft vor. Arbeitet hart. Fangt an! Ihr werdet niemals vorankommen, wenn ihr nicht bereit seid, Risiken einzugehen.

Doch bevor ihr euch jetzt an die Arbeit macht, solltet ihr euch fragen: „Für wen werde ich sie tun?" Wenn ihr nach Macht strebt, damit ihr mächtig werden könnt, seid ihr auf dem falschen Weg. Wenn ihr auszieht, um Ruhm zu finden, damit ihr berühmt werden könnt, wird eure Reise in einer Enttäuschung enden. Wenn ihr euch nach Einfluß ausstreckt, damit ihr einflußreich werden könnt, dann begeht ihr einen schweren Fehler. Der Herr hat folgendes zu diesen Insignien des Erfolgs zu sagen: „Ein Weiser rühme sich nicht seiner Weisheit, ein Starker rühme sich nicht seiner Stärke, ein Reicher rühme sich nicht seines Reichtums" (Jer. 9,22). Wessen sollen wir uns rühmen? Der Apostel Paulus hat die Antwort: „Ob ihr nun eßt oder trinkt oder was ihr auch tut, das tut alles zu Gottes Ehre" (1. Kor 10,31).

Das ist sehr deutlich, nicht wahr? Unsere Bestimmung liegt nicht in unserer sondern in Gottes Hand. Somit hat die Berufswahl und „was ihr auch tut" von eurem Dienst für das Reich Gottes motiviert zu sein. Das ist der einzige Aspekt von ewiger Bedeutung. Nichts anderes wird euch zufriedenstellen. Alles andere wird verbrennen.

Ich habe schon lange genug gelebt, um miterleben zu können, wie einige meiner frühen Träume von Ruhm zerplatzt sind. Einer von ihnen entstand, kurz nachdem ich die High School abgeschlossen hatte und aufs College gehen wollte. Bereits einige Tage vor Vorlesungsbeginn kam ich auf dem Campus an, ging umher und sah mir den Ort an, der in den kommenden vier Jahren mein Zuhause sein würde. Ich kam mir vor wie ein Tourist.

Was ihr auch tut, hat von eurem Dienst für das Reich Gottes motiviert zu sein.

Von größtem Interesse war für mich an jenem Morgen die Vitrine mit den Trophäen, die im Hauptgebäude des Verwaltungstrakts ihren Platz hatte. Dort standen die funkelnden Symbole vergangener sportlicher Siege. Basketball, Langstreckenlauf und Baseball waren stark vertreten. Und dann sah ich ihn. In der Mitte stand majestätisch die Immerwährende Tennistrophäe. Sie war über sechzig Zentimeter hoch, mit einem glitzernden kleinen Tennisspieler auf der Spitze. Auf dem Schaft waren die Namen aller Tennis-Champions des Colleges bis zurück ins Jahr 1947 eingraviert. Jeder dieser Helden hat sich mir ins Gedächtnis eingebrannt. Selbst heute noch könnte ich viele aufzählen.

Als ich dort vor dieser historischen Trophäe stand, sagte ich zu mir selbst: Eines Tages werde ich meinen Namen dieser Liste hinzufügen. Ich war entschlossen, es der Welt zu zeigen.

So seltsam es heute auch scheinen mag, damals war es mein höchstes Lebensziel, Tennis-Champion unseres Colleges zu werden. Nichts auf der Welt hätte mir mehr bedeuten können. Schon immer war Tennis meine Leidenschaft gewesen. Ich hatte es sechs Tage in der Woche und elf Monate im Jahr gespielt. Als ich mein Examen machte und ans College ging, tat ich es mit dem Vorsatz, diesen Sport in die Rekordbücher zu bringen. Nun, ich hatte ein bestimmtes Maß an Erfolg in meiner Tenniskarriere. Ich belegte Tennis in jedem der vier Jahre, wurde später Mannschaftskapitän, und ich schaffte es tatsächlich, daß mein Name in die große Trophäe eingraviert wurde – sogar zweimal, in jedem meiner beiden letzten Semester. Ich verließ das College in dem befriedigenden Bewußtsein, daß nachfolgende Generationen von Studienanfängern vor der Vitrine stehen und voller Bewunderung meinen Namen lesen würden.

Wo ist diese Trophäe heute?

Etwa fünfzehn Jahre später hatte ein Freund von mir an dem College zu tun, an dem ich studiert hatte. Er warf etwas in den Abfallbehälter hinter dem Verwaltungstrakt, und was glaubt ihr, fand er dort? Genau, zwischen all dem Müll und Schutt lag die Tennistrophäe! Die Sportabteilung hatte sie tatsächlich weggeworfen! Was für ein Schlag! Da war ich, eine lebende Legende, und wen interessierte das? Einige Universitäten ziehen die Trikot-Nummern ihrer besten Sportler aus dem Verkehr, um sie zu ehren. Meine Schule hatte nicht meine Nummer aus dem Verkehr gezogen. Sie hatte die Erinnerung an mich aus dem Verkehr gezogen!

Der Freund nahm die Trophäe mit nach Hause, säuberte und reparierte sie. Dann überreichte er sie mir in Erinnerung an unser „Erstes", an das sich scheinbar niemand mehr erinnerte. Die Trophäe steht heute in meinem Büro. Mein Name steht zweimal drauf. Damals war das eine Riesensache. Ehrlich.

Aus dieser kurzen Begegnung mit dem Ruhm habe ich eine wertvolle Lektion über Erfolg und Leistung gelernt. Paßt gut auf, denn es könnte bald aktuell werden: *Das Leben wird auch eure Trophäen auf den Müll werfen.* So wichtig etwas momentan auch zu sein scheint, mit der Zeit wird es alt und angelaufen aussehen. Wen kümmert es heute, daß Zachary Taylor oder William Henry Harrison ihre Wahlen zum Präsidenten der Vereinigten Staaten gewannen? Könnt ihr mir drei US-Senatoren von 1933 nennen? Wahrscheinlich nicht, und wer interessiert sich auch dafür? Was für einen Unterschied macht es, daß die Brooklyn Dodgers 1955 in den World Series die Yankees schlugen? Der Held jener Saison, Sandy Amoros, rettete das Spiel mit einem Catch, der eine ganze Nation jubeln ließ, doch schon bald war er verarmt, vergessen und lebte auf der Straße.[1]

Einer der größten romantischen Filmstars der zwanziger Jahre war John Gilbert. Er war der mit Abstand am höchsten bezahlte Schauspieler in Hollywood, und jeder seiner Filme wurde unter Garantie ein Kassenschlager. Im ganzen Land gab es fast niemanden, der seinen Namen nicht kannte. Doch innerhalb von zwei Jahren wollte ihn kein Studio mehr engagieren. Gilbert starb 1936 an den Folgen eines Herzanfalls, dessen Ursache massiver Alkohol- und Drogenmißbrauch war. Er war gerade erst sechsunddreißig Jahre alt.[2] Habt ihr jemals von ihm gehört? Ich bezweifle es. Diese Beispiele machen deutlich: Selbst die atemberaubendsten Erfolge werden mit der Zeit bedeutungslos.

Ich will langsam auf den Punkt kommen. Im November 1974 traf das Footballteam der University of Southern California (USC) auf seinen historischen Rivalen „Notre Dame". Es war eine der spannendsten Begegnungen in der Geschichte, besonders für die USC-Fans. Ich selbst war eine Zeit lang an der USC, und noch heute sehe ich mir ihre Football-Spiele voller Begeisterung an. Es gibt wenige Dinge, die mich mehr mit Befriedigung erfüllen, als wenn der Mannschaft „Notre Dame" das Fell über die Ohren gezogen wird! (Anhänger der Iren werden mir das nachsehen müssen.)

An diesem Novembertag des Jahres 1974 fand eine der großartigsten Football-Begegnungen aller Zeiten statt. In der ersten Hälfte wurden die Trojaner durch ihre Gegner völlig überrannt und lagen zur Halbzeit mit 6:24 Punkten zurück. Ich weiß nicht, was Trainer John McKay seiner Mannschaft in der Kabine gesagt hat, doch irgend etwas setzte die USC unter Strom. In der zweiten Hälfte schien eine vollkommen andere Mannschaft auf dem Feld zu spielen. Ein Spieler namens Anthony (A.D.) Davis verwandelte den Eröffnungs-Kickoff nach fünfundachtzig Yards in einen Touchdown. Das war der Anfang eines der unglaublichsten Comebacks in der Geschichte der World Series. Beim Schlußpfiff hatte die USC 54 Punkte auf der Anzeigetafel.

Ich sah mir das Spiel an jenem Nachmittag im Fernsehen an. Da war ich in meinem Arbeitszimmer, schrie und tobte, als wäre ich auf dem Stadium. Während der zweiten Hälfte saß ich nicht einen Augenblick lang! Das war ein Tag!

Natürlich war A.D. Davis der Held des Tages. Er wurde zu Fernsehsendungen eingeladen, und sein Bild zierte am nächsten Morgen fast jede Sportzeitschrift. Er stand mitten im Rampenlicht. Überall sprachen die Footballfans über Anthony und seine vier explosiven Touchdowns.

Viele Jahre gingen ins Land, und wieder stand das Team der USC in einem dramatischen alles-oder-nichts Footballspiel. Ihre Gegner waren diesmal die Spieler der UCLA, und der Sieger der Begegnung würde beim Rose Bowl am 1. Januar 1990 dabeisein. Ich stand an jenem Tag am Spielfeldrand und wurde Zeuge, wie die Trojaner ein weiteres Wunder abzogen. Damals war Mike McGee, ein Freund von mir, sportlicher Leiter, und er lud mich nach dem Spiel in die Spielerkabine ein. Es war ein wunderbarer Sieg in der Football-Geschichte der USC. Die zwei Helden des Tages, Rodney Peete und Eric Afhaulter, wurden auf die Schultern ihrer Teamkameraden gehoben. Es war ein herrliches Erlebnis, einfach dabeisein zu können.

Dann wurde ich für einen kurzen Augenblick abgelenkt und sah nach links. Dort im Schatten stand A.D. Davis, der Superstar von 1974. Er schaute dem fröhlichen Durcheinander vom Rand des Geschehens zu. Ich möchte auf keinen Fall respektlos ihm gegenüber erscheinen, denn es passiert jedem von uns, doch A.D. sah nicht mehr aus wie der durchtrainierte Athlet, als den ich ihn in Erinnerung hatte. Er hatte ein wenig zugenommen und sich einen Bauch zugelegt, den er in seinen Anfängen nicht gehabt hatte. Hier stand „Mr. Yesterday“, sah den neuen Senkrechtstartern zu und erinnerte sich wahrscheinlich, wie es gewesen war, selbst im Rampenlicht zu stehen. Doch die Zeit, da er die Hauptrolle gespielt hatte, war gekommen und wieder vergangen, und jetzt – was zählte das alles überhaupt?

Auch Erfolg wird verblassen

So funktioniert das System nun mal. Auch eure Erfolge werden in der Erinnerung verblassen. Das bedeutet nicht, daß ihr nicht versuchen solltet, Erfolge zu erzielen. Doch solltet ihr euch die Fragen stellen: Warum sind mir Erfolge wichtig? Sind meine Trophäen für mich, oder sind sie für Gott? Das sind kritische Fragen, die jeder Gläubige beantworten können muß.

Laßt mich ein weiteres Beispiel gebrauchen, das diesmal nichts mit Sport zu tun hat, sondern mit dem Erlangen politischer Macht.

Wir haben bereits festgestellt, daß das Streben nach Einfluß ein grundlegender Charakterzug der menschlichen Persönlichkeit ist, vor allem unter Männern. Doch wieviel Befriedigung bringt sie denjenigen, die dieses Ziel erreichen? Ich will nicht leugnen, daß Autorität manche Menschen vergiften kann und daß sie sich nach den Vorteilen sehnen, die mit ihr einhergehen. Trotzdem ist Macht im günstigsten Fall ein zeitlich begrenztes Phänomen, das wieder aufgegeben werden muß. Dieser Gedankengang führt mich zu meiner letzten Illustration.

Gary Bauer, Präsident des Family Research Council in Washington, D.C., arbeitete acht Jahre lang unter Ronald Reagan im Weißen Haus. Im zweiten Abschnitt dieser Zeit war er der oberste Haushaltsberater und hatte ein wunderschönes Büro ganz in der Nähe des Präsidenten. Sein Vorgesetzter war ein Mann namens Donald R., Personalchef für den Verwaltungsbereich. Unter ihm zu arbeiten war nicht gerade ein Vergnügen! Er war ein humorloser Vorgesetzter, der seine Untergebenen das Fürchten lehrte. Donald R. befand sich an der Spitze, denn er repräsentierte den Präsidenten und teilte seine ehrfurchtgebietende Autorität.

Eure Erfolge werden in der Erinnerung verblassen.

Eines Tages, als mein Bekannter im Fernsehen die Nachrichten sah, erfuhr er, daß Donald R. von Präsident Reagan gefeuert worden war. Wie sich später herausstellte, hatte Donald R. den Fehler gemacht, Nancy Reagan zu verärgern, woraufhin sie für seine Entlassung gesorgt hatte. Als Gary zur Arbeit ging, kam ihm am Haupttor des Weißen Hauses Donald R. entgegen. Unbegreiflicherweise trug er seine eigenen Kisten. Noch ein Tag zuvor war er ein mächtiger Mann gewesen; nun hatte er nicht einmal jemanden, der ihm beim Ausräumen seines Büros half. Plötzlich war alles vorbei. Er war ein Ehemaliger. Soviel zu Dauerhaftigkeit und Verläßlichkeit von Macht!

Ich bin sicher, ihr werdet die Relevanz dieser Beispiele für euer eigenes Leben erkennen, doch ich möchte sichergehen. Wenn die triumphalen Erfolge der Superstars und der Mächtigen so schnell zu Staub zerfallen, wieviel weniger bedeutend sind die bescheidenen Leistungen, die ihr und ich auf unserem Konto werden verbuchen können? Wenn unsere Erfolge ohnehin vergehen, sind sie es überhaupt wert, daß wir unsere Lebenszeit in sie investieren? Rechtfertigen sie unser begrenztes Dasein auf dieser vergänglichen Scholle? Ist das etwa alles, was ein Feuer ausmacht? Ich bin von ganzem Herzen davon überzeugt, daß dem nicht so ist!

In der Schrift wird uns von einem Vorfall berichtet, der diese Diskussion ins rechte Licht rückt. In 1. Chronik 28 können wir lesen, wie König David alt geworden war und wußte, daß er bald sterben würde. Er rief seine Beamten, seine führenden Militärs, Finanzmanager und all die „Mächtigen" zusammen, damit sie seine letzten Worte hören sollten. Bei dieser Versammlung war sein Sohn Salomo anwesend, den Gott dazu ausersehen hatte, nach dem Tod seines Vaters dessen Nachfolger auf dem Thron zu werden. Es folgte ein sehr bewegendes und historisches Gespräch zwischen dem sterbenden Monarchen und seinem jungen Erben.

Guter Rat von einem sterbenden König

Der Rat, den David an jenem Tag seinem Sohn mit auf den Weg gab, war nicht nur für Salomo von größter Bedeutung, sondern ist es auch heute noch für euch und mich. Ein Mensch macht keine großen Worte, wenn der Todesengel schon über ihm schwebt. Versucht, euch einmal die Szene vorzustellen, als der alte Mann seinem geliebten Sohn, der sein Erbe fortführen wird, seine letzten Gedanken anvertraut. Wahrscheinlich voller Gefühl und mit einer brüchigen Stimme sagte David folgendes:

„Und du, mein Sohn Salomo, erkenne den Gott deines Vaters und diene ihm mit ganzem Herzen und mit williger Seele. Denn der

Herr erforscht alle Herzen und versteht alles Dichten und Trachten der Gedanken. Wirst du ihn suchen, so wirst du ihn finden; wirst du ihn aber verlassen, so wird er dich verwerfen ewiglich" (1.Chronik 28,9).

Die Weisheit eines ganzen Lebens steckte in diesen kurzen Worten des Königs. Beachtet, daß David Salomo riet, Gott zu „erkennen". Er sagte nicht „etwas über Gott wissen". Ich weiß etwas über Abraham Lincoln, aber ich bin ihm niemals begegnet. David wollte, daß Salomo eine persönliche Beziehung zu dem Gott Israels haben sollte, dem er versucht hatte, bereitwillig zu dienen.

Dann legte der König seinem Sohn den fundamentalsten Gedanken vor, dem sich jeder Mensch in seinem Leben stellen muß. Er sagte: „Wirst du ihn suchen, so wirst du ihn finden; wirst du ihn aber verlassen, so wird er dich verwerfen ewiglich." Hätte ich tausend Jahre Zeit, mir letzte Worte für meinen Sohn oder meine Tochter zu überlegen, würde mir niemals etwas Bedeutenderes einfallen als diese letzten Worte Davids.

Sie sind auch mein bester Rat an euch am Ende unserer Überlegungen zu Ausrichtung und Zielen im Leben. Was auch immer ihr euch vornehmt zu tun, beginnt damit, Gott zu erkennen und nach seinem Willen für euer Leben zu fragen. Wenn ihr das tut, werdet ihr ihn finden. Er wird euch leiten. Er wird euch segnen. Welch ein wunderbares Versprechen! Doch es ist an eine Bedingung geknüpft. Wenn ihr euch vom Herrn abwendet, wird er euch für immer verwerfen. Ich bin es euch, meinen Leserinnen und Lesern, schuldig, daß ich euch auch diese ernüchternde Warnung mitgebe.

Dabei ist es äußerst interessant, daß aus dem jungen Prinzen, der an jenem Tag seines Vaters Rat hörte, der wahrscheinlich reichste, berühmteste und schillerndste König der ganzen Weltgeschichte wurde. In jedem Jahr erhielt er fünfundzwanzig Tonnen Gold (beim heutigen Goldpreis entspricht das ungefähr DM 434 Millionen) und jegliche Art anderer Reichtümer. Die Schrift sagt: „So übertraf König Salomo alle anderen Könige der Erde an Reichtum und Klugheit, und alle Könige kamen zu ihm, um seine Worte zu hören und die Weisheit kennenzulernen, die Gott ihm verliehen hatte. Alle brachten sie ihm Geschenke mit: silberne und goldene Gefäße, Gewänder und Waffen, kostbare Öle, Pferde und Maultiere. So ging es Jahr um Jahr.

Was auch immer ihr euch vornehmt zu tun, beginnt immer damit, Gott zu erkennen und nach seinem Willen für euer Leben zu fragen.

Salomo hatte Stallanlagen für 4.000 Pferde und für seine Streitwagen. Er hatte 12.000 Wagenkämpfer. Ein Teil von ihnen war in Jerusalem stationiert, die übrigen waren in den Städten untergebracht, die er dafür ausgebaut hatte. Salomo herrschte über alle Könige im ganzen Gebiet zwischen dem Euphrat, dem Land der Philister und Ägypten. Unter seiner Regierung war in Jerusalem Silber so gewöhnlich wie Steine, und Zedernholz wie das Holz der Maulbeerfeigenbäume im Hügelland von Juda. Die Pferde bekam Salomo aus Ägypten und allen möglichen anderen Ländern" (2. Chr. 9,22-28; Gute Nachricht).

Das ist Macht!

Das, meine sehr verehrten Damen und Herren, nennt man Macht! Und tatsächlich dürfte Salomo der mächtigste und höchstgeachteteste Mensch aller Zeiten gewesen sein. Kein Gut, das er nicht erlangt hätte. Wäre es für unsere gemeinsamen Überlegungen nicht hilfreich zu wissen, wie er sich mit all seinen Reichtümern fühlte? Glücklicherweise steht uns diese Information zur Verfügung. Salomo schrieb seine innersten Gedanken in einem Buch nieder, das wir heute als das Buch Prediger kennen. Die folgenden Auszüge sind außerordentlich wichtig. Bitte lest sie sorgfältig!

„Ich tat große Dinge: ich baute mir Häuser, ich pflanzte mir Weinberge, ich machte mir Gärten und Lustgärten und pflanzte allerlei fruchtbare Bäume hinein; ich machte mir Teiche, daraus zu bewässern den Wald der grünenden Bäume. Ich erwarb mir Knechte und Mägde und hatte auch Gesinde, im Hause geboren; ich hatte eine größere Habe an Rindern und Schafen als alle, die vor mir zu Jerusalem waren. Ich sammelte mir auch Silber und Gold und was Könige und Länder besitzen; ich beschaffte mir Sänger und Sängerinnen und die Wonne der Menschen, Frauen in Menge, und war größer als alle, die vor mir zu Jerusalem waren. Auch da blieb meine Weisheit bei mir.

Und alles, was meine Augen wünschten, das gab ich ihnen und verwehrte meinem Herzen keine Freude, so daß es fröhlich war von aller meiner Mühe; und das war mein Teil von aller meiner Mühe. Als ich aber ansah alle meine Werke, die meine Hand getan hatte, und die Mühe, die ich gehabt hatte, siehe, da war es alles eitel und Haschen nach Wind und kein Gewinn unter der Sonne...

Darum verdroß es mich zu leben, denn es war mir zuwider, was unter der Sonne geschieht, daß alles eitel ist und Haschen nach Wind. Und mich verdroß alles, um das ich mich gemüht hatte unter der Sonne, weil ich es einem Menschen lassen muß, der nach mir sein wird. Denn wer weiß, ob er weise oder töricht sein wird und soll doch herrschen über alles, was ich mit Mühe und Weisheit geschafft habe unter der Sonne. Das ist auch eitel" (Pred. 2,4-11;17-19).

Welch ein erstaunlicher Schriftabschnitt, der direkt aus dem Herzen eines alten Mannes niedergeschrieben worden ist, der vom Leben desillusioniert ist! Doch wird hier nicht die ganze Geschichte erzählt. Salomo versäumte es zu erwähnen, daß er sich nicht an den Rat seines Vaters gehalten hatte und in schwere Sünde gefallen war. Gott hatte die Kinder Israel insbesondere gewarnt, keine Frauen aus Völkern zu heiraten, die Götzen und falsche Götter anbeteten. Doch Salomo hatte dieses Gebot mutwillig mißachtet und Hunderte dieser Fremden zu Frauen und Mätressen genommen. Die Schrift sagt uns, wohin sein Ungehorsam führte.

„Und als er nun alt war, neigten seine Frauen sein Herz fremden Göttern zu, so daß sein Herz nicht ungeteilt bei dem Herrn, seinem Gott, war, wie das Herz seines Vaters David. So diente Salomo der Astarte, der Göttin derer von Sidon, und dem Milkom, dem greulichen Götzen der Ammoniter. Und Salomo tat, was dem Herrn mißfiel, und folgte nicht völlig dem Herrn wie sein Vater David" (1. Kön. 11,4-6).

Nun wissen wir, warum Salomo in den späten Jahren seines Lebens so depressiv war. Ein dunkler Fleck war in seinem Herzen, der wie ein Krebsgeschwür seine Eingeweide zerfraß. Er hatte den

Gott seines Vaters David verraten. Seht ihr nicht, wie sich der König vor den falschen Göttern Astarte und Milkom niederwirft? Heidnische Völker verbanden diese Götzen mit den bösartigsten Abscheulichkeiten, wie Orgien und das Opfern unschuldiger Kinder. Und doch fährt Salomo, der mit Gott gesprochen und aus seiner Hand alles nur erdenklich Gute empfangen hatte, mit der Anbetung dieser Symbole des Bösen fort. Dann verleitete er das Volk Israel dazu, es ihm gleich zu tun. Die Konsequenz war, daß Salomo jeglichen Sinn in seinem Leben verlor, was auch erklärt, warum ihn seine Reichtümer, Ruhm, Frauen, Sklaven, seine Leistungen, Gold und sogar das Lachen Überdruß bereiteten. Gottes Hand ruhte nicht mehr auf ihm.

Die Lektion, die wir daraus lernen können, ist deutlich. Wenn wir den Herrn ignorieren und seine Gebote verletzen, wird es in unserem Leben keinen Sinn mehr geben. Die zeitlich begrenzten Dinge dieser Welt, selbst Reichtum und Macht werden uns nicht die Befriedigung geben können, die sie versprechen! Es muß etwas viel Substantielleres geben, an Hand dessen man seine Werte, seinen Lebenssinn und seine Ziele ausrichten kann. Und natürlich gibt es das. Jesus drückt es kurz und knapp aus: „Trachtet zuerst nach dem Reich Gottes und nach seiner Gerechtigkeit, so wird euch das alles zufallen" (Mt. 6,33).

Hiermit schließe ich mein Plädoyer.

5

Fragen vom Startblock

KAPITEL 5

Viele der in diesem Buch aufgeführten Themen wurden ursprünglich mit 175 Schülern und Studenten diskutiert, die an einem äußerst persönlichen Seminar teilnahmen. Vier Tage lang sprach ich mit diesen jungen Menschen über die Herausforderungen, die das „kritische Jahrzehnt" mit sich bringt. Unser Ziel war es, gemeinsam die bedeutendsten Fragen zu durchdenken, die in diesem Lebensabschnitt aufkommen, und jungen Menschen zu helfen, in einer heidnischen Welt ihren Glauben wiederzufinden. Videokameras und Mikrophone hielten das Ereignis detailliert fest. Daraus entstand eine spontane und anregende Diskussion.

Im folgenden werde ich einige der Fragen und Antworten auflisten, die während des viertägigen Austauschs gestellt worden sind. Andere Punkte sind hinzugefügt worden, um die in diesem Buch dargestellten Konzepte näher zu erläutern und zu erweitern.

Wollen wir uns nun einige der Fragen und Anmerkungen anschauen, die sich auf die bisher besprochenen Gedanken beziehen.

Geistige und geistliche Gesundheit beginnen damit, daß man das Leben so akzeptiert, wie es ist.

Ihre Beschreibung des „Gerichtssaals der Gedanken" hat bei mir eingeschlagen. Ich habe schon mein ganzes Leben lang mit einem negativen Selbstbild zu tun und weiß wirklich nicht, warum. Ich habe

einfach das Gefühl, daß alle anderen viel mehr zu bieten hätten als ich. Ich beneide die Typen, die besser aussehen als ich oder sportlicher sind oder einfach nur intelligenter. Ich komme einfach nicht an meine eigenen Erwartungen heran. Wie kann ich mit meiner Unsicherheit fertig werden?

Jemand sagte einmal: „Vergleich ist die Wurzel aller Minderwertigkeit." Das ist richtig. Wenn ihr euch die Stärken einer anderen Person anschaut und sie mit euren eigenen Schwächen vergleicht, besteht nicht die geringste Möglichkeit, daß ihr euch hinterher selbst noch in einem guten Licht sehen könnt. Und genau das tut ihr, wenn ihr euch an den „Besten und Intelligentesten" um euch herum meßt. Dieses zerstörerische Spiel beginnt bereits in der Grundschule, wenn wir anfangen, uns selbst kritisch zu beurteilen. Schon in diesem frühen Alter ist unser Selbstbild davon geprägt, wie wir vor unseren Altersgenossen bestehen. Es kommt nicht darauf an, wie groß wir sind – sondern wer am größten ist. Es zählt nicht, wie schnell wir laufen können – sondern wer am schnellsten läuft. Es ist nicht wichtig, wie schlau wir sind – sondern wer am schlausten ist. Entscheidend ist nicht, wie gut oder hübsch wir aussehen – sondern wer am hübschesten ist. Und so geraten wir in ein von Selbstzweifeln geprägtes Verhaltensmuster, das bei Heranwachsenden oftmals zur alles verzehrenden Kraft wird. Dies setzt sich bis in das Erwachsenenalter fort. Das ist auch der Grund, warum Millionen von Frauen sich Modemagazine kaufen und die Models beneiden, warum wir uns die Wahl der Miss Deutschland im Fernsehen anschauen und warum einige Männer Bücher über erfolreiche und mächtige Geschäftsleute lesen. Wenn wir das tun, wiegen wir uns gegen die Vorteile anderer auf. Es ist ein Verhalten, das uns nichts als Schmerz einbringt, und doch können wir nicht davon lassen.

Es scheint, als seist du in diesem destruktiven Verhaltensmuster gefangen. Vielleicht kann dir ein erfahrener Seelsorger oder Pastor helfen zu verstehen, daß du, so wie du bist, ein wertvoller Mensch bist und daß Gott dich zu einem ganz bestimmten Zweck geschaffen hat. Geistige und geistliche Gesundheit beginnen damit, daß man das Leben so akzeptiert, wie es ist, und bereit ist, das Beste aus dem zu machen, was man bekommen hat. Wenn man das erreicht hat, verliert der Vergleich mit anderen jegliche Bedeutung.

Ich war immer eine gute Schülerin, und ich möchte entweder Jura oder Medizin studieren. Das bedeutet, ich wäre Mitte bis Ende zwanzig mit dem Studium fertig und könnte ins Berufsleben einsteigen. Aber ich möchte auch gerne Ehefrau und Mutter sein und zu Hause bei meinen Kindern bleiben. Ich habe noch nicht herausgefunden, wie ich beide Ziele erreichen kann. Wie kann ich im Beruf stehen und gleichzeitig Mutter sein?

Du beschreibst ein Dilemma, das Millionen junger Frauen heute betrifft. Sie können drei gegensätzlichen Möglichkeiten wählen: eine Karriere anstreben, Ehefrau und Mutter sein oder versuchen, beides zu tun. Es ist eine Entscheidung, deren Auswirkungen das ganze Leben beeinflussen werden.

Da du zur Zeit noch keine konkreten Heiratspläne hast, würde ich dir empfehlen, deine akademischen Ziele voranzutreiben. Wenn du erst einmal mit deiner Ausbildung fertig bist, stehen dir immer noch sämtliche Möglichkeiten offen. Falls du zu dieser Zeit verheiratet bist und vollzeitliche Mutter sein möchtest, kannst du deine Karriere für einige Jahre zurückstellen oder sie ganz aufgeben. Denke daran, daß du immer noch in deinen Beruf zurückkehren kannst, wenn die Kinder erwachsen sind! Oder du kannst versuchen, diese beiden Rollen im Gleichgewicht zu halten, bis die Kinder älter sind.

Natürlich kannst nur du selbst entscheiden, was für dich am besten ist. Ich möchte dich aber sehr eindringlich ermutigen, diese Frage zu einem Gebetsanliegen zu machen, während du nach dem Willen des Herrn für dein Leben suchst.

Lassen Sie mich die Frage noch einmal anders formulieren. Muß eine studierte Frau das Gefühl haben, ihre Zeit an der Universität sei eine reine Verschwendung gewesen, wenn sie sich dazu entschließt, nicht in ihrem Beruf zu arbeiten? Ich meine, warum sollte ich mir die Mühe machen, eine vollständige Berufsausbildung zu durchlaufen, wenn ich am Ende Kinder großziehe und vollzeitliche Hausfrau bin?

Ein junger Mensch sollte nicht an die Universität gehen, nur um sich auf einen Beruf vorzubereiten – oder zumindest sollte es nicht der Hauptbeweggrund für ein Studium sein. Der Sinn einer Universitätsausbildung ist es, den Horizont zu erweitern und den Intellekt zu bereichern. Ob sie in einer Berufskarriere mündet oder nicht, ist nicht von Bedeutung. Nichts von dem, was man in die Entwicklung des geistigen Horizonts investiert, ist jemals verschwendet. Wenn du das Verlangen hast zu lernen und die Gelegenheit bekommst, an eine Schule zu gehen, dann, denke ich, solltest du sie auch wahrnehmen. Deine Karrierepläne können auch später noch vollendet werden.

Glauben Sie, es ist in Ordnung für eine Frau, als einziges Karriereziel zu haben, Ehefrau und Mutter zu werden? Oder sollte sie noch etwas anderes anstreben?

Und ob das in Ordnung ist! Mutterschaft ist ein ehrenwerter Beruf, der über Tausende von Jahren hinweg nicht verteidigt werden mußte. Doch in den letzten Jahrzehnten haben sich junge Frauen zunehmend lächerlich fühlen müssen, wenn sie es nur zu erwähnen wagten, daß das Hausfrauendasein ein Ziel sein könnte.

Ich erinnere mich an eine Studentin, die zu mir kam, um mit mir über ihre Pläne nach dem Examen zu sprechen. Wir sprachen über verschiedene Berufsaussichten und die Möglichkeit, an die Universität zu gehen. Plötzlich hielt sie inne und blickte über die Schulter nach hinten. Dann lehnte sie sich zu mir nach vorne und sagte fast flüsternd: „Kann ich ganz offen reden?"

Ich sagte: „Sicher, Debbie. Außer uns ist niemand hier. Du kannst alles sagen, was du willst."

„Na ja", fuhr sie leise fort, „ich will überhaupt keine Karriere machen. Eigentlich möchte ich einzig und allein Ehefrau und Mutter werden."

Ich sagte: „Warum sagst du das, als wäre es ein Geheimnis? Es ist dein Leben. Was ist verkehrt daran, wenn du damit anfängst, was du für richtig hältst?"

„Machen Sie Witze?" erwiderte sie. „Wenn die anderen wüßten, daß ich das vorhabe, würden sie mich lauthals auslachen."

Es ist unglaublich, aber es ist inzwischen politisch inkorrekt geworden, Kinder zu haben und einige Jahre dafür zu investieren, sie großzuziehen. Das ist dumm und beleidigend. Es gibt keinen wichtigeren Beruf im ganzen Universum, als den, ein Kind zur Liebe zu Gott zu erziehen, produktiv zu leben und der Menschheit zu dienen. Wie lächerlich, daß eine Frau sich dafür entschuldigen sollte, diese historische Rolle erfüllen zu wollen!

Es gibt keinen wichtigeren Beruf im ganzen Universum, als den, ein Kind zur Liebe zu Gott zu erziehen.

Natürlich entschließt sich nicht jede Frau, Ehefrau und Mutter zu werden. Einige interessieren sich nur für die Karriere. Andere haben nicht vor zu heiraten. Auch das ist in Ordnung. Doch diejenigen, die sich dafür entscheiden, vollzeitlich daheim zu bleiben und Mütter zu sein, sollten sich nicht schämen, das auch zuzugeben.

Sie haben die vollzeitliche Mutterschaft der vollzeitlichen Karriere gegenübergestellt. Wie sehen Sie eine Frau, die beide Aufgaben gleichzeitig wahrnimmt. Ist es machbar, und ist es klug?

Manche Frauen sind durchaus in der Lage, eine zeitintensive Karriere und eine quicklebendige Familie unter einen Hut zu bringen, und sie bewältigen diese Doppelbelastung wunderbar. Ich bewundere sie für ihre Disziplin und Hingabe. Ich habe jedoch die Beobachtung gemacht, daß diese zweifache Verantwortung vielen anderen nur Erschöpfung und Frustration einbringt. Sie kann zu einem unaufhörlichen Überlebenskampf werden. Warum? Weil dem menschlichen Körper nur ein bestimmtes Maß an Energie zur Verfügung steht, und wird diese Energie in einem Bereich eingesetzt, reicht sie für den anderen Bereich nicht mehr aus. Stell dir doch einmal vor, wie es ist, die Mutter kleiner Kinder zu sein, die früh am Morgen aufsteht, ihre Kinder anzieht, füttert und für den Tag herrichtet, dann zur Arbeit fährt, von neun bis fünf arbeitet, auf dem Heimweg im Supermarkt etwas zum Abendessen einkauft, die Kinder aus der Kindertagesstätte abholt und dann nach Hause fährt. Um diese Zeit ist sie erschöpft und hätte es eigentlich nötig, ihre Füße für ein paar Minuten hochzulegen. Aber sie bekommt keine Ruhe. Die Kinder haben Hunger und schon den ganzen Tag darauf gewartet, sie endlich wiederzusehen.

„Lies mir etwas vor, Mami", sagt das bedürftigste von ihnen.

Diese ohnehin schon überlastete Frau hat noch vier bis sechs weitere Stunden des „Bemutterns" vor sich, eine Aufgabe, die sich bis in den späten Abend hinziehen wird. Sie muß das Abendessen herrichten, abspülen, das Baby baden, bei den Hausaufgaben helfen, und jedem Kind seine ganz besondere Zuwendung zukommen lassen. Schließlich ist es Zeit, die ganze Horde ins Bett zu bringen, die Nachtgebete zu sprechen und herumkichernden Kindern, die nur länger wach bleiben wollen, sechs Gläser Wasser zu bringen. Ich werde schon müde, wenn ich an einen solchen Zeitplan auch nur denke.

Vielleicht fragst du jetzt: „Wo ist der Ehemann und Vater in dem Ganzen? Warum trägt er nicht sein Teil zur Hausarbeit bei?" Nun, vielleicht arbeitet er selbst fünfzehn Stunden am Tag. Gerade von Anfängern wird im allgemeinen viel Einsatz verlangt. Oder vielleicht will er seiner Frau nicht helfen. Diese Klage hört man oft von arbeitenden Müttern.

„Das ist nicht fair", sagst du.

Da stimme ich dir zu, aber leider funktioniert das System manchmal so.

Der schwierigste Aspekt dieses Lebensstils ist, daß die Belastung niemals abnimmt. Die meisten von uns könnten solch einen Tagesablauf eine oder zwei Wochen durchhalten, doch die arbeitende Mutter muß es Monat für Monat über Jahre hinweg tun. An Wochenenden muß geputzt, gebügelt und geflickt werden. Und das ist nur der Ablauf, wenn alles normal ist. Sie hat keinerlei Reserven an Zeit oder Energie, falls ein Mitglied der Familie krank wird, das Auto kaputtgeht oder Eheprobleme auftreten. Ein kleiner Schubs in die eine oder andere Richtung, und sie könnte zusammenbrechen.

Ich gebe zu, ich habe eine etwas stressigere Situation beschrieben, als die meisten Familien heutzutage aushalten müssen. Doch habe ich nicht allzu viel übertrieben. Überlastete und ausgebrannte Familien sind in unserer modernen Gesellschaft gang und gäbe. Ehepartner haben keine Zeit füreinander. Das Leben besteht aus nichts als Arbeit, Arbeit, Arbeit. Sie sind ständig frustriert, reizbar und unter Druck. Niemals gehen sie zusammen spazieren, lesen gemeinsam die Bibel oder tun irgend etwas, das einfach nur Spaß macht. Auch ihr Geschlechtsleben leidet, denn erschöpfte Menschen messen nicht einmal dem Miteinander-Schlafen viel Bedeutung zu. Sie leben sich auseinander und stellen schließlich „unüberbrückbare Differenzen" fest. Dieses tragische Verhaltensmuster habe ich in den vergangenen fünfundzwanzig Jahren immer wieder beobachten müssen.

Überlastete und ausgebrannte Familien sind in unserer modernen Gesellschaft gang und gäbe.

Die Frage an dieser Stelle ist also nicht, ob eine Frau das Recht hat, sich für eine Karriere und für eine Familie zu entscheiden. Natürlich hat sie das Recht dazu, und es geht niemanden etwas an außer sie selbst und ihren Ehemann. Ich möchte euch einfach nur darum bitten, es nicht zuzulassen, daß eure Familien in dieses schwarze Loch der Erschöpfung hineingesogen werden. Wie auch immer ihr die Verantwortung für Arbeit und Familie aufteilt: Reserviert etwas Zeit und Energie für euch selbst – und füreinander. Eure Kinder verdienen ebenfalls das beste, das ihr ihnen geben könnt.

Meine Frau und ich sind erst seit drei Jahren verheiratet, und wir spüren bereits den Druck, den Sie beschreiben. Wir versuchen, das Studium abzuschließen, unseren Lebensunterhalt zu verdienen und uns um unseren kleinen Jungen zu kümmern. Es ist eine zu große Belastung. An welcher Stelle haben wir etwas falsch gemacht?

Wie viele andere junge Menschen versucht ihr vielleicht, zu viel zu schnell zu erreichen. So viele jungverheiratete Paare versuchen, zu studieren, ein Kind zu haben, ein Haus zu kaufen und einzurichten und gleichzeitig Doppelverdiener zu sein. Die Probleme sind daher vorprogrammiert. Der menschliche Körper ist für eine solch starke Belastung nicht ausgelegt. Etwas wird zerbrechen. Entweder tritt eine physische Krankheit auf oder Beziehungen geraten in schweres Wetter. Ich möchte euch ernsthaft dazu ermutigen, einen etwas vernünftigeren Lebensstil zu entwickeln, auch wenn das bedeutet, daß ihr eure Erwartungen herunterschrauben müßt.

Wie können wir den Willen Gottes für unser Leben erkennen? Er spricht nicht hörbar zu uns. Müssen wir einfach erraten, was er von uns möchte?

Das ist eine sehr wichtige Frage. Du kannst Gott nicht gehorsam sein, wenn du dir nicht im klaren darüber bist, was er eigentlich von dir möchte. Doch haben die meisten Menschen keine klare Vorstellung davon, wie sie Gottes Stimme erkennen können. Sie verlassen sich bei der Interpretation seines Willens auf Gefühle und Eindrücke, was unverläßlich und gefährlich ist. Was sie fühlen, ist höchst subjektiv. Es wird beeinflußt durch ihre Wünsche, ihre momentane Lebenssituation und sogar dadurch, ob sie in der letzten Nacht genügend Schlaf bekommen haben. Einige furchtbare Fehler wurden von Gläubigen begangen, die meinten, die Stimme Gottes gehört zu haben.

Ich kannte einen Studenten, der mitten in der Nacht aus einem Traum aufgewacht war und den starken Eindruck hatte, er solle eine bestimmte junge Dame heiraten. Sie hatten sich erst ein- oder zweimal getroffen und kannten einander kaum – und doch hatte „Gott" ihm versichert: „Das ist sie!" Am folgenden Morgen rief er die Betreffende an und erzählte ihr von seinem Eindruck. Das Mädchen hatte keinen solchen Impuls empfangen, doch sie wollte einer Heirat direkt vom Herrn nicht im Wege stehen. Kurze Zeit später heirateten die beiden und haben seitdem unter den Qualen einer erfolglosen und stürmischen Ehe zu leiden.

Ich könnte euch viele ähnliche Geschichten erzählen von Menschen, die das mißverstanden, was sie für den Willen des Herrn hielten. Denkt daran, daß Satan „als Engel des Lichts" (2.Kor. 11,14) auftritt, und das bedeutet, daß er die Stimme Gottes nachahmt. Wenn er euch dazu bringt, eure Eindrücke unkritisch und impulsiv zu akzeptieren, kann er euch verwirren.

Wenn man seinen Gefühlen nicht trauen kann, woher soll man wissen, was richtig ist?

Es gibt mindestens fünf Möglichkeiten, den Willen des Herrn zu erkennen. Erstens schrieb der Apostel Paulus im Brief an die Epheser: „Und ich bitte den Gott unseres Herrn Jesus Christus, den Vater, dem alle Macht und Hoheit gehört, euch Weisheit zu geben, so daß ihr ihn und seine Weisheit erkennen könnt" (Eph. 1,17; Gute Nachricht). Er hätte das nicht gesagt, wäre es nicht möglich, durch Gebet geistliche Weisheit und Erkenntnis zu erlangen. Daher sollte unsere Suche nach Gottes Willen auf den Knien beginnen. Dort wird er euch begegnen. Denkt daran, daß Jesus versprochen hat: „Bittet, so wird euch gegeben; suchet, so werdet ihr finden; klopfet an, so wird euch aufgetan" (Mt. 7,7).

Zweitens solltet ihr in der Schrift nach Prinzipien suchen, die mit der fraglichen Sache zu tun haben. Der Herr wird niemals etwas von euch verlangen, das moralisch falsch ist oder im Gegensatz zu seinem Wort steht. Wenn das, was ihr zu tun erwägt, dem widerspricht, was ihr im Wort Gottes findet, vergeßt es.

Drittens ist es hilfreich, den Rat von anderen Christen zu suchen, die geistlich reif sind und fest im Glauben stehen. Ein weiser Seelsorger oder Pastor kann euch helfen, die üblichen Fehler zu vermeidenn, die viele junge Menschen verwirren.

Viertens solltet ihr genau auf das achten, was oftmals als „Werke der Vorsehung" bezeichnet wird. Der Herr spricht oft durch Türen, die sich öffnen oder zufallen. Wenn ihr in einem bestimmten Bestreben von allen Seiten blockiert seid, könntet ihr unter Umständen die Möglichkeit in Betracht ziehen, daß der Herr andere Pläne für euch hat. Ich meine damit nicht, daß ihr beim kleinsten Anzeichen von Gegenwind aufgeben sollt, sondern daß ihr die Ereignisse in eurem Leben auf Belege für göttliches Handeln hin überprüft.

Fünftens und letztens: Handelt niemals impulsiv! Gebt Gott die Gelegenheit, zu euch zu sprechen. Und bis er das tut, spielt auf Zeit und konzentriert euch auf die ersten vier Punkte.

Übrigens sind diese fünf Schritte eine Hilfe, um den spezifischen Willen Gottes herauszufinden, was jede und jeder für sich selbst tun muß. Doch ich kann euch sagen, was sein allgemeiner Wille ist. Die Schrift teilt jedem Gläubigen die gleiche Aufgabe zu, und diese nennen wir den „Missionsbefehl". Wir finden ihn in den Worten Jesu, der sagte: „Gehet hin in alle Welt und predigt das Evangelium aller

Kreatur" (Mk. 16,15). Diese Verantwortung hat jeder von uns zu tragen. Unsere Aufgabe als Gläubige ist es, so vielen Menschen wie möglich zu erzählen, daß Jesus Christus für unsere Sünden gestorben ist und denjenigen ewiges Leben anbietet, die an seinen Namen glauben. Was auch immer ihr tut, ob ihr nun Zahnärztin, Fernfahrer, Künstlerin, Gebrauchtwagenhändler oder Innenarchitektin seid, es wird von euch erwartet, daß ihr diesen Beruf dazu benutzt, für den Erlöser Zeugnis zu geben.

Ich glaube, daß Gott mich in den Dienst als Jugendpastor ruft, wenn ich das Studium abgeschlossen habe, aber ich mache mir Sorgen, wie ich finanziell über die Runden kommen werde. Pastoren verdienen nicht sehr viel, und falls ich dann eine Familie habe, weiß ich nicht, ob ich sie von diesem Beruf ernähren kann.

Laß mich an dieser Stelle ein sehr wichtiges geistliches Prinzip anführen, das für mich sehr hilfreich gewesen ist. In Psalm 119,105 lesen wir, daß sein Wort „meines Fußes Leuchte und ein Licht auf meinem Wege" ist. Denke über dieses Bild nach. Wir bekommen keinen 300-Watt-Scheinwerfer, um die ganze Landschaft zu erhellen. Wir haben keine Super-Taschenlampen auf unseren Mützen, deren Leuchtkraft bis zum Horizont reicht. Statt dessen gibt uns der Herr nur eine kleine Taschenlampe, die den Weg beleuchtet, auf dem wir gehen. Mit anderen Worten: Er zeigt uns, wohin wir den nächsten Schritt tun sollen, und das ist alles. Wir müssen darauf vertrauen, daß er uns durch die Dunkelheit führt, die jenseits unseres Blickfeldes liegt.

Hierin liegt die Antwort auf deine Frage. Du möchtest wissen, wie der Herr dich und deine Familie in den kommenden Jahren durchbringen wird. Doch das Licht, das du trägst, zeigt nur das, was du heute wissen mußt. Und das ist genug. Fahre du nur fort, in dem Licht zu „wandeln", das du bekommen hast, und lege die Zukunft ganz in Gottes Hände. Wenn er dich in eine bestimmte Aufgabe ruft, dann wird er es dir auch ermöglichen, deine Familie zu versorgen und jede andere Hürde zu überwinden, die dieser Verantwortung im Weg steht.

Ich bin solch eine Person, wie Sie sie vorhin beschrieben haben. Meine Rakete steht auf der Startrampe, aber sie bewegt sich nicht von

der Stelle. Offen gesagt, ich fühle mich irgendwie verloren und habe keine Ahnung, was ich als nächstes tun soll. Wie kann ich meine Motoren in Gang bringen?

Es gibt Millionen junger Menschen, denen es so geht wie dir Das ist mein Hauptbeweggrund gewesen, dieses Buch zu schreiben. Wie ich bereits sagte, es ist heutzutage sehr schwierig, ins Erwachsenenleben einzusteigen. Es gibt keine Patentlösungen, mit denen sich alles wie von alleine regelt, doch ich kann dir zwei Vorschläge weitergeben, die für andere hilfreich gewesen sind.

Erstens arbeiten Berufsberater heute mit einer Vielzahl verschiedener Tests zum Identifizieren deiner Interessen, deiner Begabungen und deines Temperaments, die dir helfen, dich selbst besser kennenzulernen. Es dürfte sich lohnen, das Geld zu investieren und dir einen Spezialisten auf diesem Gebiet zu suchen, der oder die dir die richtige Richtung zeigen kann. Es gibt Berufe, von denen du wahrscheinlich noch nie etwas gehört hast. Sprich mit jemandem, der sich auskennt!

Zweitens: Suche dir jemanden, der schon in dem Bereich arbeitet, für den du dich interessierst. Schreib dieser Person einen Brief oder rufe sie an und frage an, ob er oder sie Zeit für dich hat. Ein persönliches Gespräch mit einem erfahrenen Mitglied einer Berufsgruppe kann dich mit all den Informationen versorgen, die du brauchst.

Genau das habe ich getan, als ich in meinem dritten Jahr auf dem College war. Meine Tante ging zu einer Vortragsveranstaltung eines bekannten christlichen Psychologen. Dr. Clyde Narramore sagte: „Wir brauchen christliche junge Männer und Frauen, die im Bereich geistiger Gesundheit mitarbeiten. Wenn Sie Studenten oder Studentinnen kennen, die interessiert sind, würde ich mich freuen, mich mit ihnen unterhalten zu können." Meine Tante erzählte mir von der Einladung, und ich rief Dr. Narramore an. Obwohl er sehr beschäftigt war und nicht die geringste Ahnung hatte, wer ich überhaupt war, machte er kurzerhand einen Termin mit mir aus. Wir saßen zwei Stunden lang in seinem Wohnzimmer zusammen und er legte mir dar, wie ich ein Psychologe werden könnte. Dieses Gespräch liegt inzwischen siebenunddreißig Jahre zurück, und ich erinnere mich immer noch an den Rat, den er mir damals gab. Er prägte die folgenden fünf Jahre meines Lebens und half mir auf dem Weg in einen Beruf, den ich liebe.

Vielleicht ist dort draußen irgendwo ein Clyde Narramore, der dir den richtigen Hinweis geben kann. Ich hoffe es.

Was halten Sie davon, Kinder in einer Kindertagesstätte unterzubringen, damit die Mütter arbeiten gehen können?

Zuerst einmal muß ich sagen, daß sichere, saubere und liebevoll geführte Einrichtungen zur Kinderbetreuung in unserer modernen Kultur unerläßlich sind. Vor allem werden sie benötigt von den Millionen Müttern, die aus finanziellen Gründen gezwungen sind, tagsüber zu arbeiten. Ebenfalls unentbehrlich sind sie für die vielen alleinerziehenden Eltern, die die alleinigen Brötchenverdiener in ihren Familien sind. Die Notwendigkeit, gutgeführte Tagesstätten für Kinder einzurichten, deren Mütter und Väter Unterstützung dabei brauchen, um sie großzuziehen, ist daher nicht in Frage gestellt. Diese Diskussion können wir abhaken.

Man kann sich jedoch sehr wohl darüber streiten, ob Kinder in einer Betreuungseinrichtung oder bei einer „Ganztagsmutter" besser aufgehoben sind. Ich persönlich (andere werden mir darin widersprechen) glaube nicht, daß irgendeine Regelung für Kinder ein Ersatz für eine intakte Familie sein kann, in der die Mutter ihre Kinder großzieht und der Vater ebenfalls großen Einfluß auf ihr Leben hat.

Erstens gedeihen und lernen sie besser, wenn sie Einzelbeziehungen zu Erwachsenen aufbauen können, anstatt Teil einer Gruppe zu sein. Zweitens kann man einer Mitarbeiterin einer Kindertagesstätte niemals soviel bezahlen, daß sie sich so sehr um die Kinder kümmert, wie deren eigene Mütter es tun würden. Kinder sind die Leidenschaft einer Mutter, und das zahlt sich aus. Drittens belegen Studien, daß Kinder, die zu Hause aufwachsen, gesünder sind als solche, die regelmäßig ansteckenden Krankheiten, Husten und Schnupfen anderer Jungen und Mädchen ausgesetzt sind.[1] Viertens entsteht eine Bindung zwischen Kindern und Eltern leichter, wenn die Meilensteine der Entwicklung aus erster Hand miterlebt werden. Familien sollten dabeisein, wenn ein Kind den ersten Schritt tut, das erste Wort spricht und mancherlei Ängste auftauchen.

Und schließlich haben Untersuchungen der Entwicklung von Kindern eindeutige Resultate hervorgebracht. Eine der ehrgeizigsten Studien trägt den Namen Harvard University Preschool Project (Vorschul-Projekt der Harvard Universität) und wurde durchgeführt von Dr. Burton L. White und einem Team von fünfzehn Mitarbeitern. Über einen Zeitraum von zehn Jahren beobachteten sie kleine Kinder, um herauszufinden, welche Erfahrungen in der frühen Kindheit zur Entwicklung von gesunden, intelligenten Menschen beitragen. Die Schlußfolgerungen sind im folgenden aufgeführt:

a) Es wird zunehmend deutlich, daß die Ursprünge menschlicher Kompetenz in einer kritischen Entwicklungsphase zwischen dem 8. und 18. Lebensmonat anzusiedeln sind. Die Erfahrungen des Kindes während dieser kurzen Zeitspanne tragen mehr zur Ausbildung des zukünftigen Intellekts bei, als während irgendeines Zeitraums vor oder nach diesem Abschnitt.

*Ich glaube nicht,
daß irgendeine Regelung für Kinder ein Ersatz
für eine intakte Familie sein kann...*

b) Das Wichtigste im Leben eines Kindes ist seine Mutter. „Sie hängt am Haken“, sagt Dr. White, und sie hat größeren Einfluß auf die Erfahrungswelt ihres Kindes als irgendein anderer Mensch oder Umstand.

c) Das Maß an echter Ansprache, die an ein Kind gerichtet wird (nicht zu verwechseln mit Fernsehen, Radio oder zufällig mitgehörter Konversation), ist von großer Bedeutung für seine sprachliche, intellektuelle und gesellschaftliche Entwicklung. Die Forscher zogen den Schluß: „Einem zwölf bis fünfzehn Monate alten Kind ein ausgeprägtes gesellschaftliches Leben zuteil werden zu lassen, ist die beste Garantie für eine gesunde mentale Entwicklung.“

d) Die Kinder, denen freier Zutritt zu allen Bereichen ihrer häuslichen Umgebung gewährt wurde, machten viel schneller Fortschritte als jene, deren Bewegungsspielraum eingeschränkt war.
e) Die Kernfamilie ist einer der bedeutendsten Bildungsproduzenten. Wollen wir fähige, gesunde Kinder aufziehen, kann dies nur durch die Stärkung familiärer Strukturen und die Verbesserung des Miteinanders innerhalb dieser Strukturen geschehen.
f) Die besten Eltern waren jene, die sich in folgenden Bereichen hervortaten:

- ★ Sie waren hervorragend in der Gestaltung und der Organisation des Lebensraums ihrer Kinder.
- ★ Sie gewährten ihren Kindern kurze, dreißig Sekunden dauernde Unterbrechungen, während derer persönliche Gespräche, Trost, Informationsaustausch und das Mitteilen erfreulicher Erlebnisse stattfinden konnten.
- ★ „Sie achteten streng auf Disziplin, während sie ihren Kindern gleichzeitig große Zuneigung zeigten.“[2]

Einige Informationen, die diese Studie zu Tage brachte, müssen für spätere Gelegenheiten aufgehoben werden. Die Ergebnisse sind von solch großer Bedeutung. Diejenigen meiner Leser, die hoffen, einmal Kinder zu haben, und diejenigen, die bereits welche haben, sollten sich diese sechs Punkte merken. Ich bin davon überzeugt, daß in ihnen der Schlüssel zum Erziehen gesunder Kinder liegt.

Können Dr. Whites Studienergebnisse auch von Eltern angewandt werden, deren Kinder in Kindertagesstätten untergebracht sind? Ja, und viele tun das auch. Es ist nur viel schwieriger und eine größere Herausforderung, wenn eine Erzieherin tagsüber Mutter und Vater ersetzen muß.

Wenn Eltern auf Kinderbetreuung angewiesen sind, welche Art von Hilfe halten Sie für die beste?

Staatliche Einrichtungen rangieren ganz unten auf meiner Liste, (da in den USA die christliche Lehre in öffentlichen Einrichtungen verboten ist). Es wird nicht gebetet vor den Mahlzeiten, und es darf nicht auf Gott als unserem Freund und Herrn Bezug genommen werden. In staatlichen Kindertagesstätten mache ich mir außerdem mehr Sorgen wegen der Möglichkeit von Kindesmißhandlung, obwohl das nicht sehr häufig vorkommt. Aus diesen und anderen

Gründen gebe ich christlichen Programmen den Vorzug. Noch besser wäre es, sofern die Möglichkeit dazu besteht, die Kinder bei Verwandten, wie Großeltern oder Tanten, unterzubringen oder von anderen Müttern betreuen zu lassen. Kinder brauchen es, zu den sie betreuenden Personen persönliche Beziehungen aufbauen zu können. Sie sollten, wenn möglich, Erwachsenen anvertraut werden, die sie kennen und gern haben, anstatt Tag für Tag mit anderen Erzieherinnen in öffentlichen Einrichtungen konfrontiert zu werden.

(Unter starken Gefühlsregungen vorgebracht) Es ist mein Verlangen ... Jesus Christus in allem nachzufolgen, was ich tue. Aber ich habe keine Ahnung ... was er von mir verlangt oder was ich tun soll. Reicht meine Bereitschaft aus?

In der Schrift wird uns gesagt, daß Gott uns, seine Kinder, unendlich liebt. In Psalm 103,13 heißt es: „Wie sich ein Vater über Kinder erbarmt, so erbarmt sich der Herr über die, die ihn fürchten." Und in Jesaja 66,13: „Ich will euch trösten, wie einen seine Mutter tröstet." Kannst du dir vorstellen, vor dem Hintergrund dieser Beschreibungen, die Gott als das perfekte Vorbild für Vater und Mutter charakterisieren, daß er deine Bitte um Führung und Leitung in deinem Leben ignoriert? Besteht nur die geringste Möglichkeit, daß er sagt: „Sie interessiert mich nicht. Sie will meinen Willen tun, aber ich verberge ihn vor ihr. Ich lasse sie einfach zappeln"?

Unter keinen Umständen! Er sieht diese Tränen in deinen Augen. Er weiß um das Verlangen in deinem Herzen. Und du wirst von ihm hören – gerade rechtzeitig, um den nächsten Schritt zu tun.

6

Die Schlüssel zu lebenslanger Liebe

KAPITEL 6

Wir wollen uns einem anderen lebensverändernden Thema zuwenden, mit dem ihr wahrscheinlich während des kritischen Jahrzehnts zu tun haben werdet: die Wahl eines Ehepartners und die Gründung einer Familie. Natürlich wird sich nicht jeder oder jede entschließen zu heiraten, doch die meisten von euch werden diesen Schritt früher oder später tun (in den USA schätzungsweise 77 Prozent)[1] Einige haben bereits vor dem Traualtar gestanden, so daß euch dieses Thema nicht so sehr betreffen mag. Trotzdem glaube ich, diese Überlegungen werden für alle hilfreich sein.

Die Tragödie moderner Familien besteht darin, daß sie oft auseinanderbrechen. Niemand kann mit Sicherheit etwas über die Wahrscheinlichkeit von Scheidungen sagen, doch ist sie viel zu hoch. (Es wird oftmals gesagt, daß etwa 50 Prozent aller Ehen in einer Scheidung enden, doch basiert diese Schätzung auf fehlerhafter Information.) Was wir aber mit absoluter Sicherheit feststellen können, ist, daß die Ehe ein risikoreiches Unternehmen ist, das mit größter Vorsicht angegangen werden muß. Aus ihr kann eine lebenslange Partnerschaft erwachsen oder einige der bittersten Erfahrungen, die ein Mensch machen kann.

Wir müssen uns darüber im klaren sein, daß eine Scheidung ihren Opfern furchtbare Schmerzen einbringt. Jedes Familienmitglied leidet, wenn eine Ehe auseinanderbricht. Eine russische Frau, die in einer Radiosendung mein Gast war, sprach über ihre Jahre in einem Vernichtungslager der Nazis. Sie war Zeugin von Massenmorden und jeglicher Art von Entbehrung geworden. Nach dem Krieg kam sie nach Amerika und heiratete, doch wenige Jahre später wurde ihr Ehemann untreu und verließ sie. Kaum faßbar war ihre Aussage, diese Erfahrung von Zurückweisung und Verlust sei viel schmerzhafter gewesen als ihre Jahre in einem Konzentrationslager. Das sagt wohl alles.[2]

Wenn schon die Ehepartner dramatisch unter der Auflösung ihrer Familien leiden, wie qualvoll muß es erst für die verletzlichen Kinder sein. Einige von euch können sehr genau nachvollziehen, worüber ich spreche, da sie es selbst miterlebt haben. Das ist kein angenehmes Bild. Untersuchungen von Kindern geschiedener Eltern belegen, daß die emotionale Sicherheit von Kindern abhängig ist von einem warmen, aufbauenden und beständigen Kontakt zu beiden Elternteilen. Werden solche Beziehungen gestört, können sich einige Kinder niemals vollständig erholen. Eine Studie besagt sogar, daß 90 Prozent der Kinder aus geschiedenen Ehen in einen akuten Schockzustand mit ausgeprägter Schwermut und irrationalen Ängsten gerieten. Fünfzig Prozent gaben an, sich abgewiesen und verlassen zu fühlen, und das aus gutem Grund. Die Hälfte aller Väter besuchten ihre Kinder in den drei Jahren nach der Scheidung nicht ein einziges Mal. Noch auffälliger ist, daß 37 Prozent der Kinder fünf Jahre nach der Scheidung noch unglücklicher und unzufriedener waren als nach achtzehn Monaten. Mit anderen Worten: Die Zeit hat ihre Wunden nicht geheilt.[3]

Es sind die Kinder, die am meisten leiden

Ich erinnere mich daran, daß ich vor einigen Jahren auf ein Flugzeug warten mußte und mich dabei meiner Lieblingsbeschäftigung widmete, nämlich Menschen beobachten. Ganz in meiner Nähe stand ein älterer Herr, der offensichtlich auf jemanden wartete, der mit dem Flugzeug hätte kommen sollen, das wenige Minuten zuvor eingetroffen war. Als die Passagiere vorbeiströmten, betrachtete er genau die Gesichter. Ich hatte den Eindruck, er war beunruhigt.

Dann sah ich das kleine Mädchen, das an seiner Seite stand. Sie muß etwa sieben Jahre alt gewesen sein. Auch sie suchte in der Menge nach einem bestimmten Gesicht. Selten habe ich ein Kind besorgter erlebt als dieses kleine Mädchen. Sie klammerte sich fest an den Arm des alten Mannes, den ich für ihren Großvater hielt. Als schließlich, einer nach dem anderen, die letzten Passagiere vorbeiliefen, begann das Mädchen leise zu weinen. In diesem Augenblick war sie nicht einfach nur enttäuscht; ihr kleines Herz war gebrochen. Auch der Großvater schien gegen die Tränen anzukämpfen. Er war selbst viel zu aufgeregt, um das Kind trösten zu können, das sein Gesicht in seinem abgetragenen Mantel verbarg.

„Oh, Herr!“ betete ich innerlich. „Was für einen furchtbaren Schmerz erleben die beiden in diesem Augenblick? War es die Mutter des Kindes, die ihre Tochter an diesem schmerzlichen Tag im Stich gelassen hatte? Hatte ihr Vater versprochen zu kommen und es sich dann anders überlegt?“

Ich hätte das kleine Mädchen in diesem Moment am liebsten in den Arm genommen, um sie vor der Enttäuschung zu schützen. Ich wünschte, sie würde sich ihren Kummer in meiner schützenden Umarmung von der Seele weinen, doch ich fürchtete, mein Einmischen könnte mißverstanden werden. So sah ich hilflos zu. Der alte Mann und das Kind standen still da, während die Passagiere von zwei weiteren Flugzeugen an ihnen vorübergingen. Dann verwandelte sich ihre Besorgnis in Verzweiflung. Schließlich gingen sie langsam durch die Abfertigungshalle zum Ausgang, und das kleine Mädchen kämpfte gegen die Tränen an.

Wo ist dieses Kind heute? Nur Gott weiß es. Ich bete darum, daß die Stücke ihrer zerbrochenen Welt wieder zusammengefügt werden. Es gibt Millionen von Kindern an anderen Orten, die Ähnliches durchleben mußten. Ich möchte diesen Punkt mit einem weiteren Beispiel unterstreichen.

Der folgende Brief wurde vor einigen Jahren in einer Zeitschrift veröffentlicht. Ein vierzehnjähriges Mädchen namens Vicki Kraushaar hatte ihn zur Veröffentlichung unter der Rubrik „Von euch, für euch“[4] zur Verfügung gestellt:

So geht es eben manchmal im Leben

Als ich zehn war, ließen meine Eltern sich scheiden. Natürlich erzählte mein Vater mir davon, denn ihn hatte ich am liebsten. (Beachtet, daß Vicki nicht sagte: „Er hatte mich am liebsten.“)

„Schatz, ich weiß, die letzten paar Tage müssen ziemlich schlimm für dich gewesen sein, und ich will es nicht noch schlimmer machen. Aber da ist etwas, das ich dir sagen muß. Schatz, deine Mutter und ich werden uns scheiden lassen."

„Aber Daddy –"

„Ich weiß, du willst das nicht, aber es muß sein. Deine Mutter und ich kommen einfach nicht mehr miteinander zurecht, so wie früher einmal. Ich habe meine Sachen schon gepackt, und mein Flugzeug geht in einer halben Stunde."

„Aber Daddy, warum mußt du fortgehen?"

„Na ja, Schatz, deine Mutter und ich können nicht mehr zusammenleben."

„Das weiß ich, aber ich meine, warum mußt du in eine andere Stadt ziehen?"

„In New Jersey wartet jemand auf mich."

„Aber Daddy, werde ich dich jemals wiedersehen?"

„Natürlich, mein Schatz. Wir werden uns etwas überlegen."

„Aber was? Ich meine, du wirst in New Jersey wohnen, und ich hier in Washington."

„Vielleicht wird deine Mutter zustimmen, daß du zwei Wochen im Sommer und zwei Wochen im Winter bei mir sein kannst."

„Warum nicht öfter?"

„Ich glaube schon nicht, daß sie mit zwei Wochen im Sommer und zwei Wochen im Winter einverstanden sein wird, geschweige denn mehr."

„Na ja, es kann doch nicht schaden, es zu versuchen."

„Ich weiß, Schatz, aber wir müssen uns das später überlegen. Mein Flugzeug geht in zwanzig Minuten, und ich muß noch zum Flughafen kommen. Ich werde jetzt mein Gepäck holen, und ich möchte, daß du auf dein Zimmer gehst, damit du mir nicht nachschauen kannst. Und keine langen Abschiedsszenen."

„Okay, Daddy. Wiedersehn. Vergiß nicht zu schreiben."

„Bestimmt nicht. Wiedersehn. Jetzt geh auf dein Zimmer."

„Okay. Daddy, ich will nicht, daß du weggehst!"

„Ich weiß, mein Schatz. Aber ich muß gehen."

„Warum?"

„Das kannst du nicht verstehen."

„Kann ich doch."

„Nein, kannst du nicht."

„Na gut. Wiedersehn."

„Wiedersehn. Jetzt aber auf dein Zimmer. Beeil dich!"

„Okay. Tja, ich vermute, so geht es eben manchmal im Leben."

„Ja, mein Schatz. So geht es eben manchmal im Leben."

Nachdem mein Vater durch diese Tür hinausgegangen war, habe ich nie wieder etwas von ihm gehört.

Es tut mir so leid, wenn ich höre, daß Kinder wie Vicki schon in so jungen Jahren solch eine Erfahrung machen. Vielleicht kann das anderen dabei helfen die Fehler von Vickis Eltern zu vermeiden. Wenn wir nur eine Ehe vor der Auflösung retten können – oder ein Kind vor dem Verlust einer Familie – hat sich unsere Mühe gelohnt.

Für diejenigen, die heiraten möchten

Ein Wort an meine Leser, die vorhaben zu heiraten. Ich appelliere an euch, bei der Wahl eures Ehepartners mit besonderer Sorgfalt vorzugehen. Bewegt diese Frage ausführlich im Gebet, und setzt eure ganze Intelligenz in dieser Entscheidung ein. Schließlich wollt ihr nicht, daß euch die Tragödie einer Scheidung widerfährt. So etwas braucht euch nicht zu passieren.

Unglücklicherweise sind viele junge Menschen nicht vorsichtig. Sie gehen leichtfertig durch die Zeit der Freundschaft hindurch in eine Ehe hinein und scheinen sich überhaupt nicht darüber im klaren zu sein, was für sie auf dem Spiel steht. Sie erinnern mich an einen Menschen, der für Pralinen schwärmt und nun eine ganze Schachtel davon vor sich liegen hat. Er darf nur eine Praline nehmen, und die Entscheidung bringt ihn schier um. Solch eine große Auswahl. Es gibt Sahnepralinen, einige mit Nüssen oder mit Fruchtgelee, wieder andere mit Nougat. Ihm läuft das Wasser im Mund zusammen beim Gedanken an eine ganz bestimmte Sorte. Aber welche ist es? In seiner Verzweiflung beginnt er, die Spitzen der Pralinen einzudrücken, um zu sehen, was für eine Füllung sie haben. Schließlich beißt er in die Praline seiner Wahl. Wenn er sich die falsche ausgesucht hat, wird er es sofort wissen. Doch dann ist es bereits zu spät. Er hat die Praline angebissen und die Schachtel weitergegeben.

Geht bei der Wahl eures Ehepartners mit besonderer Sorgfalt vor!

Sind euch schon solche jungen Männer und Frauen begegnet, die angestrengt nach der „besten“ Praline suchen? Sie wissen genau, was sie wollen, aber sie sind sich nicht sicher, wie sie es finden können. Zudem ist das Äußere oftmals irreführend. Auf ihrer Suche lassen sie so manchen potentiellen Liebhaber zerdrückt zurück. Endlich „beißen“ sie in die ausgesuchte Delikatesse, nur um allzu bald festzustellen, daß sie sich in der Angelegenheit ein wenig mehr Zeit hätten lassen sollen.

Die große Frage ist: Wie findet man den richtigen Partner unter all den Alternativen? Wie vermeidet man eine unangenehme Überraschung, wenn es zu spät ist, es sich anders zu überlegen? Wie kann man trotz aller Schwierigkeiten eine erfolgreiche Ehe führen? Wie verhindert man, daß sich das Fieber des anfänglichen Verliebtseins später in der Ehe zu einer Infektionskrankheit auswächst? Welches sind die Prinzipien, die eine Beziehung festigen und ihr die Möglichkeit geben, zu wachsen, zu reifen und zu überleben?

Desmond Morris, ein Verhaltensforscher, ist diesen Fragen mit großer Sorgfalt nachgegangen.[5] Die Ergebnisse seiner Studie dürften für euch äußerst interessant sein. Er versuchte herauszufinden, warum manche Paare eine fast mystische Einheit bilden, die sie ein Leben lang verbindet, während andere unter dem kleinsten Druck auseinanderbrechen.

Dr. Morris erkannte sehr bald, daß der Unterschied zwischen erfolgreichen und erfolglosen Ehen oftmals darauf zurückgeführt werden kann, wie sehr die Paare während der Zeit ihrer Freundschaft in der Lage waren, aneinander zu „haften“. Mit dem Ausdruck „haften“ bezog er sich auf den Prozeß, durch den ein Mann und eine Frau emotional zusammengefügt werden. Das beschreibt die chemische Reaktion, die es möglich macht, daß zwei Menschen, die sich zuvor völlig fremd waren, plötzlich sehr wertvoll füreinander werden. Dadurch können sie die schwersten Stürme des Lebens gemeinsam meistern und einander hingegeben bleiben in Gesundheit und Krankheit, in Reichtum und Armut, in guten wie in schlechten Tagen, bis daß der Tod sie scheidet. Das ist eine einzigartige Erfahrung, die sich fast nicht in Worte fassen läßt.

Jemand in eurem Team

In solch einer wertvollen Beziehung ist ein Mensch nicht allein, sondern sein grundlegendes Bedürfnis nach Liebe, Zugehörigkeit und Anerkennung wird gestillt. Wenn es bei euch der Fall ist, habt ihr jetzt jemanden in eurem Team, der auf euer Wohl bedacht ist. Diese Person kämpft für euch, verteidigt euch und betet für euch. Es ist jemand, der euch bei Schwierigkeiten beisteht. Sie wird eure Hoffnungen und Träume und Freuden mit euch teilen. Und wenn euer Zusammensein mit Kindern gesegnet werden sollte, wird diese Person euch helfen, sie in der Furcht und Ermahnung des Herrn zu erziehen.

Diese ganz besondere Verbundenheit ist Gottes Geschenk des Miteinanders an die menschliche Familie. Es begann im Garten Eden, als der erste Mensch, Adam, Anzeichen großer Einsamkeit erkennen ließ. Seht ihr ihn vor euch, wie er mitten im Garten auf einem Baumstamm sitzt und mit dem Zeh kleine Kreise in den Sand malt? Der Schöpfer sieht Adam voller Mitleid an und sagt: „Es ist nicht gut, daß der Mensch allein sei" (1. Mose 2,18). Stellt euch das einmal vor! Obwohl Adam in der Kühle des Tages mit Gott selbst Gemeinschaft haben konnte, brauchte er noch etwas anderes. Er brauchte menschliche Gesellschaft. Und so sagte der Vater: „Ich will ihm eine geeignete Gehilfin machen" (1. Mose 2,18; freie Übersetzung nach dem Englischen).

Das Wort „geeignet" in diesem Vers ist eine der vortrefflichen Untertreibungen des Herrn! In wunderbarer Weise hat er die Geschlechter füreinander geschaffen und einem jeden genau die Charaktereigenschaften mitgegeben, die der jeweils andere braucht. Denkt zum Beispiel darüber nach, wie genau die Körper von Mann und Frau im Bereich der Sexualität aufeinander abgestimmt sind. Selbst der überzeugteste Evolutionist kann sehen, daß sie in ihrer Anatomie füreinander gemacht sind. Ebenso ist der emotionale Apparat von Mann und Frau auf gegenseitige Ergänzung hin angelegt. Nachdem er uns so liebevoll füreinander bereitet hatte, offenbarte der Herr seinen Plan für die Familie: „Darum wird ein Mann seinen Vater und seine Mutter verlassen und wird an seiner Frau hängen, und die zwei werden ein Fleisch sein. So sind sie nun nicht mehr zwei, sondern ein Fleisch. Was nun Gott zusammengefügt hat, soll der Mensch nicht scheiden" (Mk. 10,7-9).

Genau so war das System ursprünglich gedacht. Unglücklicherweise hat sich bei seiner Durchführung ein Fehler eingeschlichen. Sünde ist in Gottes Schöpfung eingedrungen, und wir leben nun in einer gefallenen Welt. Gottes wunderbarer Plan ist entstellt worden durch Selbstsucht, Lust, Habsucht, Neid, Mißtrauen, Ehebruch, Unreife und andere Beeinträchtigungen der menschlichen Persönlichkeit. Daher hält romantische Liebe manchmal ihre Versprechen nicht, selbst unter gottesfürchtigen Menschen. Jemand hat einmal festgestellt: „Ehen werden im Himmel gemacht – ebenso wie Blitz und Donner."

Werdet ihr wahre Intimität erleben?

Studien belegen, daß nur wenige Ehepaare in ihrer Beziehung jemals wahre Intimität erleben. Viele bleiben vielleicht wegen der Kinder zusammen oder aus Pflichtgefühl, und andere, weil ihnen wirklich etwas aneinander liegt. Doch sie erlangen niemals die Gemeinschaft und die Zuneigung, nach denen sie sich sehnen und die sie brauchen.

In solch einer unvollkommenen Welt möchte ich euch noch einmal einige Fragen bezüglich eurer Zukunft stellen. Wie werdet ihr das wertvolle Geschenk der Intimität in der Ehe bewahren? Was sind die Schlüssel zu einer zutiefst hingegebenen und befriedigenden Beziehung? Wie werdet ihr durchhalten, wenn ihr täglich mit ansehen müßt, wie sich Paare eurer Generation trennen? Gibt es eine Möglichkeit, eure Aussichten auf eine glückliche Ehe zu verbessern?

Romantische Liebe hält manchmal ihre Versprechen nicht.

Um die Antworten auf diese Fragen geben zu können, wollen wir uns noch einmal den Studienergebnissen von Dr. Morris zuwenden. Er sagt, die Qualität der während der Zeit der Freundschaft eingegangenen Verbindung ist der Schlüssel zu erfolgreichen Ehen. Dann führt er auf, wie dieser „Zementierungsprozeß" vonstatten geht. Dr. Morris ist davon überzeugt, und ich kann ihm darin nur von Herzen zustimmen, daß die Wahrscheinlichkeit eines festen Zusammenhalts von Paaren am größten ist, wenn sie die Phase der ersten Rendezvous nicht überstürzt haben. Zeit ist also eine wichtige Zutat.

Das erinnert mich an meine Bemühungen, Modellflugzeuge zu bauen, als ich noch ein Junge war. Damals konnte man recht preiswerte Bausätze kaufen, die ein Stück Balsaholz enthielten, auf dem die einzelnen Bauteile aufgemalt waren. Es war die reinste Sisyphusarbeit, die Teile möglichst genau auszuschneiden und sie in der richtigen Reihenfolge zusammenzuleimen. Hatte man das glücklich hinter sich gebracht, mußte man Zellstoff über die Rahmen spannen. Das Endergebnis war ein wunderschönes kleines Flugzeug, das man sich über sein Bett hängen konnte. Ich habe mir nichts sehnlicher gewünscht, als solch ein Modell zu bauen, aber ich habe es niemals fertigbekommen. Immer wieder kaufte ich mir einen Bausatz und fing an, die Teile auszuschneiden. Doch ich wurde mit dem Projekt nicht fertig, weil ich nicht genügend Geduld hatte zu warten, bis der Klebstoff getrocknet war. Ich konnte meine Finger nicht vom Rumpf lassen, und so ist mir immer alles auseinandergefallen.

Das ist mehr oder weniger, was Dr. Morris uns über romantische Beziehungen gesagt hat. Der Leim braucht genügend Zeit, um trocknen zu können. Eine gute Verbindung zwischen zwei Menschen nimmt empfindlichen Schaden, wenn der Prozeß forciert wird. Er sagte, es gibt zwölf Stadien der Intimität, die Paare durchlaufen sollten, wenn sie eine dauerhafte Beziehung entwickeln wollen. Diese Stadien beginnen mit der oberflächlichsten Art von Kontaktaufnahme und arbeiten sich nach und nach in zunehmend intimere Bereiche vor. Wir wollen sie uns einzeln ansehen.

Die Qualität der während der Zeit der Freundschaft eingegangenen Verbindung ist der Schlüssel zu erfolgreichen Ehen.

Nummer eins ist das Stadium AUGE-KÖRPER.

Dies ist der am wenigsten intime Kontakt zwischen zwei Menschen. Alles was bisher geschehen ist, ist, daß eine Person eine andere gesehen hat. Sie kennen sich nicht und haben auch nicht die geringste Beziehung zueinander. Doch jedes lohnenswerte Unternehmen muß an irgendeiner Stelle anfangen. Wenn eine Anziehungskraft zwischen ihnen besteht, werden sie auf diesem Augenblick des Erkennens aufbauen.

Stadium Nummer zwei nennt sich AUGE-AUGE.

Dies bezieht sich auf das erste Mal, wenn sie sich direkt ansehen. Ein elektrochemischer Funke springt irgendwo im Gehirn über, und eine kleine Stimme sagt: „Hey, Kumpel! Aufgepaßt! Das könnte interessant werden!"

Ich erinnere mich noch, als es zum ersten Mal zwischen mir und der Frau geschah, mit der ich heute verheiratet bin. Shirley und ich studierten am selben College, aber wir waren uns noch nie begegnet. Unsere Wege kreuzten sich eines Tages, als ich gerade mit ein paar Freunden etwas zu Mittag aß. Plötzlich sah ich dieses Mädchen in der Cafeteria sitzen. Junge! sagte ich zu mir selbst. Ist das ein hübsches Mädchen!

Ich sah weiter zu ihr hinüber. Da sie bemerkte, daß sie beobachtet wurde, warf sie mir einen Blick zu und lächelte verführerisch. Ich lächelte zurück. Ich nahm einen Biß und prüfte, ob sie zu mir herübersah. Sie tat es. Einige Minuten später sah sie herüber, um zu sehen, ob ich zu ihr hinübersah. Ich tat es. Das Spielchen dauerte die ganze Mittagspause hindurch. Ich kann mich nicht erinnern, was ich an jenem Tag aß, doch es war eine der aufregendsten Mahlzeiten des Jahres.

Und immer noch wußte ich nichts über diese Studentin. Ich hätte euch nicht ihren Namen noch irgend etwas anderes über sie sagen können. Unsere ganze Beziehung beschränkte sich auf eine Reihe von Blicken und auf kokettes Lächeln. Dann gingen wir wieder getrennte Wege. Diese Begegnung ist recht typisch für zwei Menschen im Auge-Auge-Stadium der Beziehungen. Für manche endet die Geschichte an dieser Stelle. Für Shirley und mich war es der Anfang eines Lebens voller Liebe und Freundschaft.

Stadium Nummer drei: STIMME-STIMME.

Es beinhaltet das erste Gespräch zwischen zwei potentiellen romantischen Partnern. Ihre Worte zu diesem Zeitpunkt sind in der Regel zögernd und unbeholfen, und es werden so brillante Fragen gestellt wie „Wie heißt du?“ oder „Ist das nicht ein schöner Tag heute?“ Bei Shirley und mir gestaltete sich der erste verbale Austausch etwas anders.

Nicht lange nach unserer Blick-Begegnung in der Cafeteria stand ich in der Nähe der Tennisplätze der Universität, wo ich mich recht häufig aufhielt. Hunderte von Studenten waren auf dem Weg von einer Vorlesung in die nächste, und unter ihnen auch diese hübsche junge Dame, die ich bewunderte. Ich sah sie in meine Richtung kommen und überlegte schnell, was ich zu ihr sagen sollte. Auch sie strengte ihre Gehirnzellen an. Da sie sich daran erinnerte, daß ich oft weiße Tennisshorts trug, ging sie an mir vorbei und sagte lächelnd: „Hallo, Beine!“

Dieser kleine Flirt erregte meine Aufmerksamkeit, das kann ich euch sagen! Wer meine Beine mag, kann nicht so schlimm sein. Allerdings war ich von ihrer Bemerkung derart überrascht, daß ich mich nicht erinnern kann, irgend etwas erwidert zu haben. Auf jeden Fall habe ich mehrere Tage lang daran denken müssen. Das war unsere erste „Konversation“.

Eine Woche später fand eine weitere interessante Begegnung statt. Ich sah Shirley mit einer Gruppe von Freunden in der Nähe ihres Wohnheims stehen. Ich ging auf sie zu und verwickelte sie in ein

Gespräch. Dann nahm ich einen Fünfer aus meiner Tasche und fing an, ihn in die Luft zu werfen.

Ich sagte: „Du solltest wissen, daß ich über eine außergewöhnliche Fähigkeit verfüge. Ich kann eine Münze werfen und dir vorher genau sagen, welche Seite – Kopf oder Zahl – oben liegen wird. Ich irre mich nie."

Shirley biß auf den Köder an. „Laß mal sehen", sagte sie.

„In Ordnung, aber das kostet dich was", erwiderte ich. „Ich werde diesen Fünfer in die Luft werfen, und ich wette um einen Hamburger, daß ich dir vorher sagen kann, ob Kopf oder Zahl oben liegt."

Das Ganze war eine sichere Sache. Falls ich verlor, würde ich Shirley einladen können. Gewann ich, müßte sie mir einen kaufen. In beiden Fällen würde ich der Gewinner sein. Also warf ich die Münze und sagte korrekt Kopf voraus.

„Okay", fragte ich, „wann kaufst du ihn?"

„Nicht so schnell", erwiderte Shirley. „Wir machen's nochmal, doppelt oder nichts."

„Das ist nur fair", sagte ich und warf die Münze ein zweites Mal. Wieder war meine Voraussage richtig.

„Nochmal doppelt oder nichts", forderte sie.

Die Münze flog, und tatsächlich hatte ich eine Trefferquote von hundert Prozent. Shirley schuldete mir also vier Hamburger.

„Ich kann jetzt nicht aufhören", sagte sie. „Wirf nochmal."

Wir spielten dieses lächerliche Spielchen eine Weile, und ich verlor kein einziges Mal. Als wir aufhörten, schuldete Shirley mir vierundsechzig Hamburger, an denen sie seit jenem Tag brät. Das war der Beginn eines gesprächsreichen Lebenswegs, der bis heute andauert.

Nummer vier ist das Stadium HAND-HAND.

Es ist ein wenig persönlicher und intimer als alles, was bisher stattgefunden hat. Zu diesem frühen Zeitpunkt kann es sehr aufregend sein, die Hand eines potentiellen romantischen Partners zu halten. Zwar wird dadurch keine Vertrautheit oder Hingabe ausgedrückt, doch ist es ein Zeichen dafür, daß die Freundschaft sich zu vertiefen beginnt. Ein Mensch würde niemals auf eine wildfremde Person zugehen und darum bitten, seine oder ihre Hand halten zu dürfen. Warum nicht? Weil diese Geste zumindest ein gewisses Maß an Sympathie zeigt.

Vielleicht seid ihr zu jung, um euch an eine erfolgreiche Aufnahme der Rockgruppe „The Beatles“ zu erinnern. Es war einer ihrer sensationellen frühen Hits und trug den Titel: *„I Wanna Hold Your Hand“* (Ich will deine Hand halten). Der ganze Song handelt vom Reiz des Händehaltens. Manch einer wundert sich vielleicht darüber, daß die Beatles solch ein Aufhebens, um etwas so vollkommen Alltägliches machen. Doch wer jemals verliebt war, wird ihre rührselige Auffassung sehr gut verstehen können.

Stadium Nummer fünf ist HAND-SCHULTER,
was noch ein wenig persönlicher ist als das Händehalten. Er spiegelt eine Art „Kumpel“-Beziehung wider, in der die Partner immer noch nebeneinander stehen, jedoch einander noch nicht zugewandt sind. In diesem Stadium der Intimität weist die Hand auf der Schulter mehr auf eine Freundschaft hin als auf Hingabe.

Das sechste Stadium nennt sich HAND-HÜFTE.
Diese Haltung ist von eindeutig romantischerer Natur als die vorausgegangenen Schritte. Gute Bekannte umarmen einander nicht auf diese Weise. Es ist ein weiterer Haltepunkt auf dem Weg zu einer tieferen, intimeren Beziehung.

Stadium Nummer sieben nennt sich GESICHT-GESICHT.
Diese Ebene der Kontaktaufnahme beinhaltet den gegenseitigen intensiven Blick in die Augen, Umarmungen und Küsse. Wenn die vorausgegangenen Schritte nicht übereilt worden sind, hat diese Phase eine größere Bedeutung als alles, was bisher geschehen ist. Normalerweise spiegeln sich hierin sexuelles Verlangen und romantische Gefühle der Partner zueinander wider.

Leider gehen in dieser Phase viele Menschen sehr leichtfertig mit dem anderen um. Auch ich gehörte einst zu ihnen. Meinen ersten Kuß bekam ich, als ich dreizehn war. Ich war damals mit einem „älteren Mädchen“ von fünfzehn zusammen, die meine Naivität ausnutzte. Ebenso, wie ich einen Fünfer benutzte, um Shirley auf mich aufmerksam zu machen, benutzte dieses Mädchen einen, um mich übers Ohr zu hauen. Sie wettete um fünf Cents, daß sie mich küssen könnte, ohne mich zu berühren.

„Das ist unmöglich!“ sagte ich.

„Laß es drauf ankommen“, sagte das Mädchen.

„Na, dann mal los“, sagte ich.

Diese junge Dame küßte mich ausgiebig, drückte mir den Fünfer in die Hand und sagte: „Du hast gewonnen.“

Schritt Nummer acht nennt sich HAND-KOPF.
Erstaunlicherweise ist es viel intimer, das Haar einer Person zärtlich zu berühren, als sich zu küssen und die Gesichter aneinanderzuschmiegen. In unserer Kultur bekommt man nicht einmal von guten Bekannten, geschweige denn von Fremden den Kopf gestreichelt.

Es ist viel intimer, das Haar einer Person zärtlich zu berühren, als sich zu küssen und die Gesichter aneinander zu schmiegen.

Eines Sonntags beobachtete ich während des Gottesdienstes ein Kleinkind, das vor mir auf dem Schoß seiner Mutter saß. Es nuckelte am Daumen und streichelte mit der anderen Hand sanft die Locken seiner Mutter. Die Mutter schien es keineswegs zu stören. Als ich diese Zuneigungsbezeugungen eine Weile verfolgt hatte, kam mir in den Sinn, was wohl geschehen würde, täte ich das gleiche. Natürlich hätte ich es nicht getan, aber es war immerhin interessant, über die Möglichkeit nachzudenken. Wenn ich mich nach vorn gebeugt und eine Locke um meinen Finger gewickelt hätte, hätte mir Mami wahrscheinlich das Gesangbuch um die Ohren geschlagen. Warum? Weil es eine intime Geste gewesen wäre, die unsere Beziehung zueinander nicht gerechtfertigt hätte. Ich entschloß mich, die Dame nicht anzurühren.

Die Stadien neun bis zwölf spielen sich eindeutig im sexuellen Bereich ab.

Es sind HAND-KÖRPER, MUND-BRUST, BERÜHRUNGEN UNTERHALB DER TAILLE und GESCHLECHTSVERKEHR.

Diese körperlichen Intimitäten sollten ausschließlich für das Ehebett reserviert bleiben. Sie sind dazu bestimmt, von zwei Menschen genossen zu werden, die sich zu lebenslanger Liebe und unwiderruflicher Hingabe verpflichtet haben.

Eheliche Bindungen brauchen Zeit

Wir wollen uns nun etwas eingehender mit diesen Stadien ehelichen Zusammenwachsens befassen, die Dr. Desmond Morris für uns entworfen hat. Wie bereits angedeutet, hebt er hervor, wie wichtig es ist, die einzelnen Stadien langsam und methodisch zu durchlaufen. Zudem ist es seiner Ansicht nach von großer Bedeutung, keines von ihnen auszulassen. Mit anderen Worten, sie sollten der Reihe nach angegangen werden. Frank Sinatra hat vor vielen Jahren einmal ein Lied aufgenommen, in welchem folgende Zeile vorkommt: *„Let's take it nice and easy, making all the stops along the way"* (Geh es ruhig und gelassen an, und laß unterwegs keine Ruhepause aus)[6]. Das ist der Grundgedanke.

Bindungen können Schaden nehmen, wenn die Partner die Stadien durcheinanderbringen. Wenn sie sich schon beim ersten Rendezvous leidenschaftlich küssen, sich nach nur einem Monat in Petting verlieren oder vor der Ehe miteinander schlafen, geht in ihrer Hingabe zueinander etwas Wertvolles verloren. Sie haben den „Leim" nicht trocknen lassen. Unglücklicherweise stellt uns die Unterhaltungsindustrie genau diesen Ablauf als die ideale romantische Beziehung vor Augen. Wir sehen, wie ein junger Mann und eine junge Frau einander vorgestellt werden, und in der nächsten Szene schlafen sie bereits miteinander. Laut Dr. Morris hat dieses Propagieren sofortiger Lustbefriedigung schwerwiegende Konsequenzen für die Zukunft einer Beziehung.

Werden die verschiedenen Schritte langsam und in der richtigen Reihenfolge durchlaufen, haben zwei Menschen die Möglichkeit, einander auf emotionaler und nicht nur auf körperlicher Ebene näherzukommen. Ihre Freundschaft wird aufgewertet durch gemütliche Spaziergänge, Gespräche und „kleine Geheimnisse unter Liebenden", die die Grundlage für eine gemeinsame Intimität bilden. Sie reden stundenlang über dies und jenes. Und wenn sie heiraten, gibt es nur sehr wenig, das sie nicht voneinander wissen. Romantische, hingegebene Beziehungen entstehen aus diesen ausgedehnten Gesprächen.

Bevor wir unsere Überlegungen zu diesem Thema beiseite legen, möchte ich noch einmal hervorheben, daß sich dieses Konzept nicht nur auf die Zeit der Freundschaft anwenden läßt. Die erfolgreichsten Ehen sind jene, in denen die Ehepartner regelmäßig in ihrem Alltag diese zwölf Schritte entlangschlendern. Und das Bedürfnis nach dieser Art von Miteinander läßt im Lauf der Jahre keineswegs nach. Einander berühren, miteinander sprechen, Hände halten, einander in die Augen sehen und Erinnerungen aufbauen, all diese Dinge sind für Partner in mittleren Jahren ebenso wichtig wie für jene im kritischen Jahrzehnt. Und die beste Methode, um ein langweilig gewordenes Liebesleben neu zu beleben, ist es, die zwölf Schritte der Liebeswerbung zu durchlaufen – regelmäßig und mit Genuß!

Und hier ist noch ein kleiner Tip, den sich hoffentlich meine männlichen Leser für spätere Gelegenheiten merken werden: Frauen sträuben sich dagegen, durch die Schritte zehn, elf und zwölf gehetzt zu werden, wenn sich ihre Ehemänner nicht genügend Zeit für die ersten neun genommen haben. Unter solchen Umständen fühlen sie sich oftmals „benutzt".

Vor einigen Jahren hat Tina Turner einen Hit herausgebracht, in dem sie die Frage stellte: *„What's love got to do with it?"* (Was hat Liebe damit zu tun?)[7] Genau das wird vermittelt, wenn jemand körperliche Intimität ohne jeglige Romantik erwartet. Es ist, als ob die Liebe bedeutungslos wäre, und diese Einstellung reduziert die geheimnisvolle Vereinigung im Geschlechtsverkehr auf einen animalischen Akt. Wenn ihr euch ein schönes und erfülltes Liebesleben in eurer Ehe wünscht, versucht es mit ein wenig Zärtlichkeit während der übrigen dreiundzwanzigeinhalb Stunden des Tages.

Vorschläge, wie man die Liebe fürs Leben finden kann

Wir wollen nun langsam zur Landung ansetzen – mit einigen weiteren „Schlüsseln zu lebenslanger Liebe". Ich könnte ein Buch über dieses Thema schreiben – ehrlich gesagt, ich habe es bereits getan.

(Es ist in den USA. unter dem Titel *Love for a Lifetime* erschienen). An dieser Stelle will ich es jedoch bei sieben einfachen Empfehlungen bewenden lassen:

1. Als ich dreizehn Jahre alt war, gab mir ein Sonntagsschullehrer einen Rat, den ich niemals vergessen habe. Er sagte: „Heirate niemals die Frau, mit der du dir vorstellen kannst zu leben. Heirate diejenige, ohne die du nicht leben kannst." Es verbirgt sich eine große Weisheit in diesem Rat. Eine Ehe kann selbst dann schwierig werden, wenn zwei Menschen leidenschaftlich ineinander verliebt sind. Sie wird zur Katastrophe, wenn sie nicht auf dieses Fundament aufbauen können.
2. Heiratet niemanden mit Charaktereigenschaften, die ihr unerträglich findet. Vielleicht habt ihr euch vorgenommen, ihn oder sie zu verändern, aber das wird wahrscheinlich nie passieren. Unser Verhalten fließt in tiefen Kanälen dahin, die während unserer Kindheit ausgehoben wurden, und es ist sehr schwierig, etwas an ihnen zu verändern. Um ein eingefahrenes Verhaltensmuster zu ändern, muß man einen stabilen Damm bauen, einen neuen Kanal ausheben und dann den Fluß vollständig umleiten. Diese Bemühungen zahlen sich auf lange Sicht selten aus.
   Wenn ihr also schon während der Zeit der Freundschaft mit einer bestimmten Eigenschaft nicht leben könnt, könnte sie euch für den Rest eures Lebens quälen. Eine Person, zum Beispiel, die sich jeden Abend betrinkt, wird diese Gewohnheit auch nach der Hochzeitsnacht nicht aufgeben. Wenn er oder sie nicht mit Geld umgehen kann oder generell einen unreinen Lebenswandel hat oder zu Gewalttatigkeiten neigt oder extrem eigensüchtig ist, sind das Warnsignale, die ihr nicht ignorieren solltet. Was ihr seht, das bekommt ihr auch.
   Natürlich haben wir alle Fehler, und ich vertrete nicht die Auffassung, daß jemand erst perfekt sein müsse, bevor er ans Heiraten denken dürfe. Worauf ich hinauswill, ist vielmehr, daß ihr euch entscheiden müßt, ob ihr bestimmte Marotten für den Rest eures Lebens tolerieren könnt – so lange werdet ihr sie voraussichtlich ertragen müssen. Könnt ihr das nicht, verlaßt euch nicht darauf, daß ihr euren Partner nach eurem „Ich will" umprogrammieren könnt. Mein Rat ist, daß ihr eure Augen vor der Hochzeit weit offen haltet und hinterher nicht mehr ganz so genau hinseht.

3. Heiratet nicht impulsiv! Ich kann mir keine effektivere Art vorstellen, das Leben zu verderben, als diese heikle Entscheidung anzugehen, ohne sorgfältig darüber nachzudenken und zu beten. Es dauert eine Weile, um sich kennenzulernen und die ersten acht Schritte des Bindungsprozesses zu durchlaufen. Vergeßt nicht, daß Rendezvous eher dazu geeignet sind, Informationen zu verbergen, als sie zu enthüllen. Jeder der Partner setzt sein vorteilhaftestes Gesicht auf – und hütet sich davor, Geheimnisse zu offenbaren, die für ihn nachteilig sein könnten. Daher erleben auch viele jungverheiratete Paare im ersten Jahr ihrer Ehe eine große Überraschung. Ich schlage vor, daß ihr euch mindestens ein Jahr Zeit nehmt, um hinter die Fassade zu blicken und den Charakter der Person kennenzulernen.

Heiratet niemanden mit Charaktereigenschaften, die ihr unerträglich findet.

4. Wenn ihr ein tiefgläubiger Christ seid, solltet ihr euch nicht hinreißen lassen, „am fremden Joch" mit einem Ungläubigen zu ziehen. Vielleicht erhofft ihr euch, euren Ehepartner zu einem späteren Zeitpunkt für den Herrn zu gewinnen, doch das geschieht nur gelegentlich. Darauf zu zählen ist im besten Fall ein Risiko, im schlimmsten Fall tollkühn. Wieder muß die Frage beantwortet werden: „Wie entscheidend ist es, daß mein Mann (oder meine Frau) den Glauben mit mir teilt?" Ist es existentiell und absolut maßgeblich, wie es die Schrift sagt, dann sollte diesem Aspekt bei der Frage nach dem richtigen Partner die höchste Priorität eingeräumt werden.
5. Zieht nicht vor der Hochzeit mit einer Person zusammen. Das ist aus vielerlei Gründen keine gute Idee. Erstens ist es unmoralisch und eine Verletzung der Gebote Gottes. Zweitens untergräbt es eine Beziehung und führt oftmals zu einer Scheidung. Untersuchungen, die auf über fünfzig Jahre hinweg gesammelten Daten

basieren, belegen, daß bei Paaren, die bereits vor der Hochzeit zusammengelebt haben, die Wahrscheinlichkeit einer Scheidung höher liegt als bei anderen Paaren.[8] Auch sind die Ehen jener Paare weniger befriedigend und instabiler. Warum? Die Wissenschaftler fanden heraus, daß jene Paare, die zusammengelebt hatten, später bedauerten, ihre „moralischen Maßstäbe verletzt“ zu haben. Zudem, und das paßt zum Thema ehelicher Bindungen, haben sie eine Ebene der Intimität „gestohlen“, die zu jenem Zeitpunkt noch nicht gerechtfertigt war und auch durch den Grad ihrer Hingabe aneinander nicht gerechtfertigt werden konnte. Es stellt sich heraus, daß Gottes Weg nicht nur der richtige ist – er ist auch der gesündeste für alle Beteiligten.

6. Heiratet nicht zu jung. Bei denjenigen, die zwischen vierzehn und siebzehn Jahren heiraten, besteht eine doppelt so große Wahrscheinlichkeit einer Scheidung, als bei jenen, die warten, bis sie die Zwanzig überschritten haben. Um als eine Familie bestehen zu können, bedarf es einiger Charakterzüge, die eine gewisse Reife erfordern, wie zum Beispiel Selbstlosigkeit, Stabilität und Selbstkontrolle. Es ist am besten zu warten, bis diese sich einstellen.
7. Ich möchte schließen mit dem höchsten Geheimnis lebenslanger Liebe. Einfach ausgedrückt: Die Stabilität einer Ehe ist das Nebenprodukt der eisernen Entschlossenheit, sie gelingen zu lassen. Wenn ihr euch entschließt zu heiraten, geht diesen Bund ein mit dem Vorsatz, euer ganzes Leben lang einander verpflichtet zu sein. Droht eurem Partner niemals aus momentanem Ärger heraus, ihn oder sie zu verlassen. Erlaubt euch selbst nicht einmal, an diese Möglichkeit zu denken. Aufgeben darf nicht zur Alternative für diejenigen werden, die bis zum Ende durchhalten wollen!

Das war die Einstellung meines Vaters, als er 1935 meine Mutter heiratete. Vierzig Jahre später gingen er und ich in einem Park spazieren und sprachen über die Bedeutung der Hingabe von Ehepartnern aneinander. Mein Vater griff in seine Tasche und zog ein abgegriffenes Blatt Papier hervor. Darauf war ein Versprechen festgehalten, das er meiner Mutter gemacht hatte, als sie einwilligte, seine Frau zu werden. Die folgenden Worte hatte er ihr geschrieben:

> „Ich möchte, daß Du meine Gefühle bezüglich des Ehebundes, welchen wir in Kürze eingehen werden, verstehst und Dir ihrer vollkommen bewußt bist. Schon auf meiner

Mutter Schoß und in Einheit mit dem Worte Gottes wurde ich gelehrt, daß die Ehegelübde unantastbar sind, und wenn ich diese nun leisten werde, binde ich mich vollkommen und für mein ganzes Leben. Dem Gedanken, ich könne mich durch eine Scheidung von dir entfremden, sei es aus welchem Grund auch immer (wenn auch der Herr einen zuläßt – Untreue), wird niemals erlaubt werden, in mein Denken einzudringen. Ich sage dies nicht leichtfertig. Im Gegenteil, ich bin mir vollkommen der Möglichkeit bewußt, so unvorstellbar es auch jetzt erscheinen mag, daß gegenseitige Unvereinbarkeiten oder andere unvorhersehbare Umstände zu schwerem geistigem Leiden führen können. Sollte dies eintreffen, bin ich für mein Teil entschlossen, es als Folge der Verpflichtung, die ich nun eingehe, zu akzeptieren und es, falls notwendig, bis zum Ende unseres gemeinsamen Lebens zu tragen. Ich habe Dich von ganzem Herzen geliebt und werde Dich auch weiterhin als meine Ehefrau lieben. Doch noch viel mehr liebe ich Dich mit einer christlichen Liebe, die es von mir fordert, Dich niemals auf eine Weise zu behandeln, daß es unsere Aussichten trübt, in das Paradies einzugehen, was unser beider höchstes Ziel ist. Und ich bete darum, Gott selbst möge unsere Zuneigung zueinander vollkommen und ewig machen."

Die Stabilität einer Ehe ist das Nebenprodukt der eisernen Entschlossenheit, sie gelingen zu lassen.

Wenn es die Art und Weise ist, wie ihr vorhabt eine Eheverpflichtung einzugehen, vergrößert es eure Chancen, glücklich bis an euer Ende zu leben, beträchtlich. Und wieder unterstreicht die Schrift die Dauerhaftigkeit der ehelichen Beziehung: „Was nun Gott zusammengefügt hat, soll der Mensch nicht scheiden" (Markus 10,9).

7

Gemeinsam oder einsam

KAPITEL 7

Ich möchte nun auf ein Prinzip eingehen, daß euch in eurem Leben hilfreich sein könnte. Es betrifft den Umgang von Menschen miteinander und die Anziehungskräfte, die zwischen ihnen wirken. Das Prinzip erklärt auch, was sie voneinander abstößt. Obwohl unser Schwerpunkt auf romantischen Beziehungen liegen soll, läßt sich das Konzept überall dort anwenden, wo sich menschliche Interessen berühren, also auch in der Beziehung zwischen Arbeitgebern und Arbeitnehmern, Freunden und Nachbarn, Töchtern und Schwiegermüttern.

Um dieses Prinzip, das ich in meinem Buch „Gemeinsam oder einsam" ausführlicher behandelt habe, zu erklären, möchte ich euch bitten, euch eine Situation ins Gedächtnis zu rufen, als ihr glaubtet, euch unsterblich in jemanden verliebt zu haben. Bei Tag und Nacht dachtet ihr an diese Person und maltet euch aus, wie wunderbar und aufregend er oder sie war. Ihr hattet geplant, wie ihr euch ihr attraktiv und interessant machen könntet. Schließlich erfüllte sich euer Wunsch, und das Objekt eurer Begierde begann euch ebenfalls zu mögen.

Doch die Person erwiderte nicht nur eure Zuneigung, sondern nach einer Weile begann sie euch hinterherzulaufen und eure ganze Aufmerksamkeit zu fordern. Anstatt zu hoffen und zu träumen, daß eure Liebe erwidert wurde, fühltet ihr euch sehr bald unter Druck, eingeengt und wie in einer Falle. Je stärker ihr euch zur Wehr setztet, desto aggressiver wurde diese Person. Ihr versuchtet zu entkommen und konntet den Menschen kaum noch ertragen, von dem ihr einst geglaubt hattet, ihr könntet ohne ihn nicht mehr leben.

So ist es mit unseren Emotionen beschaffen. Die meisten von uns wünschen sich das, wonach sie sich ausstrecken müssen – wovon sie nur träumen können. Wir finden aufregend, was uns herausfordert

– was geheimnisvoll und unerreichbar ist. Dieser „Reiz des Unerreichbaren“ ist eine machtvolle Kraft in unserem Leben. Umgekehrt wünschen wir uns nicht den Fußabtreter, den wir nicht loswerden können.

Gegenseitiger Respekt ist entscheidend. Das aufregende Knistern, das manchmal zwischen einem Mann und einer Frau entsteht, ist abhängig von der Auffassung, daß jeder der beiden Partner das Glück hatte, den anderen auf sich aufmerksam gemacht zu haben. In dem Augenblick, da man anfängt, einen Käfig um den anderen zu bauen und zu verkünden: „Du gehörst mir“, ist das Spiel vorbei. Laßt mich es an einem Beispiel verdeutlichen.

Brautwerbung

Als ich meiner Frau Shirley zum ersten Mal begegnete, hatte sie gerade mit dem Studium begonnen und ich war ein hochtrabender Senior. Ich hielt mich selbst für eine wichtige Persönlichkeit auf dem Campus und war nicht allzu sehr an der Neuen interessiert. Doch ihr ging es anders. Sie kam bei den Jungs allgemein recht gut an und fühlte sich durch meine gleichgültige Art herausgefordert. Sie wollte mich gewinnen, weil sie sich nicht sicher war, ob es ihr gelingen würde. Ich verstand das und ging unsere Freundschaft sehr locker an.

Gegenseitiger Respekt ist entscheidend.

Nach meinem Examen hatten Shirley und ich eines dieser spannungsreichen Gespräche, wie Liebespaare auf der ganzen Welt sie kennen. Ich sagte, sie solle sich ruhig mit anderen Jungs treffen, während ich in der Armee sei, da ich ohnehin nicht vorhätte, so bald zu heiraten. Ich mochte sie sehr, aber ich glaubte einfach nicht, daß ich sie liebte. Wir könnten in Zukunft immer noch Freunde sein, aber die Beziehung sei prinzipiell vorbei.

Für Shirley war das eine Bombe, auf die sie nicht vorbereitet gewesen war. Wir waren seit über einem Jahr zusammen und hatten gemeinsam viele schöne Dinge erlebt. Daher glaubte ich, sie würde am Boden zerstört sein. Obwohl ich sie nicht verletzen wollte, erwartete ich, daß sie weinen und sich an mich klammern würde. Statt dessen sagte Shirley ruhig und gefaßt: „Ich habe mir das auch schon überlegt, und ich würde mich gerne mit anderen Jungs treffen. Warum gehen wir nicht einfach ab jetzt getrennte Wege?"

Ihre Antwort traf mich tief. Wollte sie mich wirklich widerstandslos ziehen lassen? Ich begleitete sie zu ihrem Wohnheim und fragte, ob ich ihr einen Abschiedskuß geben dürfe. Sie sagte: „Nein" und schloß die Tür hinter sich. Wer hätte so etwas erwartet?

Erst viele Monate später erfuhr ich, daß Shirley auf ihr Zimmer ging und die ganze Nacht weinte. Doch sie wußte intuitiv, daß sie mich ihren Schmerz nicht sehen lassen durfte. Sie ließ mich voller Würde und Respekt gehen, daß ich mich sofort zu fragen begann, ob ich das Richtige getan hatte. Ich hatte auf einen unkomplizierten Abschied gehofft, doch nun fragte ich mich, ob ich wirklich gehen wollte. Am Tag darauf schrieb ich ihr einen Brief, entschuldigte mich und bat sie darum, die Freundschaft aufrechtzuerhalten. Shirley ließ sich für ihre Antwort zwei Wochen Zeit.

Ich ging zur Armee und kehrte danach an die Universität zurück. Zu dieser Zeit war Shirley ein angesehener Senior, und ich war ein Ehemaliger. Sie war eine „Persönlichkeit an der Uni: Schönheitskönigin (Homecoming Queen), Schülersprecherin... und eine der beliebtesten Schülerinnen ihres Jahrgangs. Und was soll ich sagen, sie fing an, mir sehr zu gefallen. Ich rief sie mehrmals am Tag an, beschwerte mich darüber, mit wem sie ihre Zeit verbrachte, und suchte nach Möglichkeiten, ihr zu gefallen.

Was dann geschah, hätte jeder vorhersehen können. Als Shirley sah, daß ich verzweifelt darum bemüht war, sie nicht zu verlieren, verlor sie das Interesse an mir. Die Herausforderung, die sie zwei Jahre zuvor angezogen hatte, war dahin. Statt dessen war ich zu einem Typen unter vielen geworden, die an ihre Tür klopften und um Gefälligkeiten baten. Unsere Beziehung stand auf des Messers Schneide.

Eines Tages, nach einem besonders ermüdenden Treffen mit ihr, setzte ich mich hin und dachte zwei geschlagene Stunden darüber nach, was eigentlich los war. Noch zwei Jahre zuvor hatte ich dieses Mädchen um den Finger wickeln können, und jetzt begann sie mir immer mehr zu entgleiten. Was war schiefgelaufen?

Plötzlich wurde mir klar, was ich falsch machte. Ich behandelte mich selbst ohne Respekt und bettelte winselnd um einen Knochen. Ich nahm einen Stift und schrieb zehn Punkte auf, die ich in unserer Beziehung ändern wollte.

Zuerst einmal entschloß ich mich, Selbstrespekt und Würde zu zeigen, selbst wenn ich Shirley verlor, die ich so sehr liebte. Zweitens nahm ich mir vor, die folgende Grundhaltung bei jeder Gelegenheit zu artikulieren: „Ich habe ein Ziel im Leben, und ich bin sehr darauf bedacht, dort anzukommen. Ich liebe dich und hoffe, du wirst dich entschließen, mit mir dorthin zu gehen. Solltest du das tun, werde ich mich dir verpflichten und versuchen, dich glücklich zu machen. Entscheidest du dich jedoch dafür, mich nicht auf meiner Reise zu begleiten, werde ich jemand anders finden. Es ist deine Entscheidung, und ich werde sie akzeptieren." Mein Plan bestand noch aus anderen Elementen, doch alle drehten sie sich um Selbstvertrauen und Unabhängigkeit.

Mein neuer Ansatz funktionierte

Der erste Abend, an dem ich den neuen Ansatz anwandte, war eine der berauschendsten Erfahrungen meines Lebens. Shirley spürte, wie ich ihr entglitt, und reagierte alarmiert. Schweigend fuhren wir in meinem Wagen die Straße entlang. Shirley bat mich, auf einem Parkplatz zu halten. Dort legte sie ihre Arme um meinen Nacken und sagte: „Ich habe Angst, daß ich dich verlieren könnte, und ich weiß nicht, warum. Liebst du mich noch?" Im Mondlicht, das auf ihr Gesicht schien, bemerkte ich Tränen in ihren Augen.

Offensichtlich hat sie mein lautes Herzklopfen nicht gehört, als ich meine kleine Rede über die Reise meines Lebens hielt. An jenem Abend wurde unsere Beziehung besiegelt, und wir heirateten kurze Zeit später. Ich hatte die Herausforderung für Shirley wiederhergestellt, und sie hatte wie erwartet reagiert.

Das psychologische Moment, das jenes Auf und Ab in unserer Beziehung hervorgerufen hatte, ist von großer Bedeutung, denn es ist ein fast allgemeiner Bestandteil der menschlichen Natur. Vergebt mir die Weitschweifigkeit, doch ich muß das Prinzip noch einmal wiederholen: Wir ersehnen, was wir nicht erlangen können, doch wir verachten, wessen wir uns nicht entziehen können. Dieses Axiom ist besonders relevant in bezug auf Freundschaften, doch es wird wahrscheinlich auch Einfluß auf dein Liebesleben haben.

Wir ersehnen, was wir nicht erlangen können, doch wir verachten, wessen wir uns nicht entziehen können.

Eine weitere Illustration soll das bisher Gehörte noch weiter untermauern. Wir verdanken sie Jack London, einem bedeutenden amerikanischen Romanautor, der Abenteuergeschichten über das Leben am Yukon schrieb. Die bekannteste seiner vielen Kurzgeschichten heißt „Feuermachen", eine unglaubliche Geschichte von einem Mann, der in einen furchtbaren Schneesturm geriet. Die Temperatur fiel bis auf 55 Grad unter null, und dem Mann wurde bewußt, daß er erfrieren würde. Er versuchte, das Unvermeidliche hinauszuzögern, indem er seinen Hund tötete und die Hände in dessen Gedärmen wärmte. Doch das Tier spürte die Gefahr und hielt sich außer Reichweite.

Die einzige Hoffnung, die ihm blieb, war, daß es ihm gelingen würde, einige schneebedeckte Zweige und Blätter anzuzünden, die er unter einem Baum fand. Der Mann hatte noch drei Streichhölzer in seiner Manteltasche, doch würden sie ausreichen? Der heulende Wind und die eisige Vegetation würden es schwierig machen, ein Feuer anzuzünden.

Die ersten beiden Streichhölzer flackerten und erloschen. Einen weiteren Fehlversuch konnte sich der Mann nicht leisten. Er setzte sich mit dem Rücken in den Wind, legte seine zitternden Hände um das letzte Streichholz und riß es an. Langsam begann ein kleines Feuer zu brennen. Mit großer Mühe schirmte er die kleine Flamme ab und legte nach und nach mehr Blätter darauf. Sein Herz klopfte stürmisch. Er würde es schaffen! Bald würde ihm das lebenspendende Feuer Wärme geben. Er würde überleben!

Dann plötzlich blies der Wind etwas Schnee von einem Ast über dem Kopf des Mannes herunter. Er fiel direkt auf das winzige Feuer und erstickte es. Seine letzte Chance zu überleben erlosch mit einem Zischen. In seiner Verzweiflung ließ der Mann sich in den Schnee sinken und erfror.

Wenn ihr diese dramatische Geschichte von Jack London noch nicht gelesen habt, solltet ihr es tun. Er läßt den Leser nicht nur die Verzweiflung der handelnden Person mitempfinden, sondern er trägt auch einen wichtigen Punkt zu unseren Überlegungen bei. Romantische Liebe ist wie jene kleine Flamme. Anfangs ist sie zart und empfindlich. Sie hat das Potential, einmal zu einem prasselnden Feuer zu werden, doch muß sie beschirmt und vor dem Wind geschützt werden. Diejenigen, die zu aggressiv und zu verzweifelt werden, können ebenso gut Schnee auf die verbleibene Glut werfen. Es ist die einfachste Art, das zu zerstören, was einmal eine wundervolle Beziehung hätte werden können.

An erster Stelle Respekt

In dem Augenblick, in dem einer der beiden Partner fürchtet, der andere könne ihm entgleiten, ändert sich etwas. Er beschwert sich darüber, mit wem sie vergangene Nacht zusammen war, und jammert, daß sie ihm nicht genügend Aufmerksamkeit widme. Er parkt seinen Wagen nachts in der Nähe der Wohnung der Freundin und spioniert aus, wer bei ihr aus und ein geht. In regelmäßigen Abständen bekommt er Wutanfälle und stellt unmögliche Forderungen. Solche Zeichen von Verzweiflung ersticken sehr schnell den Funken einer romantischen Beziehung, bevor er zu einer Flamme der Liebe werden kann. Die Bedeutung des Respekts in romantischen Beziehungen kann nicht überbewertet werden. Er ist der Brennstoff, von dem sich das Feuer nährt.

Ich hörte einmal von einem jungen Mann, der dieses einfache Prinzip übersah. Er war fest entschlossen, die Zuneigung eines Mädchens zu gewinnen, das sich weigerte, ihn zu sehen. Er beschloß, daß der Weg zu ihrem Herzen über die Post gehe, und so fing er an, ihr jeden Tag einen Liebesbrief zu schreiben. Als sie nicht antwortete, steigerte er seine Bemühungen auf drei Nachrichten in vierundzwanzig Stunden. Insgesamt schrieb er ihr mehr als siebenhundert Briefe – und sie heiratete den Briefträger.

Die Bedeutung des Respekts in romantischen Beziehungen kann nicht überbewertet werden.

Romantische Liebe ist eine der seltenen menschlichen Bestrebungen, der am meisten Erfolg vergönnt ist, wenn sie am wenigsten Einsatz fordert. Diejenigen, die am fanatischsten nach ihr streben, werden am wahrscheinlichsten versagen. Und wenn wir schon über Menschen sprechen, die sich mehr Mühe geben: Niemand kommt an einen Mann namens Keith Ruff heran, dessen Liebesgeschichte zum Thema eines Artikels in der *Los Angeles Times* wurde. Die Schlagzeile lautete: „Ein Mann gibt ein Vermögen aus, um die Hand eines Mädchens zu gewinnen, das nein sagen kann." Die Geschichte ging folgendermaßen:

> „Ein liebestoller Mann hat sich in Washington in ein Luxushotel eingemietet und nach jüngsten Schätzungen umgerechnet etwa 28.000 DM ausgegeben, um seiner Angebeteten zu beweisen, daß er ein „Nein" als Antwort auf seinen Heiratsantrag nicht akzeptieren werde.
>
> Am ersten Weihnachtsfeiertag hatte der 35 Jahre alte Keith Ruff, Börsenmakler, der 20 Jahre alten Karine Bolstein, Cocktail-Kellnerin in einem Restaurant in Washington, auf den Knien einen Heiratsantrag gemacht. Sie waren sich zum ersten Mal im vergangenen Sommer in einem Schuhgeschäft begeg-

net und seitdem hin und wieder gemeinsam ausgegangen. Auf seinen Antrag hin hatte sie zu ihm hinabgeblickt und gesagt: „Nein.“ Seitdem hat Ruff Washington nicht verlassen und seinem Wunsch Ausdruck gegeben, sie möge ihre Entscheidung noch einmal überdenken, indem er ihr die ungewöhnlichsten Geschenke machte, bis auf einen Papagei im Birnbaum. Doch das könnte das nächste sein.

„Ich bin, sagt er, drauf und dran, mein letztes Geld auszugeben. Schließlich bin ich kein arabischer Ölscheich.“

Zu den Beweisen seiner Zuneigung gehören:

Ein Privatjet, der abflugbereit am Flughafen steht, „falls sie einen kleinen Rundflug machen möchte.“

Zwischen 3.000 und 5.000 Blumen.

Eine vor ihrer Haustür geparkte Limousine mit eingebauter Bar und Fernseher.

Ein Goldring.

Champagner im Wert von umgerechnet 280 DM.

Ein Hummer-Essen.

Musiker, die ihr Ständchen bringen.

Ein Clown, um ihren jüngeren Bruder zu unterhalten.

Ein als schöner Prinz verkleideter Mann, der einen gläsernen Schuh in der Hand hält.

Plätzchen, Konfekt und Parfum.

Plakate, die er um ihr Haus und das Restaurant, in dem sie arbeitet, herumtragen läßt und auf denen die Botschaft verkündet wird: „Mr. Dennis Keith Ruff LIEBT Ms. Karin Bolstein.“

Luftballons, die sie prompt zerstach. „Was sollte sie auch anderes tun?“ sagte der unbeirrbare Ruff. „Das Haus war so mit Blumen vollgestellt, daß kein Platz mehr gewesen wäre, darin umherzulaufen.“

Er schickte sogar ihrem Vater ein Korb mit Nüssen und Zigarren, „die er an seine Freunde verteilen kann. Es klingt vielleicht dämlich, aber ich mag ihn“. Der Mutter schickte er Blumen zur französischen Botschaft, wo sie arbeitet. „Ich glaube nicht, daß ihre Mutter mich mag. Sie rief die Polizei“, sagte Ruff. „Aber ich werde ihr trotzdem weiterhin Geschenke schicken. Wie kann man nur so verrückt sein?“

Es überrascht niemanden, daß Ruff sagte, er befinde sich in einer „sehr, sehr seltsamen finanziellen Lage". Er hat schon seit einiger Zeit keine Arbeit und beschreibt sich selbst als unabhängig. „Es ist mir egal, wie viele Stellenangebote ich bekomme. Ich bin an keinem von ihnen interessiert", sagte Ruff. „Ich denke lieber an sie, als irgendwo in einem Büro herumzusitzen." Er sagte, er werde seinen letzten Pfennig ausgeben und betteln gehen, wenn es sein müsse, und er werde es noch zehn und sogar zwanzig Jahre weiter versuchen. „Ich werde sie 50.000mal bitten, mich zu heiraten. Es ist vollkommen egal, wie oft sie nein sagt. Ich werde alles tun, was in meiner Macht steht, wenn es nicht absurd ist oder gegen das Gesetz verstößt. So etwas habe ich noch nie empfunden!"

Karin Bolstein sagte dagegen, sie fühle sich zwar geschmeichelt, sei aber noch zu jung zum Heiraten. Außerdem bemerkte sie, in ihrem Haus sehe es aus wie in einer Friedhofskapelle.

Ruff sagte: „Ich will sie nicht zwingen, mich zu lieben, aber ich kann einfach nicht aufhören. Vielleicht macht sie das Ganze nervös, aber immerhin lächelt sie in ihrer Nervosität noch. Jeder Frau würde das ein wenig gefallen."

Ruff sagte, viele Menschen, mit denen er spreche, seien skeptisch. „Sie behaupten, meine Liebe ist seltsam", sagte er „aber unsere ganze Gesellschaft bricht auseinander wegen der Art und Weise, wie Menschen lieben. Was sind schon Rendezvous? Ein Typ, der dich am ganzen Körper begrapscht?

Meine Freunde wissen, mit wie vielen Frauen ich ausgegangen bin. Ich wollte kein Casanova sein. Ich glaube an die alten Werte. Ich habe die Frau gefunden, die ich liebe." Ruff sagte, er verbringe viel Zeit auf seinem Hotelzimmer, wo er die nächsten Aktionen plane und gelegentlich weine. Bolstein ist in ihrer Arbeitsstelle bereits um ihr Autogramm gebeten worden, und ein Drink wurde nach ihr benannt: eine Mischung aus Gin, Wodka und Rum, der den Namen trägt: „Sie will nicht".

Ruff sagte, Karin Bolstein habe ihn einmal angerufen. „Aber ich habe aufgelegt. Mir gefiel nicht, was sie sagte. Ich empfinde die Realität als störend", sagte Ruff. „Ich schließe

> lieber meine Augen und sehe ihr Gesicht vor mir. Ich lebe in der Fantasie. Ich lebe mit Hoffnung. Und mit einigen ziemlich großen Rechnungen."[1]

Es gibt einige Dinge, die der Herr Ruff über Frauen wissen sollte, einmal angenommen, er hat Miss Bolsteins Botschaft immer noch nicht verstanden. Er könnte die nächsten fünfzig Jahre weinend in seinem Hotelzimmer sitzen, ohne auch nur das kleinste bißchen Mitleid in ihr zu erwecken. Und sogar der Privatjet bedeutet ihr nichts. Nur sehr wenige Frauen fühlen sich zu winselnden Männern hingezogen, die umherbuckeln, Bestechungsgelder verteilen und sich selbst vor der ganzen Welt erniedrigen. Wer würde schon einen „Spinner" ohne Ehrgeiz heiraten wollen? Leb wohl, Romanze! Hallo, Armenhaus.

Romantische Liebe ist eine der seltenen menschlichen Bestrebungen, der am meisten Erfolg vergönnt ist, wenn sie am wenigsten Einsatz fordert.

Der gleiche Fehler wird, natürlich in viel kleinerem Maßstab, von Singles begangen. Sie legen ihre Hoffnungen und Träume viel zu früh offen und schrecken so mögliche Liebhaber ab. Geschiedene treten in dieselbe Falle – besonders alleinstehende Frauen, die einen Mann brauchen, der sie und die Kinder unterstützt. Männliche Kandidaten sind echte Raritäten und manchmal so gefragt wie Spitzensportler. Dafür habe ich bisher keine vorzüglichere Illustration gefunden als den folgenden Artikel, der ebenfalls in der *Los Angeles Times* erschien:

F.: Ich bin ein seit kurzem geschiedener, berufstätiger Mann mit einem etwas ungewöhnlichen Problem. Ich hoffe, Sie können mir helfen. Eine Frau, mit der ich einmal ausgegangen war, rief mich an, bevor ich auch nur die Chance gehabt hätte, ein zweites Treffen zu vereinbaren, und wollte wissen, warum ich mich nicht mehr bei ihr gemeldet hätte. Nach unserer zweiten Verabredung begann sie, mich fast täglich anzurufen, um ein gemeinsames Essen vorzuschlagen, mir etwas Lustiges zu erzählen, das sie gelesen hatte und dachte, es würde mir gefallen, etc. Das Verrückte daran ist nun, daß sich das gleiche Spiel bei einer zweiten Frau wiederholt, die ich erst ein- oder zweimal zum Essen eingeladen habe. Wenn solch ein Verhalten typisch ist, vielleicht wäre ich dann lieber verheiratet geblieben! Wie kann ich mich dieser rasenden Verabrederei entziehen und ein nettes, ruhiges gesellschaftliches Leben führen?[2]

Ist es nicht offensichtlich, was hier geschieht? Die Frauen, mit denen dieser Mann sich verabredet hat, jagen ihn nun wie die Hunde das Kaninchen. Und naturgemäß ist es seine Reaktion fortzulaufen. Wenn sie daran interessiert sind, ihn für sich zu gewinnen, dürfen sie nicht in sein Territorium eindringen. Statt dessen sollten sie sich einen gewissen Anstand bewahren und die Dinge auf sich zukommen lassen.

Ich möchte einmal grafisch illustrieren, was in derartigen Situationen geschieht. Es ist eine einfache Darstellung mit den Händen, die Partner A und Partner B darstellen. Ich nenne es „die zarte Falle“.

Partner A Partner B

Partner A und B entschließen sich, zu heiraten und glücklich bis an ihr Ende zu leben. Irgendwann jedoch beginnt Partner B sich in der Beziehung gefangen zu fühlen. Seine Partnerin provoziert oder langweilt ihn auf vielfältige Weise, und er sträubt sich gegen diese sechs einengenden Worte: „bis daß der Tod euch scheidet“.

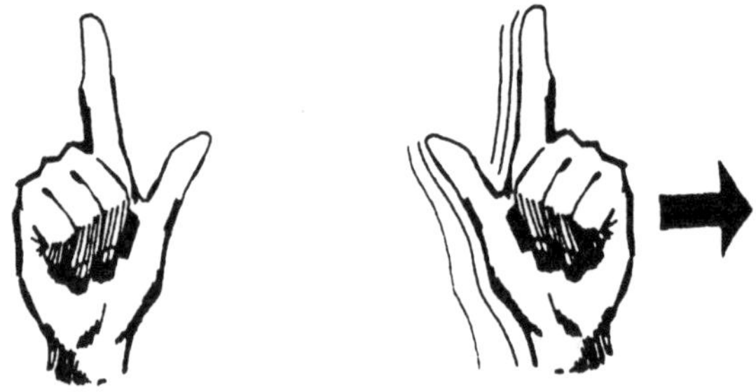

Partner A Partner B

Um mit diesem Gefühl des In-Schach-Gehalten-Werdens – dieser Einschränkung der Freiheit – zurechtkommen zu können, bewegt sich Partner B stückweise nach rechts, weg von Partner A.

Partner A Partner B

Partner A bemerkt, daß sich Partner B entfernt, und reagiert bestürzt. Ihre Reaktion ist es, Partner B zu folgen und dabei den Abstand zwischen beiden noch weiter zu verringern als vorher.

Partner A und B

Partner B unternimmt einen offensichtlicheren Versuch zu fliehen, doch in ihrer Verzweiflung stürzt sich Partner A auf Partner B und klammert sich mit aller Kraft an ihn. Partner B versucht, sich zu befreien, und wird zweifellos in dem Augenblick loslaufen, da er sich freikämpfen kann.

Partner A

Partner A bleibt in ihrer Einsamkeit zurück und fragt sich, wie etwas so Wunderbares kaputtgehen konnte.

Statt dessen...

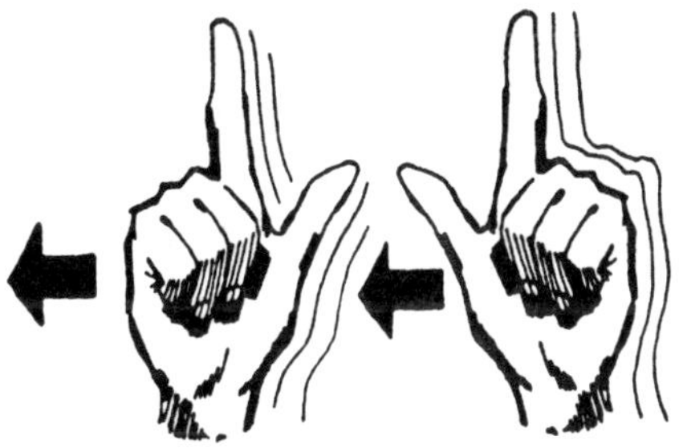

Partner A Partner B

Ganz gleich, ob uns der gesunde Menschenverstand vom Gegenteil überzeugen will, doch Partner A's größte Chance, seinen fast erstickenden Partner weiterhin an sich zu binden, besteht darin, sich ein wenig zurückzuziehen und Partner B einen größeren Freiraum zu gewähren und ihm damit auch mehr Respekt ihr selbst gegenüber abzugewinnen. Interessanterweise bewegt sich Partner B auf Partner A zu, wenn das geschieht. Wir alle haben dieses Bedürfnis nach Freiraum in menschlichen Beziehungen schon beobachtet, doch erweist sich die Umsetzung dieses Prinzips als schwierig, wenn es uns selbst und unseren Partner betrifft.

Tips zum richtigen Umgang miteinander

Ich denke, ihr habt verstanden, worum es mir geht. Ich möchte jetzt mit denjenigen, die alleinstehend sind aber vorhaben, eines Tages zu heiraten, auf mehr Details eingehen. (Das soll keine Herabsetzung für jene sein, die das Singledasein als ihre Berufung verstehen und allein bleiben möchten. Diese Wahl ist vollkommen legitim und sollte von den Freunden und der Familie akzeptiert werden.) Im Folgenden habe ich siebzehn Punkte aufgelistet, die euch darin eine Hilfe sein werden, euch die Prinzipien liebender Härte in Herzensangelegenheiten zu eigen zu machen.

1. Achtet darauf, daß die Beziehung sich nicht in ihren Anfängen zu schnell entwickelt. Beziehungen, die übereilt beginnen, brennen oftmals sehr schnell aus. Nehmt immer nur eine Stufe auf einmal.
2. Sprecht nicht zu detailliert miteinander über eure persönlichen Fehler und Unzulänglichkeiten, solange die Beziehung noch frisch ist. Wie warmherzig und großzügig der Freund oder die Freundin auch sein mag, eine große Offenbarung eines geringen Selbstwertgefühls oder peinlicher Schwächen kann fatal sein, wenn ihr in zwischenmenschliche „Täler" hineingeratet. Und ihr werdet hineingeraten.
3. Vergeßt nicht, daß der Liebe immer Respekt vorausgeht. Baut ihn Stein für Stein auf.
4. Telefoniert nicht zu oft, oder gebt der anderen Person nicht auf andere Weise Anlaß, euer überdrüssig zu werden.
5. Verratet nicht zu früh euer Verlangen zu heiraten – oder daß ihr glaubt, den Mann oder die Frau fürs Leben gefunden zu haben. Wenn der andere noch nicht zum gleichen Schluß gekommen ist, könnte das bei ihm Panik auslösen.
6. Äußerst wichtig: Beziehungen werden oft von vorsichtigen Verliebten „getestet", die gerne erst einmal an einem Köder knabbern, bevor sie den Haken schlucken. Solche „Tests" können vielfältige Formen annehmen, doch in der Regel bestehen sie darin, daß man sich von der anderen Person zurückzieht, um herauszufinden, was geschieht. Vielleicht wird ein alberner Streit vom Zaun gebrochen. Vielleicht vergehen zwei Wochen ohne einen Anruf. Oder manchmal kommt es zu einem Flirt mit einem Riva-

len. Stets lautet die dahinterstehende Frage: „Wieviel bedeute ich dir, und was würdest du tun, wenn du mich verlieren würdest?" Doch weiter unterhalb steht die viel grundlegendere Frage: „Wieviel Freiheit habe ich, dich zu verlassen, wenn ich es möchte?" In solchen Fällen ist es unabdinglich, gelassen zu erscheinen, sicher und ebenso unabhängig. Klammert euch nicht um Gnade bittend an die andere Person. Einige Menschen bleiben ihr Leben lang allein, weil sie der Versuchung nicht widerstehen können zu „kriechen", wenn es zum Test kommt.

7. Um dasselbe Konzept noch weiter auszuführen, denkt daran, daß praktisch jeder Beziehung, die ein Jahr oder länger andauert und auf eine Ehe hinauszulaufen scheint, der endgültige Test bevorsteht. Es wird früher oder später zum großen Bruch kommen, der von nur einem der beiden Partner ausgeht. Die abgewiesene Person sollte sich darüber im klaren sein, daß ihre gemeinsame Zukunft davon abhängt, wie geschickt er oder sie mit der Krise umgeht. Kann die verletzte Person ruhig bleiben, wie Shirley es bei mir war, dann könnten die folgenden beiden Schritte Versöhnung und Heirat sein. So passiert es oft. Wenn nicht, wird kein Bitten und Betteln die Situation verändern können.
8. Seid nicht vollkommen abhängig voneinander in bezug auf die Befriedigung jeglicher emotionaler Bedürfnisse. Erhaltet Hobbies und Aktivitäten außerhalb dieser romantischen Beziehung aufrecht, selbst in der Ehe.
9. Schützt euch gegen Selbstsucht in eurer Liebesbeziehung. Weder der Mann noch die Frau sollte immer der oder die Gebende sein. Ich habe mich einmal von einem Mädchen getrennt, weil ich sie ausführen, ihr Blumen schenken, sie zum Essen einladen und andere Dinge für sie tun durfte. Ich tat es gern, aber ich erwartete, daß sie sich auf irgendeine Weise revanchieren würde. Sie tat es nicht.
10. Hütet euch davor, offensichtliche Warnsignale zu übersehen, die darauf hinweisen, daß euer potentieller Ehepartner im Grunde seines oder ihres Wesens unloyal, streitsüchtig, geistlich lau, drogen- oder alkoholabhängig, ichsüchtig oder ähnliches ist. Glaubt mir: Unglücklich verheiratet zu sein ist weitaus schlimmer als das einsamste Singledasein.

11. Selbst wenn ihr noch nicht lange miteinander geht, behandelt die andere Person mit Respekt und erwartet, daß sie euch ebenso behandelt. Ein Mann sollte der Frau bei förmlichen Einladungen die Türen aufhalten; eine Frau sollte in der Öffentlichkeit nicht respektlos über ihren Begleiter sprechen, usw. Bewahrt ihr euch diese respektvolle Haltung nicht, wenn das Fundament für eine Ehe gelegt wird, ist es nahezu unmöglich, das später nachzuholen.
12. Meßt nicht den Wert eines Menschen an dessen äußerer Erscheinung! Falls ihr von eurem Partner körperliche Vollkommenheit erwartet, könnte er dieselben Erwartungen an euch stellen. Riskiert es nicht, wegen der falschen Wertvorstellungen eurer Kultur eure große Liebe zu verlieren.
13. Falls euch bisher noch nicht die wahre Liebe begegnet ist, dürft ihr nicht anfangen zu glauben, „mich will ja sowieso niemand". Das ist eine tödliche Falle, die euch emotional zugrunde richten kann! Millionen von Menschen suchen nach jemandem, den sie lieben können. Das Problem besteht einzig und allein darin, einander zu finden!

Extreme Abhängigkeit kann für eine Liebesbeziehung tödlich sein.

14. Ganz gleich, wie phantastisch die Liebesbeziehung bisher gewesen sein mag, solltet ihr euch die Zeit nehmen, gemeinsam mit eurem Partner „die Voraussetzungen zu vergleichen", bevor ihr euch zu einer Ehe verpflichtet. Es ist erstaunlich, wie viele Männer und Frauen sich in die Ehe stürzen, ohne zuvor bemerkt zu haben, daß ihre zukünftigen Ehepartner vollkommen andere Erwartungen hatten als sie. Zum Beispiel:
    a) Wollt ihr Kinder haben? Wann? Wie viele?
    b) Wo werdet ihr wohnen?
    c) Wird die Frau arbeiten? Wann? Wie sieht es nach der Geburt der Kinder aus?

d) Wer ist die führende Person in der Beziehung? Was bedeutet das eigentlich?
e) Wie werdet ihr mit der angeheirateten Verwandtschaft umgehen?
f) Wie wird Geld ausgegeben werden?
g) Wie wichtig sind geistliche Fragen in eurer Ehe?

Diese und Dutzende anderer „Voraussetzungen" sollten einzeln mit einem gemeinsamen Seelsorger besprochen werden. Viele zukünftige Streitereien können vermieden werden, indem ihr euch in bezug auf potentielle Streitpunkte einigt. Sollten die Unterschiede zu groß sein, kann es sogar passieren, daß eine Ehe gar nicht erst zustande kommt.

15. Sexuelle Vertrautheit kann für eine Beziehung tödlich sein. Abgesehen von den vielen moralischen, geistlichen und körperlichen Gründen, die dafür sprechen, bis zur Ehe enthaltsam zu bleiben, gibt es zahlreiche psychologische und zwischenmenschliche Vorteile. Auch wenn es altmodisch klingen mag, trifft es immer noch zu, daß Männer „leichte Mädchen" nicht respektieren und der Frauen, die nichts zurückbehalten haben, überdrüssig werden. Ebenso haben Frauen keine Achtung für die Männer, die immer nur an das eine denken. Beide Geschlechter dürfen die Verwendung eines sehr alten Wortes nicht vergessen. Dieses Wort heißt: „NEIN!"
16. In einem seiner Lieder beschrieb der Country-Sänger Tom T. Hall das Konzept, das wir hier besprochen haben: „Hältst du die Liebe nicht fest genug, fliegt sie davon; klammerst du dich zu fest an sie, wird sie sterben. Das ist eines der Geheimnisse des Lebens."[3] Wird der gegenseitigen Verpflichtung zwischen einem Mann und einer Frau in deren Leben unzureichende Bedeutung eingeräumt, wird sie vergehen wie eine Pflanze ohne Wasser. Das ist allgemein bekannt. Doch sehr viel weniger Verliebte wissen, daß extreme Abhängigkeit für eine Liebesbeziehung tödlich sein kann. Es heißt, daß die Person, die den Partner am wenigsten braucht, in der Regel die führende Rolle in einer Beziehung spielt. Ich glaube, das ist wahr.
17. In der Ehe sind die grundlegenden Bedürfnisse nach Freiheit und Respekt im romantischen Miteinander keineswegs abgeschafft. Bewahrt das Geheimnisvolle und die Würde in eurer Beziehung.

Falls sich der Partner eingeengt fühlt und er sich für eine Weile zurückzieht, gewährt ihm diesen Freiraum und nehmt euch selbst zurück. Errichtet keinen Käfig um die Person. Lockert statt dessen vertrauensvoll euren Griff, ohne jedoch Unmoral oder destruktives Verhalten zu billigen. Mehr zu diesem Thema könnt ihr in dem Buch „Gemeinsam oder einsam" (Editions Trobisch) lesen.

Diese Anregungen garantieren natürlich nicht, daß ihr einen Menschen für euch gewinnen werdet, doch sie sind mit Sicherheit um Längen besser als der Ansatz von Keith Ruff. Und nebenbei, ihr spart mit ihnen auch noch viel Geld!

8

Fragen vom Startblock

KAPITEL 8

Ich möchte sichergehen, daß ich das Konzept der „liebenden Härte" verstehe. Wenn man den Gedanken auf den kleinsten gemeinsamen Nenner bringen sollte, was wäre das?

Der Grundgedanke ist, sich selbst und einer anderen Person gegenüber Respekt zu haben. Das ist das Fundament, auf dem romantische Liebe aufbaut. Es bedeutet, daß du dich weigerst, zu bitten und zu betteln, wenn dein Partner nicht das gleiche empfindet wie du. Versucht man nämlich, einen Käfig um jemanden zu bauen, um diese Person gegen ihren Willen zu behalten, hat es zur Folge, daß der „Eingesperrte" sich nur noch verzweifelter bemüht zu entkommen.

Der Gedanke der „liebenden Härte" fordert von uns, daß wir bereit sind, eine andere Person freizugeben – auch wenn uns dieses Loslassen große Schmerzen bereitet. Tun wir das, erhöhen wir die Wahrscheinlichkeit, daß der geliebte Mensch uns nicht verlassen wird, weil die Käfigtür offensteht, und er ist unseres Respekts versichert.

Sie sagten, das Konzept sei noch viel weiter zu fassen als in diesem engen Zusammenhang. Erläutern sie das für den Kontext einer Ehe.

Wie ich bereits angedeutet habe, läßt sich „liebende Härte" überall anwenden, wo zwei oder mehr Persönlichkeiten miteinander zu tun haben. Laßt mich es mit einem Beispiel verdeutlichen. Eines der Geheimnisse meiner Ehe mit Shirley, die nun schon vierunddreißig Jahre lang besteht, ist es, daß wir immer sehr auf die, wie wir es nennen, „Linie des Respekts" zwischen uns geachtet haben.

Stellt euch zum Beispiel vor, ich arbeite zwei Stunden länger als üblich im Büro, weiß aber, daß Shirley ein besonderes Abendessen vorbereitet. Das Telefon steht vor mir auf dem Schreibtisch, aber ich bin zu sehr mit mir selbst und meiner Arbeit beschäftigt, um sie kurz anzurufen und es ihr mitzuteilen. Als es immer später wird, verpackt Shirley das kalte Essen in Alufolie und legt es in den Kühlschrank.

Stellt euch weiter vor, daß ich mich für meine Verspätung nicht entschuldige. Statt dessen setze ich mich hin, nehme mir eine Zeitung und verlange kaltschnäuzig von Shirley mein Abendessen. Ihr könnt euch darauf verlassen, daß es erst einmal ein Feuerwerk im Dobsonschen Haushalt geben wird! Shirley wird mein Verhalten zu Recht als Beleidigung interpretieren und mich auf die „Linie des Respekts" zwischen uns hinweisen. Dann werden wir darüber sprechen, und beim nächsten Mal werde ich mich ein wenig überlegter verhalten.

Nun stellt euch vor, Shirley weiß, daß ich den Wagen aus irgendeinem wichtigen Grund um 14 Uhr brauche, doch sie läßt mich absichtlich warten. Vielleicht sitzt sie mit einer Freundin in einem Restaurant, trinkt Kaffee und unterhält sich. Inzwischen laufe ich zu Hause unruhig hin und her und frage mich, wo sie bleibt. Es ist sehr wahrscheinlich, daß meine Frau von meiner Unzufriedenheit erfahren wird, wenn sie heimkommt. Die „Linie des Respekts" ist verletzt worden, und wir müssen daran arbeiten, sie wiederherzustellen.

Was bei diesen eigentlich recht belanglosen Beispielen auf dem Spiel steht, ist die Grundlage gegenseitiger Verantwortlichkeit. Damit zwei Menschen ein Leben lang miteinander auskommen, müssen sie sich auf einige Grundregeln einigen, die ihnen helfen, Harmonie und Ordnung zu bewahren. Gegenseitiger Respekt ist der Grundpfeiler für das Verständnis zwischen ihnen. Wenn ihre Regeln verletzt werden, ist eine mäßige Konfrontation völlig in Ordnung.

Ich will damit sagen, daß ein geringfügiger Konflikt eine positive Rolle dabei spielt, die Gesundheit einer Beziehung zu bewahren, vorausgesetzt, er zieht keinen zu großen Zorn nach sich. In Familien, in denen ein Partner zuläßt, daß sich der andere verletzend und respektlos verhält, wird das ungesunde Verhalten nicht korrigiert. Es wird sich mit der Zeit nur noch verschlimmern. In extremen Fällen kann sich eine Frau sogar entschließen, die sexuelle Untreue ihres Ehemanns zu ignorieren, aus Angst, er könnte sie verlassen, falls sie sich beklagt. Dadurch offenbart sie mangelnden Respekt sich selbst gegenüber und verführt ihren Ehemann dazu, noch Schlimmeres zu tun. Ihr Zorn wird unterdrückt, findet kein Ventil und wird schließlich wie ein Vulkan ausbrechen. So entstehen Scheidungen.

Es ist eines der Geheimnisse erfolgreicher Ehen, zu lernen, wie man sich angemessen streitet und worüber es sich zu streiten lohnt. Am Ende läuft so oder so alles auf die „Linie des Respekts" hinaus.

Woher weiß eine Person, ob sie sich unterwerfig verhält und sich selbst respektlos behandelt? Ich bin mir nicht sicher, ob man mich als Fußabtreter benutzt oder nicht.

Ein geringfügiger Konflikt spielt eine positive Rolle dabei, die Gesundheit einer Beziehung zu bewahren.

Frag dich einmal selbst, ob du dich wohl fühlst in der Beziehung. Bist du es, die immer die andere Person anruft? Sagt der andere dir die Wahrheit? Bist du ohne einen vernünftigen Grund versetzt worden? Fürchtest du, er könnte dir entgleiten, daher klammerst du dich an ihn? Tolerierst du Beleidigungen, die andere niemals hinnehmen würden? Gibt der andere sich Mühe, für dich zu sorgen und dich glücklich zu machen? Erzählt er deine Geheimnisse weiter, und macht vor anderen Menschen Bemerkungen über dich, die dir peinlich sind? Mißbraucht er dich manchmal körperlich? Bemüht er sich jemals um dich, oder mußt du dich immer nur um ihn bemühen? Sagen deine Freunde jemals: „Warum läßt du dir das alles gefallen?"

Das sind Fragen, die nur du beantworten kannst. Doch wenn du ehrlich dir selbst gegenüber bist, wirst du keine Schwierigkeiten haben, Bereiche von Respektlosigkeit in eurer Beziehung aufzudecken. Mußt du dir die falschen Antworten geben, besteht die Lösung keinesfalls darin, ihn darum zu bitten, es besser zu machen. Du solltest dich zurückziehen und abwarten, ob er dir folgt. Tut er es nicht, solltest du dich besser nach jemand anderem umsehen.

Sie haben vorhin gesagt, Männer sollten Frauen die Türen aufhalten, ihnen im Bus einen Sitzplatz überlassen und solche Sachen. Könnten Sie auf diesen Vorschlag näher eingehen? Das scheint heute nicht mehr ganz so aktuell zu sein.

Ein Mann verliebt sich normalerweise in eine Frau, die ihm Fragen stellt, auf die er brillante Antworten geben kann.

Es ist schade, daß diese Äußerungen von Höflichkeit in unserer Kultur aus der Mode gekommen sind. Worum es hier geht, ist der Respekt zwischen den Geschlechtern, der das ganze Zusammenleben einfacher macht. Mädchen und Frauen sollten darauf bestehen, daß sie mit Würde behandelt werden, besonders bei Rendezvous oder bei förmlicheren Gelegenheiten.

Doch es funktioniert in beide Richtungen. Auch für ein Mädchen gibt es vielfältige Gelegenheiten, einem Jungen Respekt zu zeigen. Sie kann ihm einen Kaffee machen, das Hemd bügeln oder ihr Haar tragen, wie er es gerne mag. Sie kann mit vielen kleinen Aufmerksamkeiten dazu beitragen, daß er sich wohl fühlt.

Aus irgendeinem Grund geraten Menschen, die sehr für politische Korrektheit eintreten, leicht in Rage über dieses Thema der Beziehung der Geschlechter zueinander. Sie würden lieber sehen, daß sie in einer Atmosphäre vollkommener Gleichberechtigung im Wettbewerb miteinander stehen. Sie glauben, bis auf offensichtliche, mit der Reproduktion zusammenhängende Unterschiede, seien Männer und Frauen völlig gleich. Das ist nicht wahr.

Auf mannigfache Weise sind wir einzigartig. Und wir können dann am besten miteinander umgehen, wenn wir dem anderen Geschlecht in unserem alltäglichen Umgang Achtung zeigen. Respekt ist ein fundamentaler Aspekt aller zwischenmenschlichen Beziehungen. Wenn sich ein Paar dafür keine Zeit nimmt, begibt es sich auf unsicheren Boden.

Wir können am besten miteinander umgehen, wenn wir einander Achtung zeigen.

Mein Freund und ich streiten uns die ganze Zeit. Wir scheinen nicht länger als ein paar Tage miteinander auszukommen, obwohl ich schon denke, daß wir uns lieben. Können wir vielleicht besser lernen, miteinander klarzukommen, wenn wir uns entschließen zu heiraten?

Ich denke, angesichts der Warnsignale, die du siehst, könnte es sehr risikoreich sein, jetzt auf eine Ehe zu drängen. Zumindest solltet ihr euch von jemandem beraten lassen, der sich im Bereich vorehelicher Seelsorge auskennt. Es gibt einige äußerst hilfreiche Tests, die auf mögliche Unverträglichkeiten und Streitpunkte hinweisen. Diese Tests können euch nicht nur helfen, die richtige Entscheidung bezüglich einer Heirat zu treffen, sondern sie können euch auch lehren, besser miteinander auszukommen, falls ihr euch entschließen solltet zusammenzubleiben.

Übrigens könnte auch das Diagramm auf Seite 150 für einige von euch hilfreich sein. Sucht die Wörter, die am besten charakterisieren, wie ihr zwei miteinander zurechtkommt, und dann entscheidet, ob ihr eine gesunde oder eine ungesunde Beziehung habt!

Der Brief, den Ihr Vater Ihrer Mutter schrieb, bevor sie heirateten, war sehr bewegend. Doch ich denke nicht, daß er realistisch war. Er versprach, was auch immer komme, bei ihr zu bleiben! Das war ein großes Risiko. Wir können nicht in die Zukunft sehen, und ich denke nicht, daß es weise ist zu sagen, was eine Person tun wird, wenn es zum großen Krach kommt.

Da muß ich vehement widersprechen. Denkt an die vielen Schwierigkeiten, denen Ehepaare heute ausgesetzt sind, dann kann sie nur eine eiserne Entschlossenheit bis an ihr Lebensende zusammenhalten. Diejenigen, die schon mit einer halbherzigen Hingabe die Ehe beginnen, werden sich viel leichter trennen, wenn

harte Zeiten kommen. Und wir alle wissen, es werden harte Zeiten kommen.

Das erinnert mich an meine Freunde Keith und Mary Korstjens, die seit über vierzig Jahren verheiratet sind. Kurze Zeit nach ihrer Hochzeitsreise erkrankte Mary an Kinderlähmung und war von diesem Zeitpunkt an gelähmt. Die Ärzte teilten ihr mit, daß sie für den Rest ihres Lebens an einen Rollstuhl gefesselt sein würde.

Trotzdem ist Keith niemals in seiner Hingabe an Mary wankend geworden. In all diesen Jahren hat er sie gepflegt und sich um sie gekümmert. Keith hätte sich 1957 von Mary scheiden lassen und sich nach einer gesunden Frau umsehen können. Doch er dachte nicht einmal daran. Ich bewundere Keith nicht nur dafür, daß er das durchgehalten hat, sondern daß er nicht aufgehört hat, seine Frau zu lieben und sich um sie zu kümmern. Dieses Ehepaar war für Tausende von Menschen in den vergangenen vier Jahrzehnten ein Vorbild.[1]

Ohne diese Art von Verpflichtung, die mein Vater meiner Mutter gegenüber eingegangen ist, hätte ihre Ehe niemals überlebt.

Ist es möglich, einen Menschen zu lieben und es nicht zu fühlen?

Sicher ist das möglich – denn Liebe ist mehr als ein Gefühl. Liebe ist in erster Linie eine Entscheidung. Ehepaare, denen dieser Punkt nicht bewußt ist, werden ernsthafte Schwierigkeiten bekommen, wenn das Gefühl der Liebe sie für einige Zeit verläßt. Wie wir später noch sehen werden, erleben Ehepartner, die sich aufrichtig lieben, Zeiten der Nähe; Zeiten, in denen sie sich apathisch fühlen; und Zeiten, in denen sie reizbar und griesgrämig sind. So ist es mit den menschlichen Gefühlen. Woran können sie sich dann festhalten, während ihre Gefühle mit ihnen Achterbahn fahren? Die Quelle der Beständigkeit ist eine willentliche Verpflichtung. Man nimmt es sich schlicht und einfach vor, sich nicht von Stimmungsschwankungen und unverläßlichen Gefühlen umwerfen zu lassen.

Glauben Sie an Liebe auf den ersten Blick?

Ganz eindeutig: nein! Liebe auf den ersten Blick ist eine körperliche und emotionale Unmöglichkeit. Warum? Weil Liebe (wie ich schon bemerkt habe) viel mehr ist als nur ein romantisches Gefühl. Sie ist mehr als sexuelle Anziehungskraft oder der Reiz eines Flirts oder das Verlangen, jemanden zu heiraten. Dies alles sind Reaktionen, die „auf den ersten Blick“ hervorgerufen werden können, und sie können nach einer gewissen Zeit in wirklicher Liebe münden. Doch diese Gefühle sind äußerst temporär, und sie sind keineswegs ein Hinweis darauf, daß die Person, die sie empfindet, „verliebt“ ist. Ich wünschte, alle würden diese Tatsache erkennen!

Der grundlegende Unterschied zwischen romantischer Erregung und echter Liebe besteht im jeweiligen Schwerpunkt. Vernarrtheit neigt schon von ihrer Natur her dazu, sehr eigensüchtig zu sein. Eine

Person sagt vielleicht: „Ich kann es nicht fassen, was mit mir geschieht. Das ist das Wunderbarste, was ich ich je erlebt habe! Ich muß verliebt sein." Beachtet, daß er nicht von der anderen Person spricht. Er ist von seinen eigenen Empfindungen begeistert. So jemand hat sich nicht in jemand anders verliebt; er hat sich in die Liebe verliebt!

Wahre Liebe dagegen ist ein Ausdruck der tiefen Zuneigung zu einer anderen Person. Sie ist das Wissen um ihre Bedürfnisse, die Stärken, den Charakter. Sie teilt die Sehnsüchte, die Hoffnungen, und sie träumt von der anderen Person. Wahre Liebe ist selbstlos, freigiebig, fürsorglich. Und, glaubt mir, das sind keine Haltungen, von denen man einfach getroffen wird, wie von einem Blitz aus heiterem Himmel.

Ich habe diese Art von lebenslanger Liebe meiner Frau gegenüber entwickelt, doch sie ist mir nicht einfach in den Schoß gefallen. Ich bin über die Jahre hineingewachsen. Ich mußte sie erst durch und durch kennen, bevor ich die Tiefe ihres Charakters und die Feinheiten ihrer Persönlichkeit, die mir heute so lieb und teuer sind, wertschätzen konnte. Die Vertrautheit, aus der unsere Liebe gewachsen ist, hätte niemals an „einem zauberhaften Abend, als unsere Blicke sich in der Menge plötzlich begegneten", entstehen können.

Noch einmal: In ein unbekanntes Objekt kann man sich nicht „unsterblich verlieben", ganz gleich, wie hübsch, gutaussehend oder sexy es ist.

Sie sagten, sie sind nun seit über dreißig Jahren glücklich verheiratet. Standen Sie jemals in der Versuchung, Ihrer Frau untreu zu werden? Welches sind die Gefahrenpunkte, auf die wir achtgeben sollten?

Ehrlich, ich habe niemals in Betracht gezogen, Shirley zu betrügen. Allein schon der Gedanke, sie zu verletzen und Gottes Zorn zu erregen, hat ausgereicht, mich auf dem geraden und schmalen Weg zu halten. Außerdem würde ich niemals das ganz Besondere in unserer Beziehung zerstören wollen, das wir in all den Jahren geteilt haben. Doch selbst Ehen, die auf solch einer Hingabe gegründet sind, wird Satan versuchen zu untergraben.

Er hat mir einmal in einer Zeit großer Verwundbarkeit eine Falle gelegt. Shirley und ich waren erst seit wenigen Jahren verheiratet, als wir einen relativ unbedeutenden Streit hatten. Es war keine große Sache, aber damals waren wir beide ziemlich aufgebracht. Ich setzte mich ins Auto und fuhr durch die Gegend, um mich zu beruhigen. Als ich dann wieder auf dem Heimweg war, überholte mich plötzlich eine sehr attraktive junge Dame in ihrem Wagen und lächelte mir zu. Offensichtlich flirtete sie mit mir. Sie bremste ab, blickte sich um und bog in eine Seitenstraße ab. Ich wußte, sie lud mich ein, ihr zu folgen.

Ich schluckte den Köder nicht. Ich fuhr einfach heim und versöhnte mich mit Shirley. Später dachte ich, wie hinterlistig Satan gewesen war, diesen Augenblick des Konflikts zwischen uns auszunutzen. In der Schrift heißt es vom Teufel, er „geht umher wie ein brüllender Löwe und sucht, wen er verschlinge" (1. Petr. 5,8). Ich kann die Wahrheit in dieser Beschreibung sehr gut verstehen. Er wußte, seine beste Gelegenheit, unserer Ehe Schaden zuzufügen, bestand in genau den ein oder zwei Stunden, in denen wir verärgert übereinander waren. Das ist seine übliche Strategie. Auch euch wird er Fallen stellen, wahrscheinlich in Zeiten, in denen ihr sehr verwundbar seid. Wunderschöne, verführerische, verbotene Früchte wird er euch gerade dann anbieten, wenn euer „Hunger" am größten ist. Wenn ihr unvernünftig genug seid, nach ihnen zu greifen, werdet ihr merken, daß sie faul sind. So verhält es sich mit der Sünde in unserem Leben: Sie verspricht alles. Aber sie gibt am Ende nichts außer Ekel und Kummer.

Jemand hat es einmal so ausgedrückt: Alles, was man braucht, um die herrlichsten Gräser wachsen zu lassen, ist ein winziger Riß im Gehsteig.

Ich habe große Angst davor, eines Tages geschieden zu werden. Ich habe es bei meinen Eltern erlebt – und auch bei verschiedenen Onkeln und Tanten. Es ist für alle Beteiligten sehr hart. Ich möchte lieber nicht heiraten, als dieses Risiko einzugehen. Ist es heutzutage möglich, sich vor einer Scheidung zu schützen?

Du bist nicht der einzige deiner Generation, der sich Sorgen macht, ob eine Ehe überhaupt erfolgreich verlaufen kann. Diese Überlegungen werden deutlich in einem Lied, das Carly Simon vor einigen Jahren gesungen hat. Der Text ist vernichtend. Im Grunde sagt er nichts anderes aus als: „Es ist unmöglich, in einer Ehe zu wahrer Intimität zu gelangen, und unser gemeinsames Leben wird einsam, sinnlos und steril werden. Doch wenn es das ist, was du willst ... dann heiraten wir."

Während ich auf der einen Seite den Pessimismus verstehen kann, der in diesem Lied ausgedrückt wird, kann ich seiner Botschaft nur mit allem Nachdruck widersprechen. Die Familie war Gottes Idee, nicht unsere, und noch immer ist sie eine wunderbare Einrichtung.

Außerdem ist es ein Mythos, daß Ehen grundsätzlich zum Scheitern verurteilt sind. Es muß nicht sein. Was auch immer ihr über zerrüttete Familien hören mögt: Viele von uns leben in Familien und sind glücklich.

Die Familie war Gottes Idee, nicht unsere, und noch immer ist sie eine wunderbare Einrichtung.

Wir dürfen allerdings nicht übersehen, daß Ehen zerbrechlich sind. Sie müssen genährt und geschützt werden, sollen sie ein Leben lang halten. Werden sie ignoriert, welken sie dahin wie Pflanzen ohne Wasser. Alles im Universum bewegt sich von der Ordnung hin zur Unordnung. Wenn ihr euch heute ein neues Auto kauft, wird es von dem Tag an, an dem ihr es zu euch nach Hause fahrt, zunehmend verfallen. Euer Körper beginnt am Tag eurer Geburt zu sterben. Wenn ihr einen Ziegelstein auf einen freien Platz legt und ihn lange genug dort liegen laßt, wird er zu Staub zerfallen. Selbst die Sonne brennt langsam aus.

Nichts in der physikalischen Welt bewegt sich von der Unordnung zur Ordnung, ohne daß Intelligenz darauf einwirkt und daß Energie zugeführt wird. Das ist auch der Fehler in der Evolutionstheorie, dem einzigen Gedankengebäude, das davon ausgeht, daß sich die Dinge ohne die Hilfe von intelligentem Wirken aufwärts zur Perfektion hin bewegen. Sie widerspricht allem, was wir beobachten und untersuchen können.

Ehen sind zerbrechlich.

Auch die Schrift beschreibt diese Abwärtsbewegung des Universums und seiner Bewohner. König David hat es folgendermaßen ausgedrückt: „Du hast vorzeiten die Erde gegründet, und die Himmel sind deiner Hände Werk. Sie werden vergehen, du aber bleibst; sie werden alle veralten wie ein Gewand; wie ein Kleid wirst du sie wechseln, und sie werden verwandelt werden. Du aber bleibst, wie du bist, und deine Jahre nehmen kein Ende" (Psalm 102,26-28).

Andere Schriftstellen sprechen von einem Fluch, der auf der Erde und ihren Bewohnern liegt. Wir könnten ihn „das Gesetz der Auflösung" nennen. Theologen betrachten diesen Fluch als die Konsequenzen der Sünde und führen seine Ursprünge zurück auf den Ungehorsam Adams und Evas im Garten Eden. Gott hatte Adam gewarnt, er werde „des Todes sterben", falls er vom Baum der Erkenntnis von Gut und Böse esse. Nachdem Adam der Versuchung erlegen war, verkündete der Schöpfer sein Todesurteil: „Verflucht sei der Acker um deinetwillen! Mit Mühsal sollst du dich von ihm nähren dein Leben lang. Dornen und Disteln soll er dir tragen, und du sollst das Kraut auf dem Felde essen. Im Schweiße deines Angesichts sollst du dein Brot essen, bis du wieder zu Erde werdest, davon du genommen bist. Denn du bist Erde und sollst zu Erde werden" (1. Mose 3,17-19).

Ich will damit sagen, daß dieses „Gesetz der Auflösung" auch in der Ehe Anwendung findet. Zwischenmenschliche Beziehungen sind demselben Prinzip unterworfen. Die natürliche Tendenz der Menschen ist es, sich voneinander fort zu bewegen. Und genau das geschieht, wenn Ehepartner zu beschäftigt oder zu abgelenkt sind, um sich um den Erhalt ihrer Liebe zu kümmern. Nehmen sie sich keine Zeit für gemeinsame romantische Erlebnisse, beginnt ihnen etwas Wertvolles durch die Finger zu rinnen. Das muß natürlich nicht der Fall sein, doch diese Abwärtstendenz wird manchen Schaden anrichten, wenn keine Abwehrmaßnahmen ergriffen werden.

Was kann ein Mensch tun, um eine Ehe vor dem Auseinanderbrechen zu bewahren?

Ehepartner müssen immer wieder zu der Art gemeinsamer romantischer Unternehmungen zurückkehren, die sie am Anfang zusammengebracht haben. Sie müssen ihr Leben mit Spaß und Lachen würzen, sonst wird es trocken und bedrückend.

Vor einigen Jahren befanden Shirley und ich uns in genau dieser Situation. Wir hatten fast vergessen, wie man spielt. Schließlich hatten wir genug und beschlossen, etwas dagegen zu tun. Wir luden unser Gepäck ins Auto und machten uns auf den Weg in ein Ski-Paradies in Mammoth, Kalifornien. Dort verbrachten wir das ganze Wochenende damit, gemeinsam Ski zu fahren, zu essen und zu lachen. Am Abend zündeten wir ein Feuer im Kamin an und redeten stundenlang, während unsere Lieblingsmusik spielte. Wir fühlten uns wieder wie Teenager.

Wenn man eine Ehe lebendig und gesund erhalten will, muß man ihr einfach ein wenig Aufmerksamkeit widmen. Gebt der Pflanze Wasser und Sonne, und sie wird gedeihen. Stellt sie in eine dunkle, trockene Ecke, und sie wird höchstwahrscheinlich eingehen.

Ehepartner müssen immer wieder zu der Art gemeinsamer romantischer Unternehmungen zurückkehren, die sie am Anfang zusammengebracht haben.

Mein Freund spricht nicht sehr viel mit mir. Er ist einfach ein sehr stiller und schüchterner Mensch. Wird er immer so bleiben? Ich wünschte, er würde mir erzählen, was er denkt und fühlt.

Deine Frage erinnert mich an den zwölf Jahre alten Jungen, der noch nie ein Wort gesprochen hatte. Seine Eltern und Geschwister glaubten, er könne nicht sprechen, weil sie noch nie seine Stimme gehört hatten. Eines Tages stellte die Mutter des Jungen einen Teller Suppe vor ihn hin. Er aß einen Löffel davon, dann schob er den Teller von sich weg und sagte: „Das Zeug schmeckt wie Spülwasser. Keinen Bissen esse ich mehr davon!"

Die Familie war aufgeregt. Er hatte tatsächlich einen vollständigen Satz von sich gegeben. Alle sprangen begeistert herum, und schließlich fragte sein Vater: „Warum hast du bisher nicht mit uns gesprochen?"

Der Junge erwiderte: „Wieso? Bis jetzt war doch alles ganz okay."

Vielleicht wird dich dein Freund auch eines Tages mit einem wahren Wortschwall überraschen, aber ich bezweifle es. Schüchternheit ist temperamentbedingt und resultiert aus einer angeborenen Charaktereigenschaft, die sich normalerweise ein ganzes Leben lang hält. Untersuchungen haben gezeigt, daß schätzungsweise fünfzehn Prozent aller Kinder genetisch bedingt introvertiert sind, genau wie dein Freund, und daß sie es bleiben werden.[2] Es scheint, als seien manche Menschen einfach „laut" auf die Welt gekommen, andere ziehen es vor, ihre Gedanken für sich zu behalten. Dein Freund könnte zu der zuletzt genannten Gruppe gehören.

Wenn du dich entschließt, ihn zu heiraten, hoffe ich, du tust es mit weit offenen Augen. Du wirst ihn wahrscheinlich nicht ändern können. Viele Frauen verlieben sich in den starken, stillen Typ und lehnen ihre Männer dann für den Rest ihres Lebens ab, weil sie nicht mit ihnen sprechen.

Du solltest auch wissen, daß Männer von Natur aus weniger gesprächig sind als Frauen. Für sie ist es in aller Regel schwieriger, über ihre Gefühle zu sprechen und anderen ihre Gedanken mitzuteilen. Ein Mann spricht pro Tag vielleicht 25.000 Wörter, während seine Frau 50.000 spricht. Also kommt er heim und hat sein Pensum bereits aufgebraucht, seine Frau ist jedoch noch mit 37.000 im Rückstand. Unter Frauen ist das ein sehr häufiger Grund für Frustration. Aber so ist es nun einmal.

Ich bin der Freund, der nicht viel redet. Ich war mein ganzes Leben schon so. Mein Problem ist zum Teil, daß ich nicht gerne offen über meine Gefühle rede. Und ich weiß auch nicht so recht, wie ich mich mit Menschen unterhalten soll. Es ist mir furchtbar unangenehm, wenn ich mit anderen zusammen bin und man von mir erwartet, daß

ich etwas sage. Können Sie mir nicht ein paar Tips geben, wie ich lernen kann, mich auszudrücken?

Vielleicht hilft es dir, einmal die Grundlagen guter Konversation zu verstehen. Stell dir vor, wir beide stehen etwa zweieinhalb Meter voneinander entfernt und sehen uns an. Du hast vier Tennisbälle in deiner Hand und wirfst mir einen von ihnen zu. Anstatt ihn zurückzuwerfen, behalte ich den Ball und warte darauf, daß du mir den nächsten zuwirfst. Schließlich sind alle Bälle bei mir angekommen. Wir stehen da, sehen einander verlegen an und wissen nicht so recht, was wir als nächstes tun sollen. Das Spiel ist vorbei.

Gute Gesprächsführung ist ein wenig wie Fangenspielen. Eine Person wirft einer anderen einen Gedanken oder eine Bemerkung zu, und er oder sie wirft sie zurück. Doch wenn die zweite Person nicht zurückwirft, endet das Spiel. Beide Spieler sind verlegen und wären gern ganz woanders. Ich will das noch weiter ausführen.

Stell dir vor, ich sage zu meinem Sohn, wenn er heimkommt: „Wie war's heute in der Schule?" Antwortet er nur: „Gut", hat er den Ball gefangen und behalten. Wir haben einander nichts weiter zu sagen, es sei denn, mir fällt eine weitere Bemerkung ein – ein weiterer „Ball", den ich ihm zuwerfen kann.

Wenn aber mein Sohn sagt: „Der Tag war super. Ich habe eine 1 in meiner Geschichtsklausur", hat er den Ball gefangen und zurückgeworfen. Dann kann ich fragen: „War die Klausur schwierig?" oder „Hast du viel dafür lernen müssen?" oder „Ich wette, du bist mächtig stolz."

Falls mein Sohn erwidert: „Ja", hat er das Spiel wieder zunichte gemacht. Um das Gespräch in Gang zu halten, muß er etwas mit Inhalt zurückwerfen, etwa: „War gar nicht so einfach, aber fair." Dann kann unser „Spiel" weitergehen.

Ich hoffe, du siehst, daß die Kunst, sich mit Menschen zu unterhalten, gar nicht so kompliziert ist. Man muß einfach nur darauf achten, daß der Konversations-Ball in Bewegung bleibt. Leider haben gerade Teenager die notorische Angewohnheit festzuhalten, was man ihnen zuwirft – besonders, wenn es darum geht, den Erwachsenen zu antworten. Sie beschränken sich im allgemeinen auf neun Worte und Phrasen, die für jedes Gespräch tödlich sind: „Weiß nich", „Vielleicht", „Hab ich vergessen", „Was?", „Nö", „Ja", „Kann sein", „Wer – ich?" und „Er war's." Ende der Diskussion.

Was deine Beziehung zu einer zukünftigen Ehefrau betrifft, wird es nicht ausreichen, einfach den Ball zu ihr zurückzuwerfen. Sie wird wünschen, daß euer Gespräch noch mehr in die Tiefe geht. Sie wird wissen wollen, was du ihr gegenüber empfindest, wovon du träumst, Dinge, die dich aufregen, was du dir von ihr wünschst, wie du bezüglich Gott empfindest, usw. Du kannst lernen, diese Gedanken in Worte zu fassen, auch wenn du vielleicht nie ein großer Redner werden wirst. Ich würde vorschlagen, daß du dich selbst ein wenig in diese Richtung schiebst, anstatt einfach zu sagen: „So bin ich nun mal." Auch deine Frau wird sich in einigen Bereichen an dich anpassen müssen.

Das ist es, was hinter einer guten Ehe steckt.

9

Mit den Eltern auskommen

KAPITEL 9

Wir wollen uns nun der Beziehung mit euren Eltern zuwenden – ein weiteres wichtiges Thema für alle, die sich im kritischen Jahrzehnt befinden. Wie ihr sicherlich schon bemerkt habt, können die Teenager-Jahre eine Familie an den Rand eines Bürgerkriegs bringen. Es kann furchtbar werden! Oftmals beginnen die Schlachten im Alter von dreizehn Jahren und erreichen ihren Höhepunkt etwa mit achtzehn. Bei manchen setzen sich die Kämpfe bis in die Zwanziger fort, wobei beiden Generationen erhebliche Schmerzen zugefügt werden. Ob der Konflikt nun zu einem frühen oder einem späten Zeitpunkt ausbricht, kein anderer Lebensabschnitt wie dieser kann Menschen, die sich aufrichtig lieben und brauchen, so stark entfremden.

Zumindest heutzutage läuft das Familienleben auf diese Weise ab. Ich bin mir sicher, daß es immer Uneinigkeiten zwischen Eltern und Kindern gegeben hat, doch hat sich ihre Natur drastisch gewandelt. Die Kultur, in der Eltern einst respektiert und unterstützt wurden, ist zum erbittertsten Feind der Familie geworden. Ich will es an einigen Beispielen verdeutlichen.

Die künstlerischen Schöpfungen einer Gesellschaft entspringen keinem Vakuum, sondern spiegeln die allgemein vorherrschenden Meinungen und Glaubensauffassungen einer bestimmten Zeit wider. Daher können wir die Veränderung in den Grundhaltungen messen, indem wir uns die Entwicklung der Musikszene in den vergangenen Jahren betrachten. Im Jahr 1953 war das beliebteste Lied in den Vereinigten Staaten ein aus dem Deutschen übernommenes Stück mit dem Titel „Oh, My Papa“, gesungen von Eddie Fisher. Hier ein zurückübersetzter Auszug der englischen Fassung:

O, mein Papa war so wunderbar zu mir
O, mein Papa war so gut zu mir.
Niemand sonst konnte so freundlich und liebenswert sein,
O, mein Papa hatte immer Verständnis für mich.
Vorbei sind die Tage, da ich auf seinem Knie sitzen durfte,
Und mit einem Lächeln verwandelte er meine Tränen in Lachen.

O, mein Papa, war so lustig und bewundernswert,
Immer der Clown, immer spaßig,
O, mein Papa war so wunderbar zu mir
Tief in meinem Herzen vermisse ich ihn jetzt so sehr,
O, mein Papa. O, mein Papa.[1]

Dieses sentimentale Lied spiegelt sehr genau wider, was viele Menschen in jener Zeitspanne für ihre Väter empfanden. Sicher, es gab Konflikte und Meinungsverschiedenheiten, aber Familie war Familie. Die Eltern hatten Anspruch auf Respekt und Loyalität, die sie in der Regel auch von ihren Kindern bekamen.

Das war gestern... und heute?

Als ich aufs College ging, setzten die ersten Veränderungen ein. Der Konflikt zwischen Eltern und Teenagern tauchte immer häufiger als allgemeines Thema in der Kunst auf. In dem Film „Denn sie wissen nicht, was sie tun" spielte ein Leinwandidol, James Dean, einen Jugendlichen, der großen Zorn auf seinen „Alten" mit sich herumtrug. Marlon Brando spielte eine Hauptrolle in „Der Wilde", einem weiteren Film, der die Rebellion zum Thema hatte. Und auch der Rock'n'Roll nahm sich dieses Themas an.

Einige frühe Rock'n'Roll Texte mischten rebellische Botschaften mit Humor, so zum Beispiel ein Hit des Jahres 1958 *„Yakkety-Yak (Don't Talk Back)"* (Blablabla – Widersprich nicht).[2] Doch, was als musikalischer Humor begann, wurde in den späten sechziger Jahren zunehmend bitterer. In jenen Tagen sprachen alle über den sogenannten „Generationsgraben", der sich zwischen jungen Menschen und ihren Eltern aufgetan hatte. Teenager und Studenten schworen sich, keinem über dreißig zu trauen, und ihre Wut auf die Eltern trat immer offener zutage. 1968 brachten The Doors eine Aufnahme heraus mit dem Titel „The End", in welchem Jim Morrison darüber fanatisierte, seinen Vater zu töten. Das Stück endet mit Gewehrschüssen, gefolgt von grausamem Röcheln und Stöhnen.[3]

Es *kommt noch schlimmer*!

1984 brachten Twisted Sister *„We're Not Gonna Take It"* (Wir lassen uns das nicht gefallen)[4] heraus, in dem ein Vater als „widerlicher Kerl" und als „wertlos und schwach"[4] bezeichnet wird. Dann wird er von einer Explosion aus dem Fenster eines zweistöckigen Apartmenthauses gepustet. Das Töten der Eltern als Thema tauchte im nachfolgenden Jahrzehnt immer wieder auf. Eine Gruppe, die sich „Suicidal Tendencies"[5] (Selbstmordneigungen) nannte, veröffentlichte 1983 eine Aufnahme mit dem Titel *„I Saw Your Mommy"* (Ich habe deine Mama gesehen). ..." und deine Mama ist tot. Ich hab's fotographiert, ich fand es so genial", heißt es weiter im Lied.

An reiner Banalität übertrifft bisher keine Produktion *„Momma's Gotta Die Tonight"* von „Ice-T und Body Count".[6] Das Album verkaufte sich zu über 500.000 Exemplare, und die abscheulichen Texte waren der CD beigefügt. Die meisten von ihnen sind nicht geeignet, an dieser Stelle zitiert zu werden, doch enthalten sie sehr plastische Schilderungen davon, wie die Mutter des Rappers in ihrem Bett verbrannt wird, dann mit dem Baseballschläger, den sie ihm geschenkt hat, zu Tode geprügelt wird, und schließlich von der Verstümmelung der Leiche in „nette kleine Stückchen". Welch eine unfaßbare Gewalt! Nicht die kleinste Spur von Schuld oder Bedauern ist in der Erzählung des Rappers zu entdecken. Er beschimpft seine Mutter sogar als „rassistisches Miststück", und lachend wiederholt er immer wieder: „Brenne, Mama, brenne". Ich will damit sagen, daß sich die populärsten Musikstücke unserer Tage innerhalb von kaum einer Generation von der Inspiration des „O, mein Papa" zu diesen schrecklichen Liedern entwickelt haben. Und wir müssen uns fragen, was noch alles auf uns zukommt.

Das Bombardement mit Anti-Familien-Rhetorik

Eure Generation ist mit mehr Anti-Familien-Rhetorik bombardiert worden als irgendeine vorausgegangene.

Eines ist sicher: Eure Generation ist mit mehr Anti-Familien-Rhetorik bombardiert worden als irgendeine vorausgegangene. In Verbindung mit ähnlich destruktiven Botschaften über den Umgang mit Drogen, über Sex und Gewalt gegen Frauen muß man von einer nicht unerheblichen Wirkung ausgehen. Vergeßt nicht, daß Teenager (und auch Kinder unter zehn Jahren) solche Texte nicht nur ein- oder zweimal hören. Die Worte setzen sich in ihren Gedanken fest. Sie werden auswendig gelernt, gesungen und zitiert – und die Rockstars, die diese Texte verbreiten, werden zu den Idolen vieler leicht zu beeinflussender Teenager.

MTV, der Musikkanal, der das schlimmste auf dem Markt befindliche Zeug ausstrahlt, kann in fünfundsiebzig Ländern empfangen werden und hat damit eine größere Verbreitung als jeder andere Kabelkanal.[7] Auch wenn es meinen Beliebtheitsgrad nicht gerade steigert, glaube ich, viele der Probleme, unter denen eure Generation leidet, können auf das Gift zurückgeführt werden, das euch von der Unterhaltungsindustrie injiziert wird.

Zwar habe ich mich niemals mit denjenigen identifizieren können, die ihre Eltern hassen, doch gab es Zeiten, in denen auch ich dachte, von meinen Eltern kommt zuviel „Blablabla“. Ich erinnere mich, daß ich einmal, als ich fünfzehn war, mit meinem Vater zusammen im Garten arbeitete. Es war ziemlich heiß, und wir schnitten das Gras und räumten die Garage auf. Aus irgendeinem Grund war mein Dad an jenem Nachmittag ziemlich schlechter Laune. An allem, was ich tat, hatte er etwas auszusetzen, selbst wenn ich mich beeilte. Schließlich schrie er mich wegen irgendeiner Kleinigkeit an, und das gab mir den Rest. Ich warf meine Harke hin und ging.

Trotzig ging ich über unser Grundstück und dann die Straße hinunter, während mein Vater mir zurief, ich solle gefälligst zurückkommen. Es war eine der wenigen Gelegenheiten, bei denen ich mich derart mit meinem Vater anlegte! Ich streunte eine Weile durch die Stadt und fragte mich, was wohl geschehen würde, wenn ich heimkäme. Danach ging ich zu meinem Cousin, der am anderen Ende der Stadt wohnte. Am Abend gestand ich seinem Vater, daß ich mich mit meinem Dad übel verkracht hatte und daß er nicht wußte, wo ich war. Mein Onkel überredete mich, zu Hause anzurufen und meinen Eltern zu sagen, daß es mir gutging. Mit zitternden Knien rief ich meinen Vater an.

„Bleib, wo du bist“, sagte er. „Ich komme rüber.“

Zu behaupten, daß ich Angst hatte, wäre eine glatte Untertreibung. Kurze Zeit später kam mein Vater dort an und bat darum, mich unter vier Augen sprechen zu dürfen.

„Bo“, begann er, „ich habe dich heute nachmittag nicht richtig behandelt. Ich habe ohne einen triftigen Grund auf dir herumgehackt, und du sollst wissen, daß es mir leid tut. Deine Ma und ich möchten gerne, daß du heimkommst.“

Er hatte einen Freund fürs Leben gewonnen.

Natürlich endet nicht jeder Familienkrach so harmonisch. Ich wette, ihr habt in eurem Leben schon selbst so manchen schweren Augenblick durchgemacht. Was war los? Gab es einen Riesenkrach mit euren Eltern? Hegt ihr einen tiefen Groll gegen sie wegen irgendwelcher Dinge, die sie gesagt oder getan haben? Habt ihr sie durch euren Trotz und euer Streben nach Unabhängigkeit verletzt? Hat eure Beziehung Narben, von denen ihr euch wünscht, sie wären nicht da? Warum muß es so sein?

Zugegebenermaßen sind einige von denen, für die ich hier schreibe, von ihren Eltern mißbraucht worden, und in diesem Schmerz ist ihr Zorn verwurzelt. Aber nehmen wir einmal an, ihr gehört nicht zu ihnen. Eure Mutter und euer Vater lieben euch von Herzen und würden jedes Opfer auf sich nehmen, um euch das zu geben, was ihr braucht. Warum stehen solch starke negative Gefühle zwischen euch? Wir wollen uns einen Augenblick Zeit nehmen, um die Ursachen für Familienfehden zu untersuchen, und vielleicht ein paar Verbesserungsvorschläge einbringen.

Ein alter Bekannter... die Macht

Auch auf die Gefahr hin, Bereiche erneut anzuschneiden, die wir bereits behandelt haben, möchte ich es betonen: Die Hauptquelle für Konflikte zwischen den Generationen ist das alte Schreckgespenst der Macht. Sie wird definiert als Kontrolle – Kontrolle über andere, Kontrolle über unsere Lebensumstände und ganz besonders Kontrolle über uns selbst. Das Streben nach Macht ist fest im Menschen verankert. Wir alle wollen gerne Chef sein, und dieser Impuls macht sich schon sehr früh im Leben bemerkbar. Untersuchungen belegen, daß sich schon einen Tag alte Säuglinge nach der Kontrolle über die Erwachsenen um sie herum „ausstrecken“. Bereits in diesem zarten Alter verhalten sie sich so, daß sie ihre Beschützer dazu bringen, ihre Bedürfnisse zu stillen.

Die Hauptquelle für Konflikte zwischen den Generationen ist das alte Schreckgespenst der Macht.

Die Sehnsucht nach Macht zeigt sich, wenn ein Kleinkind im Supermarkt der Mutter davonläuft oder eine Zehnjährige sich weigert, ihre Hausaufgaben zu machen oder sich Ehepartner um Geld streiten. Sie wird deutlich, wenn eine alte Person sich weigert, ihre Medizin zu nehmen. Was alle diese Beispiele verbindet, ist der Wunsch, über unser eigenes Leben zu bestimmen – und über alles andere, wenn sich eine Gelegenheit dazu ergibt. Die Intensität dieses Verlangens kann bei unterschiedlichen Menschen stark variieren, doch es scheint jeden und jede von uns auf die eine oder die andere Weise zu motivieren.

Wie ich bereits in einem der vorangegangenen Kapitel festgestellt habe, ist der Griff nach der Macht der Aspekt, der hinter den meisten Konflikten zwischen Eltern und Teenagern steht. Viele Jugendliche sind nicht bereit zu warten, bis die Macht auf natürlichem Wege auf sie übergeht, nämlich mit dem Wachsen von Reife, Verantwortlichkeit und Erfahrung. Sie wollen jetzt über die Dinge bestimmen können, und nicht selten bestehen sie darauf, die Laster der Erwachsenen zu übernehmen, die ihnen bisher verwehrt worden waren.

Mütter und Väter befinden sich in einem fürchterlichen Dilemma, wenn das geschieht. Sie müssen weiterhin die Führungsposition für ihre minderjährigen Kinder wahrnehmen. Das ist die ihnen von Gott gegebene Verantwortung als Eltern – und es ist das Gesetz ihres Landes. Doch Eltern sind begrenzt in dem, was sie ihre Kinder zwingen können zu tun. Außerdem unterscheiden sich Teenager im Grad ihrer Reife. Manche Sechzehnjährige könnten mit Unabhängigkeit und Freiheit umgehen. Andere würden ihr Leben innerhalb weniger Wochen ruinieren, hätte nicht jemand ein Auge auf sie. Das führt zu einem furchtbaren Kampf, aus dem alle erschöpft, verletzt und zornig hervorgehen.

Es gibt einige Ansätze, die sich beim Auffangen dieses Konfliktes als recht erfolgreich erwiesen haben. Die religiöse Gruppe, die Amischen, hat eine einzigartige Tradition aufgebaut, die für sie Erfolg hat. Solange ihre Kinder jung sind, werden sie unter strenger Kontrolle gehalten. Von klein auf werden ihnen eine strikte Disziplin und rigorose Verhaltensmaßregeln abverlangt. Mit sechzehn Jahren jedoch treten sie in einen Lebensabschnitt ein, den die Amischen „Rumspringa“ nennen. Plötzlich sind alle Beschränkungen aufgehoben. Sie haben die Freiheit zu trinken, zu rauchen, sich mit Mädchen zu treffen, zu heiraten oder sich so zu verhalten, daß ihre Eltern entsetzt sind. Manche tun es, andere nicht. Es wird ihnen sogar das Recht zugebilligt, die Gemeinschaft zu verlassen. Doch wenn sie bleiben, müssen sie sich deren gesellschaftlichen Ordnung fügen. Die Mehrheit hält sich an das Erbe ihrer Familien, nicht, weil sie es müssen, sondern aus ihrer freien Entscheidung heraus.

Obwohl ich die Amischen und viele ihrer erzieherischen Ansätze bewundere, glaube ich, das Rumspringa-Konzept stellt für die Kinder einen zu abrupten Wechsel dar. Wer einen Teenager über Nacht aus einer rigorosen Kontrolle in die völlige Emanzipation entläßt, lädt ihn zur Anarchie ein. Es funktioniert in der kontrollierten Umgebung der Amischen vielleicht, doch für uns andere mündet es normalerweise in einer Katastrophe. Ich habe schon Familien erlebt, die ihren Jugendlichen ein „Instant-Erwachsensein" gewährten – und es hinterher bedauerten. Die Ergebnisse ähnelten sehr dem, was in afrikanischen Kolonien passierte, als sich die europäischen Kolonialherren plötzlich zurückzogen. In dem Machtvakuum, das entstand, kam es nicht selten zu blutigen Revolutionen.

Der Übergang zur Macht

Wenn es nicht funktioniert, jungen Menschen die Kontrolle von einem Augenblick zum anderen zu überlassen, wie können sie zu vollwertigen Erwachsenen werden, ohne daß es dabei zu einem Bürgerkrieg kommt? Ich habe den Eltern geraten, bereits im Kleinkindalter damit zu beginnen, ihren Kindern Selbständigkeit zuzubilligen. Kann ein Kind seine Schuhe selbst zubinden, sollte man es ihm erlauben – ja, es sogar verlangen. Wenn es sich selbst aussuchen kann, was es anziehen will, sollte man es auch seine eigene Wahl treffen lassen. Wenn es sicher allein zur Schule gehen kann, sollte man es ihn tun lassen. Einem Kind sollte man nach und nach immer mehr Verantwortung und Freiheit übertragen (sie sind Weggefährten), so daß das endgültige Entlassen in das frühe Erwachsenenalter nur noch ein kleiner Schritt in die Selbstbestimmung ist. Das funktioniert zumindest in der Theorie. Es in der Praxis durchzuziehen ist manchmal eine ganz andere Geschichte.

Ein Wort an diejenigen unter euch, die die Art und Weise, wie die Eltern diese Übergabe der Macht vollzogen haben, eher kritisch sehen: Ich kann euch nur dringend bitten, ihnen gegenüber gnädig zu sein. Heutzutage ist es extrem schwierig, gute Eltern zu sein. Selbst diejenigen, die hochmotiviert und mit dem Vorsatz, alles richtig zu machen, an diese Aufgabe herangehen, richten oftmals ein rechtes Durcheinander an.

Warum? Weil Kinder unendlich vielschichtig sind. Es gibt kein Universalrezept für jede Situation. Ich glaube sogar, daß es heute schwieriger ist, Kinder großzuziehen, als jemals zuvor. Ich kann euch versichern, daß auch ihr diese Aufgabe nicht perfekt meistern werdet. Eines schönen Tages, wenn ihr mit Kindern gesegnet sein werdet, wird eines oder werden auch mehrere euch eure Fehler vorhalten, ebenso, wie ihr vielleicht eure Eltern kritisiert habt.

Wenn heute in eurer Familie Spannungen auftreten, gibt es einige Dinge, die ihr tun könnt, um sie abzubauen. Zuerst einmal solltet ihr von daheim ausziehen, solange ihr dort noch willkommen seid. Viele junge Erwachsene in den frühen zwanzigern bleiben zu lange in ihrem Elternhaus, weil sie nicht wissen, was sie mit sich anfangen sollen. Das wird früher oder später unweigerlich zu Problemen führen. Eure Eltern können gar nicht anders, als euch zu „bemuttern“, wenn ihr weiterhin bei ihnen wohnt. Für sie scheint es, als wäret ihr erst gestern geboren worden. Sie finden es schwierig, in euch einen erwachsenen Menschen zu sehen.

Wahrscheinlich nervt sie auch euer Lebensstil. Sie hassen euer chaotisches Zimmer, das eine Tetanusauffrischung erfordern würde, wollte man nur hindurchlaufen. Sie mögen eure Musik nicht. Sie gehen früh zu Bett und stehen mit der Sonne auf; ihr haltet euch dagegen eher an den Tagesrhythmus von Goldhamstern. Ihr fahrt den Familienwagen, als hättet ihr den Führerschein in einem Kamikaze-Trainingscamp gemacht. Sie wollen, daß ihr euch eine Arbeit sucht – zur Schule geht – irgend etwas tut. Jeder Tag bringt einen neuen Streit mit sich – eine neue Schlacht. Wenn sich die Dinge schon so weit entwickelt haben, dann ist es Zeit, die Koffer zu packen.

Wann ist es Zeit zu gehen?

Vor einigen Jahren besuchte ich eine Familie, in der dieser Kampf tobte. Die Eltern hatten folgendes kleine Plakat an den Kühlschrank gehängt, das all ihre Frustration ausdrückte:

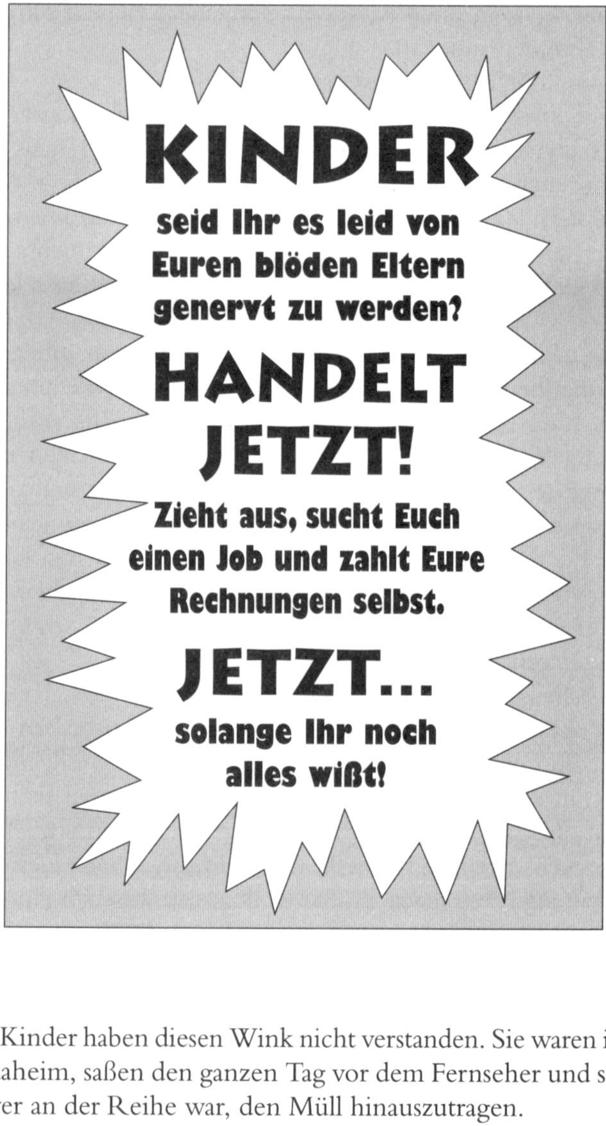

Die Kinder haben diesen Wink nicht verstanden. Sie waren immer noch daheim, saßen den ganzen Tag vor dem Fernseher und stritten sich, wer an der Reihe war, den Müll hinauszutragen.

Die Frage nach dem günstigsten Zeitpunkt, das Elternhaus zu verlassen, ist von äußerster Bedeutung für eure Zukunft. Wer seine Füße zu lange unter dem elterlichen Tisch ausstreckt, verhält sich wie ein ungeborenes Kind, das sich weigert, den Mutterleib zu verlassen. Es gibt viele gute Gründe, noch ein Weilchen zu bleiben. Dort ist es warm und gemütlich. In dieser streßfreien Umgebung werden alle seine Bedürfnisse gestillt. Es muß nicht arbeiten oder lernen oder sich selbst disziplinieren.

Aber es wäre vollkommen verrückt, länger als die von Gott vorgegebenen neun Monate zu bleiben. Das Kind kann nicht wachsen und lernen, ohne daß es die Sicherheit des Mutterleibs verläßt. Seine Entwicklung liegt solange auf Eis, bis es in die kalte Welt eintritt und einen kräftigen Klaps auf den Hintern bekommt. Es dient zum Besten aller Beteiligten, und besonders seiner Mutter, daß es durch den Geburtskanal gleitet und mit dem Leben weitermacht.

Genauso ist es bei jungen Erwachsenen. Solange ihr nicht die Nabelschnur durchtrennt und anfangt, für euch selbst zu sorgen, befindet ihr euch in einem Zustand ruhender Entwicklung. Um noch einmal einen früheren Vergleich zu bemühen: Dies ist ein weiteres „Schlammloch“, das einen Menschen in einem unreifen Stadium lahmlegen kann.

Heutzutage ist es extrem schwierig, gute Eltern zu sein.

Auch die Schrift geht auf die Notwendigkeit ein, voranzuschreiten. Der Apostel Paulus schrieb: „Als ich ein Kind war, da redete ich wie ein Kind und dachte wie ein Kind und war klug wie ein Kind; als ich aber ein Mann wurde, tat ich ab, was kindlich war“ (1. Kor. 13,11). Zu Hause bei Mama und Papa zu bleiben ist die Fortsetzung der Kindheit. Vielleicht ist es Zeit, diese hinter sich zu lassen.

Es gibt eine sogar noch problematischere Variation zu diesem Thema: nämlich wenn ein Kind fort war, um zu studieren oder zu arbeiten, und danach wieder zu Hause wohnen will. Diese Situation kann in einer Katastrophe enden. Warum? Weil ihr allein gelebt habt – ihr habt eure Entscheidungen allein getroffen und euer Leben selbst bestimmt. Ihr habt euch vollkommen verändert, während ihr fort wart, doch dann kommt ihr heim und stellt fest, daß eure Eltern gleich geblieben sind. Sie sind noch genauso wie zu dem Zeitpunkt, als ihr sie verlassen habt. Sie wollen euch sagen, wie ihr euer Leben zu führen habt – was ihr essen, was ihr anziehen sollt, was für Freunde ihr haben dürft usw. Hier ist Krieg vorprogrammiert.

Solange ihr nicht anfangt, für euch selbst zu sorgen, ist keine Weiterentwicklung möglich.

Ich kann diese Situation verstehen, weil ich sie selbst durchgemacht habe. Meine Eltern gingen sehr weise mit mir um, und es kam selten vor, daß sie Fehler begingen. Eine dieser seltenen Gelegenheiten begab sich jedoch, als ich neunzehn Jahre alt war. Wir hatten einander als Familie immer sehr nahe gestanden, und nun war es schwierig für meine Mutter, den Gang zu wechseln, als ich meinen Schulabschluß machte.

In jenem Sommer ging ich an ein College, das zweieinhalbtausend Kilometer von zu Hause entfernt war. Ich werde niemals dieses erhebende Gefühl der Freiheit vergessen, das mich damals überkam. Nicht, daß ich vorgehabt hätte, etwas Böses oder Verbotenes zu tun. Ich fühlte mich nur einfach verantwortlich für mein eigenes Leben, und ich mußte niemandem erklären, warum ich was tat. Es war wie eine frische, kühle Brise an einem Frühlingsmorgen. Junge Erwachsene, die nicht ausreichend auf diesen Augenblick vorbereitet wurden, drehen manchmal durch, wenn es soweit ist. Das war bei mir nicht der Fall. Allerdings wurde ich sehr bald abhängig von dieser Freiheit und hatte nicht vor, sie wieder aufzugeben.

Im darauffolgenden Sommer kam ich heim, um meine Familie zu besuchen. Sofort geriet ich mit meiner Mutter in Konflikt. Sie hatte nicht vor, mich zu beleidigen. Sie behandelte mich einfach nur, wie sie mich ein Jahr zuvor behandelt hatte. Doch inzwischen war ich auf der Straße in die Unabhängigkeit ein ganzes Stück weitergekommen. Sie fragte mich, wann ich am Abend heimkommen würde, und ermahnte mich, vorsichtig zu fahren, und machte mir Vorschläge, was ich essen sollte. Sie beabsichtigte keineswegs, mir Vorschriften zu machen. Sie hatte nur noch nicht bemerkt, daß ich mich verändert hatte und daß sie sich in das neue Programm einfinden mußte.

Schließlich kam es zu einem heftigen Wortwechsel zwischen uns, und beleidigt verließ ich das Haus. Ein Freund fuhr vorbei und nahm mich mit. Im Auto sprach ich mit ihm über meine Gefühle. „Ach, Bill!“ sagte ich. „Ich brauche keine Mutter mehr.“

Eine Welle der Schuld überkam mich. Es war, als hätte ich gesagt: „Ich liebe meine Mutter nicht mehr.“ Das war nicht, was ich meinte. Ich fühlte vielmehr das Verlangen, meine Eltern als Freunde zu haben, anstatt mich ihrer Autorität unterzuordnen. Nicht lange danach wurde mir meine Freiheit gewährt.

Ich hoffe, ihr werdet ein wenig mehr Geduld mit euren Eltern haben, als ich mit meinen. Ich war erst neunzehn, und ich wollte alles. Ich hätte ihnen ein Jahr mehr Zeit lassen sollen, um sich umzustellen. Auch eure Eltern werden ihre Einstellung ändern, wenn ihr ihnen ein wenig Zeit gebt. Falls ihr zweiundzwanzig oder älter seid und schon woanders gelebt habt, würde ich euch raten, erst einmal nicht nach Hause zu fahren außer für eine festgelegte Zeit und außer, ihr habt eine ungewöhnlich harmonische Beziehung zu euren Eltern. Bei den meisten jungen Menschen sorgt eine Heimkehr in der Regel für Ärger.

Elternsein ist wie...

Vielleicht könnt ihr euch ein wenig besser in eure Eltern hineinfühlen, wenn ihr euch einmal folgenden Vergleich durch den Kopf gehen laßt: Kinder großzuziehen ist, als versuche man, an einem windstillen Tag einen Drachen steigen zu lassen. Mama und Papa laufen die Straße entlang und ziehen den Drachen hinter sich her. Er hoppelt über den Boden und macht keine Anstalten zu fliegen.

Schließlich schaffen sie es mit viel Mühe, den Drachen fünf Meter in die Luft zu bekommen, doch da naht plötzlich große Gefahr. Der Drachen driftet auf eine Hochspannungsleitung zu und droht, sich in nahegelegenen Bäumen zu verfangen. Ein schreckensreicher

Augenblick. Werden sie ihn jemals sicher in die Luft bekommen? Dann erfaßt plötzlich ein Windstoß den Drachen, und er steigt mit atemberaubender Geschwindigkeit gen Himmel, während Mama und Papa, so schnell sie nur können, Schnur nachgeben.

Der Drachen beginnt an seiner Schnur zu reißen, was es schwierig macht, weiter festzuhalten. Schließlich erreichen sie unweigerlich das Ende der Schnur. Was sollen sie jetzt tun? Der Drachen fordert mehr Freiheit. Er will höher fliegen. Papa steht auf den Zehenspitzen und reckt die Hand nach oben, um dem starken Zug nachgeben zu können. Er hält die Schnur angestrengt zwischen Daumen und Zeigefinger. Dann kommt der Augenblick der Freigabe. Die Schnur gleitet ihm aus den Fingern, und der Drachen steigt majestätisch in Gottes wunderbaren Himmel hinein.

Mama und Papa stehen da und schauen ihrem kostbaren „Baby" hinterher, das nun in der Sonne glänzt, ein kleiner bunter Punkt am Horizont. Sie sind stolz auf das, was sie geleistet haben – aber traurig, erkennen zu müssen, daß ihre Aufgabe beendet ist. Es war ein Werk der Liebe. Aber wohin sind nur all die Jahre verschwunden?

Kinder großzuziehen ist,
als versuche man, an einem windstillen Tag
einen Drachen steigen zu lassen.

Es ist nicht nur hilfreich zu wissen, was eure Eltern in dieser „Freigabe-Phase" empfinden. Ihr solltet auch wissen, was die Zukunft für die Beziehung zwischen euch und ihnen bringen wird. Der natürliche Verlauf in einem Menschenleben beginnt bei der Autorität der Eltern in der Kindheit, setzt sich fort mit der Freundschaft, wenn ihr erwachsen seid, und endet damit, daß eure Eltern im Alter von euch abhängig sind. Könnt ihr euch das vorstellen? Diese starken Menschen, an die ihr euch angelehnt habt, werden, wenn sie lange genug leben, am Ende bei euch nach Stärke und Leitung suchen. Das ist eine der dramatischsten Umkehrungen in der menschlichen Erfahrung.

Am Ende werden die Rollen vertauscht

Die Schriftstellerin und Humoristin Erma Bombeck beschrieb diese Veränderung in ihrem Buch „Wenn meine Welt voll Kirschen ist, was tue ich mit den Kernen?“ In dieser Sammlung von Erzählungen findet sich auch ein Stück mit dem Titel: „Wann wird die Mutter zur Tochter und die Tochter zur Mutter?“ Zu Beginn stellt Erma fest, daß ihre Mutter stets stark, unabhängig und selbstbewußt gewesen ist. Sie hatte versucht, sich diese Frau, die sie zur Welt gebracht hatte, zum Vorbild zu nehmen. Doch in den letzten Jahren hatte ihre Mutter begonnen, sich zu verändern. Es war unübersehbar, daß sie zunehmend kindlicher wurde.

Erma bemerkte die Veränderung zum ersten Mal, als sie eines Tages mit dem Auto unterwegs waren. Sie fuhr und ihre Mutter saß daneben. Plötzlich geschah etwas Unerwartetes, so daß Erma heftig bremsen mußte. Instinktiv griff sie nach rechts, um zu verhindern, daß ihre Mutter auf die Windschutzscheibe prallte. Als der kritische Augenblick vorüber war, saßen die beiden Frauen im Wagen und sahen einander an. Beiden war klar geworden, daß sich in ihrer Beziehung etwas verändert hatte ... denn in früheren Jahren hätte die Mutter versucht, Erma zu beschützen.

Beim nächsten Thanksgiving bereitete Erma den Truthahn vor, während ihre Mutter den Tisch deckte. Es war deutlich, daß die Mutter zur Tochter wurde, und die Tochter zur Mutter. Im Laufe der Zeit trat diese Veränderung immer stärker zutage. Wenn die beiden Frauen einkaufen gingen, war es Erma, die sagte: „Meine Güte, siehst du aber hübsch aus in dem neuen Kleid“, und, „Vergiß nicht, deinen Pullover anzuziehen, damit du dich in den Kaufhäusern nicht erkältest.“ In Gedanken konnte Erma noch den Rat einer besorgten Mutter hören: „Knöpf den Mantel zu, Erma. Zieh immer die Schuhe an, halt dich warm, paß auf dich auf.“

Frau Bombeck verstand die neue Rolle, die sie spielen sollte, doch sie wehrte sich mit aller Kraft dagegen. Sie wollte nicht miterleben müssen, wie diese starke, wackere Frau abhängig wurde – kindlich – unsicher. Der unerbittliche Lauf der Zeit ließ sich jedoch nicht aufhalten. Sie mußte ihrer Mutter nachts aus dem Bett helfen, damit sie auf die Toilette gehen konnte, und sich um die meisten ihrer körperlichen Bedürfnisse kümmern. Wie sehr sich doch ihre Beziehung verändert hatte! Als Erma im Kindergarten war, hatte sie einmal eine Gips-"Hand" gebastelt, die die Küchenwand zierte. Vierzig Jahre später wurde ihre Mutter in einen Bastelkurs für Senioren geschickt, wo sie ein Makramee-Gehänge knüpfte. Es wurde schließlich in ihrem Zimmer im Haus der Bombecks aufgehängt.

Als sich Senilität bemerkbar zu machen begann, erreichte Ermas eigene Frustration einen Höhepunkt. Einmal sagte sie: „Mama, willst du bitte aufhören, davon zu reden, daß du Papa gestern abend gesehen hast? Du weißt, daß er seit zehn Jahren tot ist." Doch Mama konnte nichts dagegen tun, denn sie war geistig nicht mehr auf der Höhe. Damit war die Veränderung vollendet. Die Mutter war zur Tochter geworden, und die Tochter war zur Mutter geworden.

Nicht lange danach waren Erma und ihre Tochter im Auto unterwegs. Plötzlich gab es eine Stauung, Bremslichter blitzten auf. Instinktiv griff die Tochter nach rechts, um zu verhindern, daß Erma auf die Windschutzscheibe prallte. Sie sahen einander einen Augenblick lang an, und Erma sagte: „Mein Gott! So schnell?"[8]

Ja wirklich, so schnell! Eine der erschütterndsten Erfahrungen war für mich, zusehen zu müssen, wie meine Mutter zu meiner Tochter wurde und mich mehr und mehr als ihren Vater ansah. Schließlich erkrankte sie an der Parkinsonschen Krankheit und machte den langsamen Verfall bis hin zu völliger Abhängigkeit und Tod durch. Am Ende war sie derart zu einem Kind geworden, wie ich es noch wenige Jahrzehnte zuvor niemals für möglich gehalten hätte.

Sei auf die unausweichliche Veränderung gefaßt

Warum habe ich mich entschlossen, über diesen Aspekt des Lebens mit euch zu sprechen, die ihr noch jung seid und kerngesunde Eltern habt? Weil es euch jetzt toleranter machen könnte zu verstehen, daß ihre Macht zeitlich begrenzt ist. Ihr werdet es nicht immer schwer haben, euch von ihrer Autorität freizukämpfen. Sie wird auf euch übergehen. Schon in fünf Jahren kann sich eure Beziehung auf bemerkenswerte Weise verändert haben.

Bevor ihr es recht begreift, wird ihre Zeit gekommen sein, diese Welt zu verlassen, wenn die Statistiken recht behalten. Dann werdet ihr ohne sie weitermachen müssen. Und eines Tages, stellt euch vor, werdet ihr der „Sohn" oder die „Tochter" eurer Kinder werden, und sie werden eure „Eltern".

Laßt mich ganz offen gegenüber denjenigen unter euch sein, die am meisten Groll gegen ihre Eltern hegen. Könnt ihr euch, angesichts der begrenzten Lebensdauer und der vergänglichen Natur aller menschlichen Beziehungen, in euren Herzen dazu durchringen, ihnen zu vergeben? Vielleicht hat euch meine persönliche Erfahrung etwas zu sagen. Meine Mutter schloß am 26. Juni 1988 ihre Augen und ging zum Herrn. Sie war so lebendig – so bedeutend für jedes Mitglied unserer Familie. Noch wenige Jahre zuvor hätte ich mir ein Leben ohne sie nicht vorstellen können. Doch die Zeit verging schnell, und bevor wir es uns recht bewußt machen konnten, wurde sie alt und krank und hilflos. So erleben wir es immer wieder. In nur einem kurzen Augenblick, scheint es, sind unsere flüchtigen Tage dahin, und, wie Hiob es ausdrückte: „Seine Stätte kennt ihn nicht mehr."

Als ich im Trauergottesdienst für meine Mutter saß, wurde ich überschwemmt von Erinnerungen und dem Gefühl, einen großen Verlust erlitten zu haben. Doch empfand ich nicht den leisesten Anflug von Bedauern, Reue oder Schuld. Es gab keine verletzenden Worte, von denen ich wünschte, sie nie ausgesprochen zu haben. Keine Streitereien – keine hinausgeschobenen Konflikte -, die zwischen mir und meinen Eltern ungeklärt geblieben wären.

Eines Tages werdet ihr der „Sohn" oder die „Tochter" eurer Kinder werden.

Warum nicht? War ich der vollkommene Sohn, der fehlerlosen Eltern geschenkt worden war? Natürlich nicht. Doch ich erinnere mich daran, daß ich 1962, als ich sechsundzwanzig und seit zwei Jahren mit Shirley verheiratet war, zu ihr sagte: „Unsere Eltern werden nicht immer bei uns sein. Ich erkenne jetzt, wie unglaublich kurz die Zeit ist, und eines Tages werden sie uns genommen werden. Das dürfen wir in unserem alltäglichen Leben niemals vergessen. Ich möchte deinen ebenso wie meinen Eltern stets derart begegnen, daß wir nichts bedauern müssen, wenn sie einmal gegangen sind. Ich bin davon überzeugt, daß der Herr dies von uns verlangt."

Noch einmal für diejenigen, die diesen Rat brauchen: Ich bitte euch inständig, daß ihr diese guten, gesunden Tage nicht fortwerft. Eure Eltern werden nicht immer für euch dasein. Bitte denkt daran, was ich euch geschrieben habe, und achtet darauf, keine bitteren Erinnerungen entstehen zu lassen, die über eurem Kopf hängen, wenn die Bücher geöffnet werden. Kein Konflikt ist es wert, das zu riskieren.

Ich schließe mit einer bewegenden Geschichte von Sue Kidd, die für sich selbst sprechen wird. Ich hoffe, ihr lest sie sehr sorgfältig. Es steckt eine Botschaft für uns alle darin:

Laß es nicht so enden

In der Klinik war es ungewöhnlich ruhig an jenem trüben Januarabend, ruhig und still, wie die Luft vor einem großen Sturm. Ich stand im Stationszimmer im siebten Stock und warf einen Blick auf die Uhr. Es war kurz nach neun.

Ich warf mir ein Stethoskop um den Hals und machte mich auf zu Zimmer 712, dem letzten Zimmer auf dem Gang. Auf Zimmer 712 lag ein neuer Patient: Herr Williams. Ein einsamer Mann. Ein Mann, der seltsam schweigsam war, was seine Familie anging.

Als ich das Zimmer betrat, sah Herr Williams erwartungsvoll auf, doch ließ er seinen Blick sinken, als er sah, daß nur ich es war, die Nachtschwester. Ich drückte das Stethoskop auf seine Brust und lauschte. Starke, langsame, gleichmäßige Schläge. Genau das, was ich hören wollte. Es schien wenig darauf hinzuweisen, daß er einen leichten Herzinfarkt erlitten hatte.

Er sah von seinem gestärkten weißen Bett auf. „Schwester, könnten Sie..." Er zögerte, hatte Tränen in den Augen. Schon einmal hatte er angesetzt, mich etwas zu fragen, doch er hatte es sich anders überlegt.

Ich berührte seine Hand und wartete. Er wischte eine Träne fort. „Könnten Sie meine Tochter anrufen? Sagen Sie ihr, ich hatte einen Herzinfarkt. Einen leichten. Wissen Sie, ich lebe allein, und sie ist die einzige Familie, die ich habe." Seine Atmung ging plötzlich schneller. Ich stellte den Sauerstoff auf acht Liter pro Minute. „Natürlich, ich werde sie anrufen", sagte ich und forschte in seinem Gesicht. Er krallte sich in seine Decke und zog sich nach vorne. In seinem angestrengten Gesicht war große Dringlichkeit zu erkennen. „Würden Sie sie bitte sofort anrufen – so schnell Sie können?" Er atmete schnell – zu schnell.

„Ich werde sie gleich als erstes anrufen", sagte ich und legte meine Hand auf seine Schulter.

Ich schaltete das Licht aus. Er schloß seine Augen, so junge blaue Augen in seinem fünfzig Jahre alten Gesicht.

Nun war es dunkel in Zimmer 712, bis auf ein schwaches Nachtlicht unter dem Waschbecken. In den grünen Röhrchen über seinem Bett blubberte der Sauerstoff. Ich wollte noch nicht gehen, so bewegte ich mich durch die schattenhafte Stille zum Fenster. Die Scheiben waren kalt. Unter mir glitten vereinzelte Nebelschwaden über den Parkplatz.

„Schwester", rief er, „könnten Sie mir einen Stift und Papier besorgen?"

Ich fingerte ein Stück gelbes Papier und einen Kugelschreiber aus meiner Tasche und legte beides auf den Bettkasten.

Ich ging zurück zum Stationszimmer und setzte mich in einen quietschenden Drehstuhl beim Telefon. Herr Williams Tochter stand in seiner Kurve als nächste Angehörige. Ich erfragte ihre Nummer bei der Auskunft und wählte. Ihre sanfte Stimme meldete sich.

„Hier ist Sue Kidd, Krankenschwester in der Klinik. Ich rufe wegen Ihres Vaters an. Er ist mit einem leichten Herzinfarkt bei uns eingeliefert worden und -"

„Nein!" schrie sie in den Hörer, und ich erschrak. „Er wird nicht sterben, oder?"

„Sein Zustand ist zur Zeit stabil", sagte ich und gab mir große Mühe, überzeugend zu klingen.

Stille. Ich biß mir auf die Lippen.

„Sie dürfen ihn nicht sterben lassen!" sagte sie. Sie hatte solch ein Drängen in der Stimme, daß mir die Hand am Hörer zitterte.

„Er bekommt hier nur die allerbeste Pflege."

„Aber Sie verstehen nicht", flehte sie. „Mein Vater und ich haben seit fast einem Jahr nicht mehr miteinander gesprochen. Wir hatten einen furchtbaren

Streit an meinem einundzwanzigsten Geburtstag – wegen meinem Freund. Ich bin aus dem Haus gelaufen. Und ich – ich bin nicht wieder zurückgegangen. All diese Monate wollte ich zu ihm gehen und um Verzeihung bitten. Das letzte, was ich zu ihm sagte, war: ‚Ich hasse dich'".

Ihre Stimme versagte, und ich hörte sie verzweifelt schluchzen. Ich saß da, hörte zu, Tränen brannten mir in den Augen. Ein Vater und eine Tochter, so verloren füreinander. Dann dachte ich an meinen eigenen Vater. Viele Kilometer lagen zwischen uns. Es war lange her, daß ich ihm gesagt hatte: „Ich liebe dich".

Als Janie sich bemühte, ihre Fassung wiederzuerlangen, betete ich im Stillen. „Bitte, Gott, laß diese Tochter Vergebung finden."

„Ich komme. Sofort! In dreißig Minuten bin ich da", sagte sie. Klick. Sie hatte aufgelegt.

Ich versuchte, mich zu beschäftigen, doch ich konnte mich nicht konzentrieren. Zimmer 712; ich wußte, ich mußte in die 712 zurück. Ich ging, lief beinahe den Gang hinunter. Ich öffnete die Tür.

Herr Williams lag regungslos da. Ich griff nach dem Handgelenk. Kein Puls.

„Code 99. Zimmer 712. Code 99." Der Alarm schoß durch die Klinik nur Sekunden, nachdem ich die Zentrale über die Sprechanlage neben seinem Bett verständigt hatte.

Herr Williams hatte einen Herzstillstand. Blitzartig stellte ich das Kopfteil flach, beugte mich über seinen Mund und blies Luft in seine Lungen. Ich legte meine Hände auf seine Brust und drückte zu. Eins, zwei, drei. Ich versuchte zu zählen. Bei fünfzehn beugte ich mich wieder über seinen Mund und blies so tief ich nur konnte. Wo blieb die Hilfe? Noch einmal drücken und beatmen. Drücken und beatmen. Er durfte nicht sterben!

„O Gott", betete ich. „Seine Tochter kommt. Laß es nicht so enden."

Die Tür wurde aufgestoßen. Ärzte und Krankenschwestern drängten mit der Notfallausrüstung in das Zimmer. Ein Arzt übernahm die Druckmassage. Ein Tubus wurde zur Beatmung über seinen Mund eingeführt. Über den intravenösen Zugang spritzten Schwestern ihm Medikamente.

Ich schloß den Herzüberwachungsmonitor an. Nichts. Nicht ein einziger Schlag. Mein eigenes Herz hämmerte. „Gott, laß es nicht so enden. Nicht in Bitterkeit und Haß. Seine Tochter kommt. Laß sie Frieden finden."

„Zurück", rief ein Arzt. Ich reichte ihm die Elektroden für die Defibrillation. Er setzte sie auf Herrn Williams Brust. Wir versuchten es immer wieder. Nichts. Keine Reaktion. Herr Williams war tot.

Eine Schwester stöpselte den Sauerstoff ab. Das Blubbern hörte auf. Einer nach dem anderen gingen sie hinaus, ernst und still.

Wie hatte das geschehen können? Wie? Ich stand wie gelähmt an seinem Bett. Ein kalter Wind zerrte am Fenster und bedeckte das Fensterbrett mit Schnee. Draußen – überall – schien eine schwarze Decke, kalt und finster, alles zu ersticken. Wie sollte ich seiner Tochter gegenübertreten?

Als ich das Zimmer verließ, sah ich sie im Flur an der Wand lehnen. Ein Arzt, der wenige Augenblicke zuvor in Zimmer 712 gewesen war, stand neben ihr, sprach mit ihr, hielt ihren Ellbogen. Dann ging er weiter, ließ sie in sich zusammengesunken an der Wand stehen.

Solch ein unvorstellbarer Schmerz stand in ihrem Gesicht. Solch ein Verletztsein in ihren Augen. Sie wußte es. Der Arzt hatte ihr gesagt, daß ihr Vater gestorben war. Ich nahm sie bei der Hand und führte sie in unseren Aufenthaltsraum. Wir saßen auf Hockern, und keine von uns sprach ein Wort. Sie starrte geradeaus auf einen Kalender, ihr Gesicht wirkte gläsern, fast zerbrechlich.

„Janie, es tut mir so leid“, sagte ich. Es war erbärmlich unpassend.

„Ich habe ihn niemals gehaßt, wissen Sie. Ich habe ihn geliebt“, sagte sie.

Gott, bitte hilf ihr, dachte ich.

Plötzlich fuhr sie zu mir herum. „Ich möchte ihn sehen.“

Mein erster Gedanke war: Warum willst du dir noch mehr Schmerz zufügen? Ihn sehen wird es nur noch schlimmer machen. Doch ich stand auf und legte meinen Arm um sie. Langsam gingen wir den Gang hinunter zu Zimmer 712. Vor der Tür drückte ich ihre Hand und hoffte, sie würde es sich anders überlegen und nicht hineingehen. Sie öffnete die Tür.

Eng aneinandergedrückt gingen wir gemeinsam, Schritt für Schritt auf das Bett zu. Janie beugte sich über das Bett und vergrub ihr Gesicht in der Decke. Ich versuchte ihr bei diesem furchtbar traurigen Abschied nicht zuzuschauen. Ich ging zurück bis an den Bettkasten. Meine Hand fand einen Streifen gelbes Papier. Ich nahm ihn hoch. Darauf stand:

> *Meine liebste Janie,*
> *ich vergebe Dir. Ich bete darum, daß Du mir auch vergeben mögest. Ich weiß, daß Du mich liebst. Ich liebe Dich auch.*
> *Daddy*

Meine Hände zitterten, als ich Janie die Notiz reichte. Sie las sie einmal, dann noch einmal. Ihr geplagtes Gesicht hellte sich auf. Frieden begann in ihren Augen aufzublitzen. Sie drückte das Stück Papier an die Brust.

„Danke, Gott", flüsterte ich und schaute zum Fenster. Eine Schneeflocke wehte ans Fenster und schmolz dahin, für immer verloren. Das Leben schien so zerbrechlich zu sein wie eine Schneeflocke am Fenster. Aber ich danke dir, Gott, daß Beziehungen, die manchmal so zerbrechlich sind wie Schneeflocken, wieder zusammengefügt werden können – doch es ist keine Zeit zu verlieren.

Ich schlich aus dem Zimmer und eilte zum Telefon. Ich würde meinen Vater anrufen. Ich würde sagen: „Ich liebe dich."[9]

Fragen

Mein Vater macht gerade eine fürchterliche Midlife-crisis durch. Zumindest sagt meine Mutter, daß es so etwas ist. Können Sie mir das erklären? Warum führt er sich zur Zeit so verrückt auf?

Nun, ich will einmal eine typische Midlife-crisis beschreiben, auch wenn sie bei jedem Menschen anders abläuft. Der Mann, der dieses Chaos durchstehen muß, ist in der Regel Anfang vierzig, es könnte auch früher oder später sein. Seit er erwachsen ist, hat er immer hart gearbeitet, aber nun ist ihm sein Job langweilig geworden. Er ist sich nur zu sehr im klaren darüber, daß er es sich nicht leisten kann, zu kündigen oder eine schlechter bezahlte Stellung anzunehmen. Zu viele Menschen sind von ihm abhängig – nicht nur seine Frau und seine beiden Teenager, Sohn und Tochter, sondern auch seine ergrauenden Eltern. Seine Ehe ist schon seit Jahren nicht sehr aufregend, und nun beginnt er sich zu wünschen, ausbrechen zu können.

Was diesem Mann ebenfalls sehr zu schaffen macht, ist sein Alter. Zum ersten Mal in seinem Leben wird ihm bewußt, wie schnell die Zeit verrinnt. Er stellt fest, daß die besten Jahre vielleicht schon hinter ihm liegen und er in nicht allzu ferner Zukunft alt sein wird. Eine Art Panik beginnt von ihm Besitz zu ergreifen. Das vielleicht beste Wort, um die Gefühle dieses Mannes zu beschreiben, könnte sein: gefangen. Das Leben zieht an ihm vorüber, und er hängt ohne jeden Ausweg in seiner monotonen Existenz fest.

Vielleicht kreuzt gerade in diesem kritischen Augenblick eine junge aufregende Frau seinen Weg. Sie ist wahrscheinlich geschieden, einsam und hat ihre Bedürfnisse. Sie spürt seine Ruhelosigkeit und fühlt sich davon angezogen. Er ist sehr geschmeichelt von der Aufmerksamkeit, die sie ihm zukommen läßt. Er fühlt sich jung und männlich, wenn er mit ihr zusammen ist, und sonderbare Gedanken gehen ihm durch den Kopf. Vielleicht, ja vielleicht... Eine ganz neue Welt tut sich vor ihm auf, eine Welt voller Lust und Freiheit.

Solch ein Mann, der seine Frau und seine vier Kinder im Stich gelassen und eine gutbezahlte Stellung aufgegeben hatte, kam einmal zu einem Beratungsgespräch. Als ich ihn fragte, warum er das getan hatte, sagte er: „Ich hatte mein ganzes Leben für andere gegeben, und, um ehrlich zu sein, Spaß und Spiele reizten mich einfach."

Diese Beschreibung des Durcheinanders hinter einer Midlife-crisis ist aus dem Blickwinkel eines Mannes geschrieben, aber ich möchte nicht, daß ihr mich falsch versteht. Sein Verhalten kann durch nichts gerechtfertigt werden, und es ist eine Katastrophe für alle Beteiligten. Er verletzt seine Kinder, bricht seiner Frau das Herz und zerstört in der Regel auch sein eigenes Leben. Weil Gott sündiges Verhalten nicht toleriert, kommt es häufig vor, daß der Mann seinen Glauben über Bord wirft und einen neuen Kurs einschlägt. Er hat soeben den größten Fehler seines Lebens begangen, obwohl er es vielleicht noch nicht weiß.

Ich hoffe natürlich, daß dein Vater nicht auf diesem Weg ist. Du und deine Familie müßt beten, daß ihm die Augen geöffnet werden, bevor es zu spät ist.

Meine Freundin ist sechzehn, und sie ist ziemlich rebellisch. Dieses Jahr hat sie solch eine Wut auf ihre Eltern gekriegt, daß sie von zu Hause weggelaufen ist. Jetzt ist ein Brief von ihr gekommen, sie lebt in Hollywood auf der Straße. Es klingt, als ob es ihr ganz gutgeht, aber ich wünsche mir ehrlich, daß sie wieder zurückkommt. Ich weiß nicht einmal, wie ich mit ihr Verbindung aufnehmen soll, sonst würde ich versuchen, sie zu überreden, sich wieder mit ihren Eltern zu versöhnen. Das sind wirklich nette Leute.

Deine Freundin ist sich offensichtlich nicht im klaren darüber, was für ein enormes Risiko sie eingeht. Ich habe vor kurzem einen Bericht darüber gesehen, wie gefährlich solch ein Lebensstil ist. Es hieß, daß zweiundsechzig Prozent der minderjährigen Mädchen, die auf der Straße leben, noch vor ihrem achtzehnten Geburtstag sterben.[10] Ist das nicht tragisch? Entweder werden sie ermordet, begehen Selbstmord, oder sie sterben an einer Krankheit oder einer Überdosis. Ich wünschte, alle Teenager, und besonders die Mädchen, wären sich der Gefahren bewußt, die in der Stadt lauern. Es ist besser, daheim zu bleiben und zu versuchen, miteinander klarzukommen, als sich dem Schrecken eines frühen Todes auszuliefern.

Sie haben über Musik und ihren Einfluß auf meine Generation gesprochen. Für mich hat das ein ganz anderes Problem mit sich gebracht. Ich hatte auf einem Ohr Probleme mit dem Hören und bin zum Arzt gegangen, um herauszufinden, warum. Er hat Tests gemacht und sagte mir dann, ich hätte mein Gehör dadurch geschädigt, daß ich zuviel laute Musik gehört hätte – besonders bei Kopfhörern mit einem Walkman. Ich habe schon in der Vorschule einen Walkman getragen, aber mir hat nie jemand gesagt, daß das schädlich sein könnte. Können sie dazu etwas sagen?

Du hast ziemlich spät etwas gelernt, das man dir schon viel früher hätte sagen sollen. Unser Gehör ist ein mechanisches Instrument, mit sehr empfindlichen Teilen. Wie jedes mechanische Gerät ist dieser Apparat nicht vor Abnutzung geschützt. Diejenigen also, die in einer lauten Umgebung leben, darunter auch solche, die sich andauernd über einen Kopfhörer die Ohren volldröhnen, setzen diese empfindlichen Teile ständiger Beanspruchung aus und verringern nach und nach ihr Hörvermögen.

Bei Eingeborenen in einem Dorf mitten im isolierten Regenwald des Amazonas hat man eine Untersuchung durchgeführt. Nur selten haben sie Geräusche gehört, die lauter waren als das Geschrei eines Papageis oder das Lachen und Spielen von Kindern. Es überraschte niemanden, daß ihr Hörvermögen auch bis ins hohe Alter fast vollständig erhalten blieb. Bei diesem Stamm war Taubheit buchstäblich unbekannt.

Menschen dagegen, die in der modernen Industriegesellschaft leben, sind einem ständigen Lärmbombardement ausgesetzt. Motorräder, Lastwagen, Fernseher und Hochleistungsmotoren hämmern Tag und Nacht in ihren Ohren. Besonders junge Menschen sind auf Grund ihrer Musik sehr gefährdet. Der Besuch eines Rockkonzerts entspricht in etwa dem Lärmpegel, dem man festgeschnallt an der Unterseite eines startenden Düsenflugzeugs ausgesetzt wäre.

Pete Townshend, Leadsänger der legendären Rockgruppe The Who, ist auf einem Ohr fast vollständig taub, weil er jahrelang in der Nähe elektronischer Verstärker und riesiger Boxen gespielt hat. Er hat einmal eine Warnung ausgegeben an alle, die ihre Musik laut lieben. Eines Tages werden die Menschen die unnötige Überbeanspruchung ihres Hörmechanismus bereuen. Wir haben nur einen Körper, und wir müssen ihm helfen, uns ein Leben lang zu dienen.

Wie ein neunzig Jahre alter Mann kürzlich feststellte: „Hätte ich gewußt, daß ich so lange lebe, hätte ich besser auf mich aufgepaßt."

Würden Sie es jemals, unter irgendwelchen Umständen, erlauben, daß Ihr Kind jemand vom anderen Geschlecht mit nach Hause bringt und ihn bei sich im Zimmer übernachten läßt?

Nein. Das würde Gott Unehre bereiten und die moralischen Prinzipien verletzen, auf denen Shirley und ich unser Leben gegründet haben. Ich würde für meine Kinder sehr weit gehen, aber niemals so weit.

10

Gefühle: Freund oder Feind?

KAPITEL 10

Im Herbst 1969 unternahmen Charles Manson und seine jungen Gefolgsleute, die als „die Familie“ bekannt waren, in Los Angeles einen blutigen Streifzug. Sie töteten die Schauspielerin Sharon Tate, die im neunten Monat schwanger war, und vier oder fünf andere unschuldige Menschen. Einige Nächte später brachen sie in das Haus von Leno und Rosemary LaBianca ein und schlachteten sie kaltblütig ab. Millionen von Menschen, die in dieser Gegend wohnten, waren vor Angst wie gelähmt. Nachbarn fragten sich, wer wohl das nächste Opfer sein würde. Meine Mutter war davon überzeugt, daß sie ganz oben auf der Liste stand.

Eines Nachts, als sie im Bett lagen, wurden meine Eltern mit dem Eindringling konfrontiert. Sie hörten ein Poltern, das von der anderen Seite des Hauses kam.

„Hast du das gehört?“ flüsterte meine Mutter.

„Ja, sei leise“, sagte mein Vater.

Sie lagen da, starrten an die dunkle Zimmerdecke hinauf und wagten kaum zu atmen, während sie auf eine Bestätigung lauschten, daß wirklich jemand im Haus war. Ein zweites Poltern brachte sie auf die Beine. Im Dunkeln tasteten sie sich bis zur Schlafzimmertür, die geschlossen war. An dieser Stelle können wir einen interessanten Unterschied im Verhalten meiner Eltern in einer Krisensituation feststellen. Das Bestreben meiner Mutter war es, die Tür zuzuhalten und so den Eindringling daran zu hindern, in ihr Schlafzimmer zu kommen. Daher stellte sie ihren Fuß unten an die Tür und lehnte sich oben mit aller Kraft dagegen. Mein Vater dagegen hatte vor, dem Angreifer Auge in Auge entgegenzutreten. Er griff in der Dunkelheit nach dem Türgriff, doch als er die Tür aufziehen wollte, stieß er auf den Widerstand meiner Mutter.

Mein Vater nahm an, daß jemand von der anderen Seite die Tür zuhielt, während meine Mutter spürte, wie der Killer versuchte, die Tür aufzustoßen. Da standen meine Eltern im Dunkeln, kämpften gegeneinander und glaubten sich im Tauziehen mit einem Mörder. Dann brach meine Mutter in Panik aus. Sie ließ los und lief zum Fenster, um dort um Hilfe zu rufen. Als sie gerade Luft holte, um die gesamte Stadt zusammenzuschreien, bemerkte sie ein Licht hinter sich. Sie drehte sich um und sah, daß mein Vater in den anderen Teil des Hauses gegangen war, um dort nach dem Angreifer zu suchen. Wie sie feststellten, war kein Einbrecher im Haus. Die seltsamen Geräusche wurden nie identifiziert, und Charles Manson wurde in Los Angeles bald festgenommen und lebenslänglich hinter Gitter geschickt.

Gefühle können täuschen

Diese Geschichte macht deutlich, wie sehr uns unsere Gefühle manchmal täuschen können. Sie sind unverbesserliche Lügner, die oftmals unsere schlimmsten Befürchtungen bestätigen, wenn keine Beweise für das Gegenteil vorliegen. Selbst die Jungen und die Tapferen können sich von den bösen Streichen außer Kontrolle geratener Emotionen zum Narren halten lassen.

Mein Freund Steve Smith würde mir darin zustimmen. Er hat einen Bronze-Stern verliehen bekommen für Tapferkeit im Vietnam-Krieg, doch die erste Nacht, in der seine Einheit auf dem Schlachtfeld war, wird kaum in die Geschichtsbücher eingehen. Seine Kompanie hatte noch nie im direkten Kampf gestanden, und die Männer waren sehr unsicher. Auf einem Hügel hoben sie Schützenlöcher aus und sahen nervös zu, wie die Sonne hinter dem Horizont verschwand. Gegen Mitternacht startete der Feind einen gewaltigen Angriff. Auf der einen Seite des Berges begannen Gewehre zu schießen, und nach kurzer Zeit waren alle Soldaten fieberhaft damit beschäftigt, in die Dunkelheit hinein zu feuern und Handgranaten zu werfen.

Die Schlacht dauerte die ganze Nacht, und die Infanterie schien zu gewinnen. Schließlich ging die Sonne auf, und man wollte die Verluste zählen. Doch nicht ein einziger toter Vietkong lag am Fuß des

Berges. Tatsächlich hatte der Feind überhaupt nicht an dem Angriff teilgenommen. Die nervösen Truppen hatten sich ihre Anwesenheit nur eingebildet. Sie hatten eine Nacht lang um Leben und Tod gekämpft – und sie hatten gewonnen!

Selbst die Jungen und die Tapferen können sich von den bösen Streichen außer Kontrolle geratener Emotionen zum Narren halten lassen.

Was bringt normale, intelligente Menschen dazu, vollkommen irrational zu handeln, wenn sie von einer vermeintlichen Gefahr bedroht werden? Warum brechen so viele von uns unter Druck zusammen? Diese Neigung zur Panik rührt von einer Fehlfunktion eines Systems her, das auch bekannt ist als der „Kampf-oder-Flucht"-Mechanismus. Es ist ein neurochemischer Prozeß, der uns auf entsprechendes Handeln in einer plötzlichen Krisensituation vorbereiten soll. Wenn wir Angst haben oder unter Druck stehen, werden Adrenalin und andere Hormone ausgeschüttet, die unseren ganzen Körper in einen Alarmzustand versetzen. Unser Blutdruck steigt, wir werden stärker und aufmerksamer, die Pupillen weiten sich, um mehr Licht aufnehmen zu können usw.

Es ist ein äußerst hilfreicher Mechanismus, wenn er richtig funktioniert. Doch läuft er Amok, kann es dazu führen, daß sich ein Mensch sehr seltsam verhält. Ihr nennt das „ausflippen". Wir nennen es „Hysterie", und es kann eine große Zahl von Menschen gleichzeitig erfassen.

Im Jahr 1973 fegte eine seltsame Krankheit durch eine Schule in Berry, Alabama. Innerhalb eines Zeitraums von drei Stunden litten mehr als einhundert Studenten unter starkem Juckreiz, Ohnmachtsanfällen, Magenschmerzen, Kribbeln in den Fingern und anderen Symptomen. Siebzig Menschen wurden in der Notaufnahme eines nahegelegenen Krankenhauses behandelt. Beamte des Gesundheitsministeriums wurden eingeschaltet, um die rätselhafte Epidemie zu untersuchen. Sie zogen Vergiftungen, Infektionen oder sogar Allergien als mögliche Erklärungen für die Krankheit in Betracht. Sie überprüften Berichte über Insektenvertilgungsmittel, die in der Nähe der Schule ausgebracht worden waren etc. Kein Stein blieb auf dem anderen bei dem Versuch, der Quelle des Massenleidens auf die Spur zu kommen.

Bald verkündete Dr. Frederick Wolf, offizieller Epidemiologe des Staates Alabama, die Ursache für die Krankheit habe nicht gefunden werden können. „Wir haben schlicht und einfach nichts gefunden", sagte er.

„Wir haben alle Möglichkeiten untersucht", sagte ein Sicherheitsbeamter für Epidemiologie vom Gesundheitsministerium des Staates Alabama.[1]

Eine mysteriöse Krankheit... einschließlich Symptomen

Was also hat die Symptome hervorgerufen, von denen so viele Menschen gleichzeitig betroffen waren? Die Wissenschaftler kamen zu dem Schluß, daß es sich schlicht und einfach um Hysterie handelte. Die Studenten und Lehrer waren Opfer ihrer eigenen Phantasie, die sie glauben ließ, sie seien krank, obwohl sie es nicht waren. Das ist ein recht verbreitetes Phänomen.[1]

Mir geht es nicht nur um Hysterie und andere Arten irrationaler Ängste. Das Problem beginnt bereits bei unseren Gefühlen. In den meisten Fällen können wir uns nicht auf sie verlassen. Ich will damit keineswegs die Bedeutung der Gefühle oder die Rolle, die sie für unser Menschsein spielen, herabsetzen. Ich glaube sogar, daß diejenigen, die sich so sehr in sich selbst zurückgezogen haben, daß sie keiner Gefühle mehr fähig sind, ein sehr ungesundes Leben führen.

In dem Film „Shadowlands" aus dem Jahr 1993 liebte der Schriftsteller C. S. Lewis eine Frau, die zu einem frühzeitigen Tod durch eine schwere Krankheit verurteilt war. Ihr Tod war für ihn extrem schmerzlich, und Lewis fragte sich, ob er sich überhaupt darauf hätte einlassen sollen, sich um sie zu kümmern. In der letzten Szene kommt er zum Schluß, daß uns im Leben die Wahl zwischen zwei Möglichkeiten gegeben wird. Wir können uns entscheiden, zu lieben und für andere zu sorgen, was uns verletzlich macht für ihre Krankheit, ihren Tod oder ihre Ablehnung. Oder wir können uns selbst schützen, indem wir uns weigern zu lieben. Lewis beschloß, daß es besser ist, zu fühlen und zu leiden, als isoliert durchs Leben zu gehen, abgekapselt und einsam. Ich kann ihm nur beipflichten.

Ich empfehle daher nicht, daß wir Mauern errichten, um uns vor Schmerz zu schützen. Doch wir müssen uns bewußt werden, daß Gefühle unverläßlich und manchmal sogar tyrannisch sind. Wir dürfen ihnen niemals erlauben, uns zu beherrschen. Über Hunderte von Jahren hatte man dieses Prinzip in unserer Kultur ernst genommen. In den revolutionären Sechzigern jedoch fand besonders bei den jungen Menschen ein radikaler Stellungswechsel statt. Eine der bekannten Äußerungen jener Tage lautete: „Wenn du ein gutes Gefühl dabei hast, tu es.“ Dieser Satz drückt alles aus. Er bedeutet, daß die flatterhaften Impulse eines Menschen über alles andere gestellt werden sollen – auch über die Bedürfnisse von Kindern, ethische Grundprinzipien, langfristige Ziele eines Menschen, lauernde Gefahren und den gesunden Menschenverstand. „Denke nicht nach – folge nur deinem Herzen“, war die vorherrschende Grundhaltung.

Wir müssen uns bewußt werden, daß Gefühle unverläßlich und manchmal sogar tyrannisch sind.

Das ist kein guter Rat. Viele leichtgläubige Menschen hat er in den Ruin getrieben. Jedes Verhalten hat Konsequenzen, und törichtes Verhalten hat oftmals furchtbare Konsequenzen. Wer sich blind dem Diktat der Gefühle beugt, anstatt sie mit seinem Willen und seinem Intellekt zu kontrollieren, ist wie ein einzelnes Blatt, das vom Sturm des Lebens umhergewirbelt wird.

Ich schrieb ein Buch mit dem Titel „Die Macht der Gefühle", worin ich die Frage stellte: Kann man Gefühlen trauen? Ich beantwortete diese Frage mit einem eindeutigen „Nein!" Gefühle sind beeinflußbar, launisch – unverläßlich. Sie lügen ebenso oft, wie sie die Wahrheit sagen. Sie werden durch Hormone manipuliert – besonders während der Pubertät – und sie können radikale Kehrtwendungen vollziehen, vom frühen Morgen, wenn wir ausgeruht sind, bis zum Abend, wenn wir müde sind.

Einer der Beweise für emotionale Reife ist die Fähigkeit (und die Bereitschaft), kurzlebige Gefühle nicht anzuerkennen und das Verhalten vom Verstand regieren zu lassen. Das könnte dazu führen, daß ihr es durchsteht, wenn euch danach ist zu fliehen – und den Mund haltet, wenn ihr am liebsten losschreien würdet – und euer Geld spart, wenn ihr den Drang verspürt, es auszugeben – und treu bleibt, wenn euch nach Flirten zumute ist – und das Wohl anderer über euer eigenes stellt. Dies alles sind Handlungen, die von Reife zeugen und die nicht vollbracht werden können, wenn wir unseren Gefühlen folgen.

Wir müssen unsere Gefühle unter Kontrolle behalten

Die Schrift fordert uns auf, unsere Gefühle unter Kontrolle zu haben und sie „nach unserer Pfeife tanzen zu lassen". Na ja, vielleicht benutzt sie etwas andere Worte. In 2. Korinther 10,5 lesen wir: „Jeden Gedanken, der sich gegen Gott auflehnt, nehme ich gefangen und unterstelle ihn dem Befehl Christi" (Gute Nachricht). Das ist ziemlich eindeutig, oder? Oder nehmen wir einmal Galater 5,22: „Der Geist Gottes dagegen läßt als Frucht eine Fülle von Gutem wachsen, nämlich Liebe, Freude, Frieden, Geduld, Freundlichkeit, Güte, Treue, Nachsicht und Selbstbeherrschung" (Gute Nachricht). Dies ist die sogenannte „Frucht des Geistes", und sie beginnt mit dem zuletzt aufgeführten Punkt – der Übung der Selbstbeherrschung.

Wir müssen auch verstehen, auf welche Weise Gefühle uns beeinflussen und nach welchen Prinzipien sie funktionieren. Zuerst einmal ist es hilfreich zu wissen, daß sie von ihrer Natur her zyklisch angelegt sind. Unser mentaler Apparat unterliegt einem gewissen Rhythmus. Habt ihr noch niemals selbst die Erfahrung gemacht, daß Höhen von Tiefen gefolgt werden und Tiefen von Höhen? Der Grund dafür liegt darin, daß eine gleichmäßige Fluktuation stattfindet, fast wie eine mathematische Sinuskurve (siehe die Abbildung unten), die uns systematisch von einem Gipfel der Begeisterung in eine leichte Depression führt. Bei Frauen folgt dieses Muster in der Regel den Phasen der Menstruation. Bei Männern hat es mehr mit der Umgebung zu tun. Doch es ist bei beiden Geschlechtern vorhanden.

Es trifft nicht nur zu, daß Gefühle zyklisch verlaufen, sondern ein jeder Mensch hat auch seine charakteristische Schwingung. Mit anderen Worten, einzelne Persönlichkeiten schwingen nicht viel weiter nach oben als nach unten. Wenn wir eine Linie durch die Kurve ziehen, die das emotionale Zentrum symbolisieren soll (weder hoch noch tief), ist bei einem bestimmten Menschen die Entfernung von dieser Linie bis zum Höchstpunkt der Kurve in der Regel gleich groß wie die Entfernung bis zu ihrem Tiefpunkt.

Ich will dieses Prinzip anhand von Temperamenten erklären, die jeweils eines der beiden Extreme repräsentieren. Menschen von Typ 1 können sich kaum für irgend etwas begeistern. Wir sehen das in der folgenden Abbildung. Solche Menschen geraten weder bei Fußballspielen in Wallung, noch brechen sie jemals in tosendes Gelächter aus. Sie nehmen gute ebenso wie schlechte Nachrichten mit der gleichen Ruhe auf.

Auf der anderen Seite wird man sie aber auch niemals sehr deprimiert erleben. Sie sind einigermaßen langweilige Menschen, aber immerhin sind sie konsequent langweilig! Man kann sich darauf verlassen, daß sie gestern, heute und morgen stets dieselben sind. Wenn der Ehemann heimkommt und verkündet, daß er mit seiner Frau nach Hawaii oder Paris auf Urlaub fliegen wird, wird die Dame vom

Typ 1 vermutlich lächeln und sagen: „Fein." Und auch der neue Porsche vor der Garage wird ihr kaum ein Wort der Begeisterung entlocken können. So ist sie nun mal geschaffen. Ihr emotionales Muster sieht in etwa so aus:

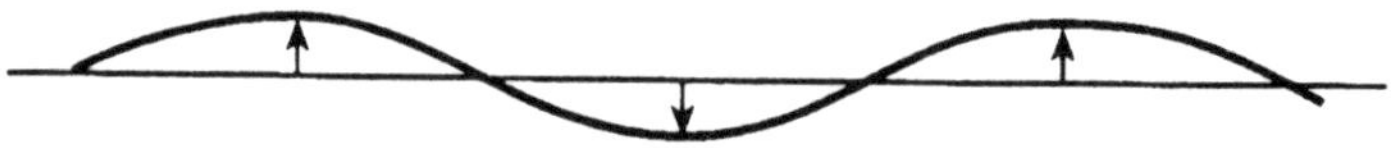

Im Gegensatz dazu sind Menschen vom Typ 2 (folgende Abbildung) wahre „Jo-Jos". Ihre Emotionen schwingen von den Dachbalken bis in den Keller und wieder zurück.

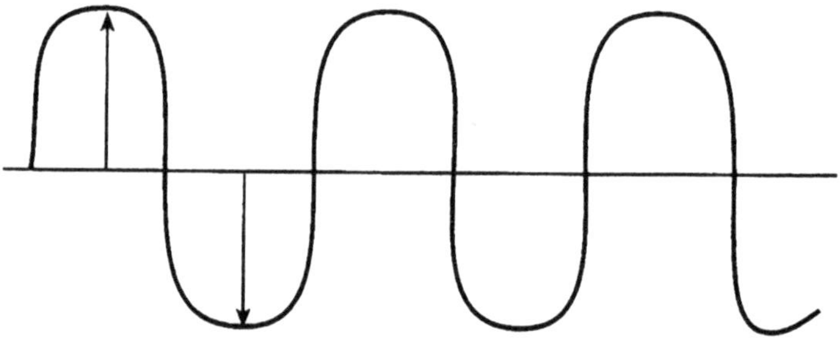

Wir alle kennen mindestens einen Menschen vom Typ 2, der immer wieder mal extrem fröhlich ist. Er steht morgens auf und lacht schon bei dem bloßen Gedanken an den Sonnenaufgang. Er winkt den Vögeln zu, grinst die Blumen an und pfeift den ganzen Tag fröhlich vor sich hin. Nehmt euch in acht vor diesem Typen! Ich garantiere euch, daß er innerhalb weniger Tage mit brennenden Triebwerken zu Boden gehen wird.

Sobald es zu diesem Absturz kommt, wird sich Verzweiflung bei ihm einstellen. Nichts wird richtig laufen, das Leben wird nicht mehr lebenswert sein, er wird keine Freunde haben, und Jammer wird die ganze Welt erfüllen. Er ist so sentimental, daß er bei der Eröffnung eines neuen Supermarkts anfangen wird zu weinen. Er ist wahrhaftig ein emotionaler Jo-Jo. Und aus Gründen, die ich noch nie habe klären können, wird dieser Extremist vom Typ 2 wahrscheinlich eine Typ-1-Langweilerin heiraten, und die zwei werden sich einander für den Rest ihres Lebens auf die Nerven gehen.

Auf unserer ersten Europareise besuchten meine Frau und ich in Berlin ein Symphoniekonzert. Direkt vor uns saß ein junger Mann, der vermutlich Musik studierte. Während der ersten Hälfte des Konzerts geriet er in eine Art seltsame Ekstase, schwang mit geschlossenen Augen mit der Musik hin und her und sprang nach jedem Stück auf, um lauthals jubelnd zu applaudieren. Nach dem letzten Stück vor der Pause geriet er fast außer sich vor Begeisterung. Er schrie: „Bravo! Bravo!" und winkte dem Dirigenten zu.

Doch, wer hätte das gedacht, die zweite Hälfte des Konzerts machte ihn schlicht krank. Er ließ sich in seinen Sitz zurückfallen, buhte das Orchester aus und gab seinem Mißfallen während der ganzen letzten Stunde der Aufführung durch ständiges Murmeln Ausdruck. Schließlich sprang er auf, drängte sich zum Mittelgang durch, wobei er auf Zehen, Knien und Beethovens Fünfter herumtrampelte, und verließ aufgebracht den Saal.

Obwohl ich diesem jungen Mann weder vor noch nach dieser Aufführung begegnet bin, bin ich davon überzeugt, daß er eher dem Typ 2 zuzurechnen war. Seinem „Hoch" in der ersten Hälfte folgte nur wenige Minuten später ein vollkommen gleichwertiges „Tief".

Ich muß ganz offen sagen, ich habe seine „Vorstellung" noch mehr genossen als die Musik, doch ich möchte nicht mit ihm verkehren müssen. Man kann nämlich darauf wetten, daß er aus allem eine Riesensache macht.

Wer auf den Berg hinaufsteigt, muß auch wieder herabsteigen

Wenden wir uns einem weiteren Aspekt unserer zyklischen Emotionen zu. Es ist wichtig zu begreifen, daß uns alles, was uns aufbaut, auch wieder nach unten ziehen wird, und umgekehrt. Es ist, zum Beispiel, sehr wahrscheinlich, daß nach einem erlebnisreichen Tag, der Geburt eines Kindes, einer Beförderung oder sogar nach einem erholsamen Urlaub eine leichte Depression auftritt. Dafür gibt es physische Gründe. Hochstimmung und Begeisterung werden durch Adrenalin hervorgerufen, und das führt zu einem höheren Energieverbrauch. Nach ein paar Tagen in diesem Hoch-Zustand muß es einfach zu einem Abstieg kommen. Wenn wir diesen Mechanismus verstehen, können wir uns für den Tiefpunkt der Kurve wappnen.

Alles, was uns aufbaut,
wird uns auch wieder nach unten ziehen.

Shirley und mir ist dies auch schon passiert, zum Beispiel vor einigen Jahren, als wir ein neues Haus kauften. Wir hatten jahrelang nach einem Heim gesucht, das wir uns auch leisten konnten, und waren sehr aufgeregt, als es schließlich uns gehörte. Die Hochstimmung hielt mehrere Tage an, in denen ich über dieses zyklische Prinzip nachdachte. Ich erinnere mich noch, daß ich Shirley sagte, wir könnten nicht länger in der Hoch-Phase bleiben. Wir mußten uns auf den unteren Teil der Kurve vorbereiten.

Und tatsächlich wurden wir beide innerhalb weniger Tage von einer leichten Depression heimgesucht. Es war nichts Ernstes, nur ein Fall dessen, was manche Leute „allgemeiner Weltschmerz“ nennen. Das Haus schien nicht mehr so wunderbar zu sein, und wir machten uns Gedanken über den Preis, den wir dafür gezahlt hatten. Wir lebten neunzehn Jahre darin und lernten diesen Ort zu lieben, doch während unseres kurzen Augenblicks im emotionalen „Loch“ hatten wir geglaubt, einen Fehler begangen zu haben.

Eure eigene gelegentliche Tiefstimmung wird viel erträglicher, wenn ihr sie als ein relativ vorhersehbares Ereignis versteht. Hochs müssen Tiefs nach sich ziehen. Das ist ein physikalisches Gesetz, auf das man sich verlassen kann. Doch bei gesunden Personen folgt einem Tief am Ende auch ein Hoch. Es funktioniert in beiden Richtungen.

Diese Stimmungsschwankungen besitzen noch eine andere Eigenschaft, die vor allem für diejenigen hilfreich sein dürfte, die verheiratet sind oder vorhaben zu heiraten. Romantische Liebe ist ein Gefühl und unterliegt dem gleichen zyklischen Ablauf, den ich oben beschrieben habe. Ihr wißt bereits, daß die Erregung einer neuen, frischen Liebesbeziehung mit nichts im menschlichen Erfahrungsbereich verglichen werden kann. In dieser Beziehung gerät ein Paar in eine Art von Ekstase, die unbeschreiblich ist. Das ist es! Das Suchen hat ein Ende! Sie haben das perfekte menschliche Wesen gefunden. Sie wollen vierundzwanzig Stunden am Tag zusammensein – im Regen spazierengehen, vor dem Kamin sitzen und küssen und knuddeln und kuscheln. Ein Hoch der Liebe!

Was leider zu wenige Paare wissen, ist, daß dieses erhebende Gefühl *niemals* anhält. Ebenso wie andere vorübergehende Stimmungen und Gefühle, ist es von Anfang an dazu bestimmt, von ihrer Höhe abwärts in die Tiefe zu schwingen. Das ist absolut unvermeidbar! Wenn ihr also wahre Liebe mit diesem Gefühl gleichsetzt, werdet ihr sehr verwirrt sein, wenn es vorübergeht. Das ist die zarte Falle, die viele junge Menschen dazu bringt, einen katastrophalen Fehler zu machen. Sie haben das Gefühl, sie könnten das ganze Leben lang von dieser erregenden romantischen Empfindung leben. Und dann ... ist es vorbei, manchmal schon auf der Hochzeitsreise, manchmal erst einige Wochen später.

Ich will damit keinesfalls sagen, daß solch ein Paar sich nicht mehr liebt. Ich sage nur, daß dieses romantische Gefühl, das sie füreinander hatten, keine Liebe ist. Wahre Liebe ist viel tiefer und stabiler. Sie basiert auf einer Willensentscheidung, auf der Entschlossenheit zusammenzubleiben und auf der Bindung, die ich weiter oben beschrieben habe. Wenn alle diese Elemente an der richtigen Stelle sind, kann eine Beziehung stabil und verläßlich sein. Und das Gefühl wird in ihrem gemeinsamen Leben als Eheleute weiterhin kommen und gehen.

Ich habe einmal versucht, dieses Prinzip des Auf und Ab einer Gruppe von jungverheirateten Paaren zu erklären. Während der Diskussion fragte jemand einen jungen Mann, warum er und seine Frau so jung geheiratet hätten. Er antwortete: „Weil ich noch nichts von dieser Schlangenlinie gehört hatte, bis es zu spät war.“ Für den Rest von euch gibt es keine Entschuldigung. Ihr versteht jetzt, daß

Gefühle eine Beziehung nicht sehr weit bringen können. Gefühle sind ohne jeden Zweifel wichtig, doch müssen sie getragen werden vom Willen und von einer lebenslangen Verpflichtung.

Wo sind nun all diese Berggipfel?

Der folgende Punkt ist so wichtig, daß ich ihn hervorheben muß. Wenn ihr erwartet, Monate oder Jahre auf einem romantischen Berggipfel zu leben, irrt ihr euch gewaltig. Ihr werdet nicht oben bleiben. Ich mache mir Sorgen um die vielen naiven jungen Paare, die sich verlieben und sich bereits sehr früh in ihrer Beziehung auf eine Ehe einlassen, ohne daß das natürliche Pendel ihrer Emotionen überhaupt richtig ins Schwingen kommen konnte. Dann wachen sie eines Morgens ohne dieses angenehme Gefühl auf und schließen daraus, daß ihre Liebe verloschen ist. In Wirklichkeit hatte es sie nie gegeben. Sie haben sich von einem emotionalen Hoch zum Narren halten lassen, bevor der Abstieg kam. Zusammengefaßt: Wenn Liebe als ein Gefühl definiert wird, kann die Beziehung nicht stabiler sein als eine momentane Stimmung.

Wenn ihr erwartet, Monate oder Jahre auf einem romantischen Berggipfel zu leben, irrt ihr euch gewaltig.

Vergeßt nicht, daß der großartigste Abschnitt, der jemals zum Thema Liebe verfaßt wurde und in 1. Korinther 13 festgehalten ist, Gefühle nicht einmal erwähnt. Wir lesen dort: „Wer liebt, ist geduldig und gütig. Wer liebt, der ereifert sich nicht, er prahlt nicht und spielt sich nicht auf. Wer liebt, der verhält sich nicht taktlos, er sucht nicht den eigenen Vorteil und läßt sich nicht zum Zorn erregen. Wer liebt, der trägt keinem etwas nach; es freut ihn nicht, wenn einer Fehler macht, sondern wenn er das Rechte tut. Wer liebt, der gibt niemals jemand auf, in allem vertraut er und hofft er für ihn; alles erträgt er mit großer Geduld. Niemals wird die Liebe vergehen" (1.Kor. 13,4-8; Gute Nachricht). Das dürfte einiges klarstellen.

Es gibt noch einen weiteren verwandten Punkt, den ich zumindest anschneiden möchte, bevor ich schließe. Auch unser geistliches Leben ist denselben Gesetzmäßigkeiten unterworfen, die ich oben beschrieben habe. Viele Menschen, die sich von ihren Sünden abkehren und Nachfolger Jesu Christi werden, erleben zu Beginn eine Art „Flitterwochen", wie sie für eine Liebesbeziehung typisch sind.

Sie empfinden ein unglaublich großes Bedürfnis nach Reinheit und Harmonie mit Gott. Für solche Neubekehrten ist es nichts Ungewöhnliches, daß sie viele Male am Tag die Bibel lesen und kaum noch an etwas anderes denken. Sie befinden sich in diesem Augenblick in der Gefahr geistlicher Verwirrung, denn ihr Gefühl ist, auch hier, vorübergehend. Die emotionale Batterie kann nicht immer voll aufgeladen bleiben, nicht einmal für die edelsten Zwecke.

Wie bei einer Liebesbeziehung durchläuft unsere Beziehung zum Herrn bestimmte emotionale Phasen. Am Anfang steht die Phase der Freundschaft, in der wir ihn kennenlernen und beginnen sein Wort zu verstehen. Dann kommt die Flitterwochen-Phase, in der nichts schöner sein könnte. Schließlich folgt die feste, tiefe aber weniger emotionale Erfahrung des Ehelebens. Diese dritte Phase ist bestimmt von einer stillen Hingabe und einer im Laufe der Jahre stetig zunehmenden Reife.

Junge Gläubige, die nicht verstehen, wie sehr Gefühle sich mit der Zeit verändern, könnten enttäuscht den Schluß ziehen, daß ihr Glaube jeglichen Sinn verloren hat. Das ist eine tragische Fehleinschätzung. Ihre Beziehung zum Herrn muß sich auf der Schrift und ihren Wahrheiten gründen, anstatt sie mit flüchtigen Gefühlsregungen in Verbindung zu bringen, die einmal heiß und einmal kalt sind. Wenn ihr überhaupt nichts fühlt, könnt ihr dem Herrn ebenso nahe sein, wie wenn ihr von geistlicher Leidenschaft ergriffen seid.

In dem Buch „Die Macht der Gefühle" bin ich detaillierter auf dieses Thema eingegangen. Hier ist es relevant wegen der großen Bedeutung der Selbsterkenntnis in jungen Jahren. Sokrates hat jedem einzelnen seiner Schüler folgenden Rat mit auf den Weg gegeben: „Erkenne dich selbst." Das war das Ziel unserer kurzen Diskussion.

Wir haben mit einer Geschichte über meine Mutter begonnen. Wir enden mit einer weiteren. In den dreißiger Jahren ging sie auf eine Schule in einer Kleinstadt in Oklahoma, die eine Reihe furchtbarer Football-Teams hervorgebracht hatte. Sie verloren in der Regel jedes Spiel und bezogen unweigerlich Dresche von ihren Erzrivalen aus einer nahegelegenen Gemeinde. Verständlicherweise waren die Schüler und ihre Eltern mit der Zeit deprimiert und entmutigt wegen der vielen Niederlagen, die ihre Kämpfer jeden Freitagabend hinnehmen mußten.

Schließlich beschloß ein örtlicher Autohändler, die Dinge in die Hand zu nehmen. Er bat darum, nach einer weiteren vernichtenden Niederlage in den Umkleideräumen mit dem Team sprechen zu dürfen. Der Geschäftsmann versprach jedem Jungen im Team und dem Trainer ein nagelneues Auto, wenn sie ihre bitteren Rivalen im nächsten Spiel besiegten.

Das Team schäumte fast über vor lauter Vorfreude. Sie schrien und jubelten und schlugen einander auf die gepolsterten Schultern. Sieben Tage lang aßen, tranken und atmeten die Jungs Football. Nachts träumten sie davon. Die ganze Schule wurde von dieser Begeisterung erfaßt, und Ferienstimmung machte sich auf dem Campus breit. Jeder Spieler sah sich schon mit klasse Frauen um sich hinter dem Steuer eines edlen Wagens sitzen.

Schließlich kam der große Abend, und das Team versammelte sich in der Spielerkabine. Die Stimmung war an einem nie erahnten Höhepunkt angelangt. Der Trainer gab einige letzte Anweisungen, bevor die Jungs hinausstürmten, um dem Gegner gegenüberzutreten. Sie stellten sich an die Sidelines und brüllten ein einstimmiges „Rah!“ Dann liefen sie aufs Feld – und wurden in Grund und Boden gestampft, achtunddreißig zu null.

All ihre Überschwenglichkeit verhalf ihnen nicht zu einem einzigen Punkt auf der Anzeigetafel. Sieben Tage Hurra und Wupp-di-du konnten nicht den Mangel der Spieler an Disziplin, Kondition, Praxis, Lernen, Training, Drill, Erfahrung und Charakter ausgleichen. So ist es nun mal mit den Gefühlen. Sie haben ihren festen Platz in menschlichen Angelegenheiten. Doch müssen sie stets von den höheren mentalen Instanzen des Willens und des Intellekts gelenkt werden. Werden sie sich selbst überlassen, erweisen sich Gefühle als unverläßlich und sogar ein wenig töricht.

Genießt also die Hochstimmung. Nutzt die Gelegenheit zu einer Fahrt auf die Höhen. Aber werdet nicht abhängig von der Begeisterung des Augenblicks. Behaltet eure Gefühle unter Kontrolle! Und wenn es an der Zeit ist, eine Entscheidung zu treffen, laßt euch nicht von euren Gefühlen zu einem faulen Kompromiß verführen. Auf diese Weise werdet ihr ein glücklicheres und ein erfolgreicheres Leben führen und eines, das Gott wohlgefälliger ist.

Fragen

Manchmal habe ich das Gefühl, die ganze Welt ist gegen mich. Ich bin mir nicht sicher, warum, außer, daß ich einfach denke, ich habe keine Chance, wirklich jemand zu sein. Immer wenn irgend etwas schiefgeht, sage ich zu mir: Was hast du erwartet? Es läuft doch immer so. Geht es anderen Menschen wie mir?

Ja, viele Menschen haben die gleiche Einstellung. Wie du sehen sie sich selbst als „Opfer", die dazu bestimmt sind, stets den Kürzeren zu ziehen. Das ist eine recht häufige Reaktion, vor allem unter Menschen mit einer Behinderung und unter denjenigen, die ihr Aussehen nicht mögen, die als Kinder mißbraucht wurden usw.

Doch das Problem hat sich in den letzten Jahren noch ausgeweitet. Unsere Gesellschaft sagt uns andauernd, daß wir alle Opfer irgendeiner Art des Mißbrauchs sind, daß wir uns unterdrückt fühlen müssen. Sicher, Diskriminierung und Rassismus sind in dieser Kultur nach wie vor ernste Probleme. Es ist keine Hilfe, uns alle dazu zu bringen, zu meinen, wir würden pausenlos von irgend jemandem über den Tisch gezogen. Was dabei herauskommt, ist, daß wir uns in rivalisierende Interessengruppen aufspalten, anstatt miteinander Einheit zu praktizieren. Ich nennne diese Tendenz den „Fluch des universellen Opfertums".

Ich will ganz offen mit denjenigen unter euch reden, die glauben, die Welt hätte es auf sie abgesehen. Was ihr empfindet, ist eine Form des Selbsthasses, der sehr zerstörerisch ist. Er ist außerdem demoralisierend. Immer dann, wenn ihr beginnnt euch zu sagen: „Ich kann nicht gewinnen" und „Es hat sowieso keinen Zweck", habt ihr schon so gut wie verloren. Euer Pessimismus wird zu einer Art selbsterfüllender Prophezeiung. Das muß aber nicht so sein.

Ich will euch die Geschichte von meinem Freund David Hernandez erzählen. Seine Eltern waren illegale Einwanderer aus Mexiko, die in den Vereinigten Staaten ein neues Leben anfangen wollten. Unglücklicherweise konnten sie monatelang keine Arbeit finden, und die Kinder mußten manchmal über Wochen hinweg hungern. Schließlich wurden die Eltern als Saisonarbeiter angestellt, um bei der Kartoffelernte in Kalifornien zu helfen. Sie lebten unter Bäumen und benutzten ein großes Ölfaß als Herd. Sie besaßen nichts und hatten nur sehr wenig Chancen, jemals dem eisernen Griff der Armut zu entkommen.

Trotz ihrer deprimierenden Lebensumstände verfügten die Hernandez über eine gewisse Würde und Stärke. Sie waren Christen und lehrten ihre Kinder, daß Gott sie liebte und einen Plan für ihr Leben hatte. Ihr kleiner Junge, David, verinnerlichte diese Botschaft der Hoffnung. Er betrachtete sich selbst niemals als Opfer, obwohl er genügend Grund gehabt hätte, sich betrogen zu fühlen. Seine Familie lebte auf der untersten Stufe der gesellschaftlichen Leiter und hatte nicht einmal ein Dach über dem Kopf, doch sein Wert als Mensch gründete sich in seinem Glauben.

*Immer dann, wenn ihr beginnnt,
euch zu sagen: „Ich kann nicht gewinnen"
und „Es hat sowieso keinen Zweck",
habt ihr schon so gut wie verloren.*

David begann in die Schule zu gehen, und er erwies sich als herausragender Schüler. Als er älter wurde, bekam er ein Stipendium. Er setzte seine glänzenden schulischen Leistungen fort. Um eine lange Geschichte abzukürzen: Er schloß das College als einer der besten seines Jahrgangs ab und wurde auf der Loma Linda University School of Medicine angenommen. Er machte seinen Doktor und durchlief eine Assistenzzeit in Geburtshilfe und Gynäkologie. Dr.

David Hernandez wurde dann Professor an den beiden medizinischen Fakultäten der Loma Linda University und der Univerity of Southern California.

Wer hätte gedacht, daß aus dem kleinen mexikanischen Jungen ein hochgeachteter Arzt und Dozent werden würde? Es hätte nie so weit kommen können, hätte sich David als hilfloses Opfer gesehen – als ein Verlierer, der im Leben zu kurz gekommen ist. Weil er sich geweigert hatte, eine defätistische Grundhaltung anzunehmen, konnte er die Hindernisse auf seinem Weg überwinden.

Doch das Leben hatte noch eine weitere Herausforderung für David Hernandez bereit. Eines Tages rief er mich an, um mir zu sagen, daß man eine Lebererkrankung bei ihm festgestellt hatte. Damals war er noch keine vierzig Jahre alt. Einige Jahre später starb er an dieser seltenen Krankheit, die man sklerotische Cholangitis nennt.

Widersteht der Versuchung, euch als Opfer zu sehen.

Einige Tage, bevor er starb, besuchte ich ihn im Krankenhaus. Obwohl es ihm sehr schlecht ging, jammerte David nicht und fragte: „Warum ich?“ Selbst in dieser schweren Stunde, als er wußte, daß der Tod nahe war, ließ er sich nicht in Selbstmitleid hinabsinken. Er wußte intuitiv, daß ein Mensch nur dann ein Opfer ist, wenn er sich selbst als solches sieht.

Ich möchte euch dringend raten, dem Beispiel von Dr. David Hernandez zu folgen – und der Versuchung zu widerstehen, euch als Opfer zu sehen. Kämpft mit all eurer Kraft dagegen an. Es ist eine von Satans wirkungsvollsten Waffen gegen euch, und es ist eine Lüge. Gott hat euch mit seinen eigenen Händen erschaffen, und er schafft keinen Abfall. Er wird euch helfen, die Umstände zu überwinden, die euch als Hindernisse im Weg liegen.

Meine frühere Freundin und ich dachten, wir wären furchtbar ineinander verliebt, weil wir von dem Moment an, als wir uns zum ersten Mal begegneten, verrückt nacheinander waren. Wir waren jeden Tag zusammen, und unsere Freunde glaubten, wir würden heiraten. Aber unsere Beziehung kühlte sehr bald ab, und jetzt können wir einander kaum noch ausstehen. Ich will nicht einmal mehr mit ihr zusammensein. Was, glauben Sie, ist mit uns passiert?

Da ich keinen von euch beiden kenne, kann ich das nur schwer sagen. Doch ich kann euch versichern, daß die Art, wie eure Beziehung begann, etwas mit ihrem Ende zu tun hat. Wie ich bereits ausgeführt habe, ist eine Liebesbeziehung in der Regel zum Scheitern verurteilt, wenn sie mit großer Intensität beginnt. Fast immer ist sie nach einer bestimmten Zeit ausgebrannt. Anders formuliert: Du und deine Freundin seid miteinander gelaufen wie bei einem 100-Meter-Sprint. Ihr hättet das Rennen mehr wie einen Marathonlauf angehen sollen. Daher wart ihr schon erschöpft, bevor eure gemeinsame Reise überhaupt beginnen konnte.

Wenn eine Liebesbeziehung eine längere Strecke überstehen soll, ist eine gemäßigte Geschwindigkeit erforderlich, damit die beiden Parteien einander nicht aufzehren. So hat die gegenseitige Bindung die Möglichkeit, sich zu festigen – und der „Leim“ kann „trocknen“. Erinnerst du dich?

Gibt es eine Tageszeit, in der man bedrohliche oder unerfreuliche Themen am besten ansprechen kann?

Die gibt es mit Sicherheit, und es ist gut, diesen Aspekt nicht außer acht zu lassen. Die meisten von uns können am Morgen viel besser mit Frustration umgehen als zu einem späteren Zeitpunkt des Tages. Es versteht sich von selbst, daß es schwieriger ist, sich mit heiklen Themen auseinanderzusetzen, wenn wir müde sind, als wenn wir ausgeruht sind. Daher empfehle ich, daß Ehepaare ebenso wie Unverheiratete nicht am Abend über unangenehme Themen reden. Die meisten unserer Sorgen können bis zum Morgen warten, wenn sie nicht so leicht Spannungen und zwischenmenschliche Krisen hervorrufen.

11

Der lange Korridor

KAPITEL 11

Ich bin schon mehrmals auf die vielen „Schlammlöcher" eingegangen, die einen jungen Menschen auf seiner Reise durch das kritische Jahrzehnt aufhalten und behindern können. Ich will dieses Thema nun aus einem völlig anderen Blickwinkel betrachten. Zur Verdeutlichung stellt euch bitte einmal vor, ihr seid ein Teenager, der allein einen langen, dunklen Korridor entlanglaufen muß. Von der Decke hängen schwächliche Glühbirnen herab und werfen unheimliche Schatten an die Wände. Auf jeder Seite des Gangs sind viele große Türen, von denen jede eine andere Aufschrift trägt. Sie lauten Alkohol, Marihuana, harte Drogen, Pornographie, Glücksspiel, homosexuelle Praktiken, vorehelicher Geschlechtsverkehr, Magersucht und so weiter. Jede dieser Formen der Abhängigkeit wird von mindestens einer Tür repräsentiert. Da seid ihr nun, tastet euch im Halbdunkel voran und fragt euch, was ihr als nächstes tun sollt. Sollt ihr im geraden und schmalen Gang bleiben – oder eine der verlockenden Türen aufstoßen?

Jedesmal wenn ihr euch einer der Türen nähert, könnt ihr schallendes Gelächter und Fröhlichkeit hören. Eure Freunde – oder Menschen, die ihr gerne zu Freunden hättet – sind bereits hineingegangen, und offensichtlich haben sie eine großartige Zeit. Hin und wieder hört ihr jemanden euren Namen rufen und euch auffordern, bei der Party mitzumachen. Wer weiß, welche aufregenden Dinge diejenigen erwarten, die den Mut haben einzutreten?

In den Lichtstreifen, die unter jeder Tür in den Gang scheinen, seht ihr die Schatten tanzender Körper. Hämmernder Rhythmus läßt die Wände beben. Ihr steht dort im Zwielicht und fragt euch: Warum sollte ich nicht auch ein wenig Spaß haben? Wer hat das Recht, mich auszusperren?

Das gibt euch den letzten Stoß. Ihr greift nach der Türklinke.

Was dann folgt, daran könntet ihr euch ein Leben lang erinnern. Warum? Weil für einen bestimmten Prozentsatz der Menschen, die die Türen öffnen, an dieser Stelle eine Tragödie beginnt. Lebenslange Abhängigkeiten können bis zu diesem Augenblick zurückverfolgt werden. Bitte versteht mich nicht falsch. Ich sage nicht, daß jeder, der einmal ein Glas Wein trinkt, Marihuana raucht oder beim Pferderennen einmal Geld setzt, abhängig wird. Man kann jedoch sagen, daß manche Menschen sehr leicht bestimmten Stoffen oder psychologischen Bedürfnissen zum Opfer fallen. Werden sie ihnen in jungen Jahren wiederholt ausgesetzt, wird sie das in destruktive Verhaltensmustern hineinführen.

Geplatzte Träume und leere Versprechungen

Ich kenne einen älteren Mann, der in seiner Jugend genau diesen Fehler begangen hat. Die meiste Zeit seines Lebens als Erwachsener war er Alkoholiker. Seine Unfähigkeit, das Trinken und die daraus hervorgehende Gewalttätigkeit zu kontrollieren, zerstörte schließlich seine Familie, ruinierte sein Leben und verletzte alle Menschen, die er liebte. Er starb als einsamer und reuiger Mann, der für seine siebenundsiebzig Jahre auf Erden herzlich wenig vorzuweisen hatte. Wie konnte es so weit kommen?

Plante er, jede Woche seinen Lohn zu verschwenden und seine kleine Familie zu terrorisieren? Hatte er es sich vorgenommen, seine Kinder ihn fürchten zu lehren und seine Frau zu vertreiben? War das sein Wunsch? Natürlich nicht. Tausendmal versprach er, das Trinken aufzugeben. Doch er kam nicht davon los. Er konnte nicht aufhören. Ich bin sicher, daß er sich als junger Mann niemals hatte träumen lassen, er hätte das Temperament eines Alkoholikers. Alles, was er tat, war, eine Tür zu öffnen, die geschlossen hätte bleiben sollen – das weitere ergab sich von selbst.

Ich sage es noch einmal: Ein gewisser Prozentsatz von Personen ist anfällig für Abhängigkeit. Diejenigen, die einer Risikogruppe angehören, sind sich dessen in der Regel nicht bewußt. Öffnen sie die falsche Tür, springt ein Monster heraus und packt sie. Manche werden für den Rest ihres Lebens in dessen Gewalt bleiben.

Ihr habt so etwas wahrscheinlich schon selbst passieren sehen. Vielleicht seid ihr das Kind eines Alkoholikers oder eines Spielers. Andere Leser haben vielleicht Freunde gehabt, die mit Crack oder Heroin experimentiert haben und nun immer noch verzweifelt versuchen, sich aus diesen Fesseln zu befreien. Das geschieht jeden Tag.

Süchte sind nicht immer die Folge chemischer Abhängigkeiten, wie es bei Drogen oder Alkohol der Fall ist. Einige haben einen psychologischen Ursprung, doch sind sie nicht weniger zerstörerisch. Pornographie, zum Beispiel, führt bei einigen Teenagern ebenso in die Sucht wie Kokain. Eine einzige Begegnung damit zur rechten Zeit kann einen dafür empfänglichen Jugendlichen gefangennehmen und ihn in eine Gewohnheit hineinreißen, die er sein Leben lang nicht mehr loswird.

Ein gewisser Prozentsatz von Menschen ist anfällig für jede potentielle Abhängigkeit.

Wie die meisten anderen Süchte ist das Bedürfnis nach Pornographie progressiver Natur. Es wird im Lauf der Zeit immer schlimmer. Erotische Fotografien und Videos verlieren bald ihre erregende Wirkung. Der Betrachter will mehr und Besseres sehen! Früher oder später gelangt er an das Ende der Kette – wenn er alles gesehen hat, was ein Mann und eine Frau zusammen tun können. Er hat den menschlichen Körper aus jedem nur erdenklichen Winkel betrachtet, bis er ihm nicht mehr erotisch erschien. Und was dann?

Eine Anzahl der Männer, die an Pornos gebunden sind, wird diese natürliche Barriere überschreiten und ein Interesse an perversem Verhalten entwickeln. Sie werden nach den übelsten Dingen der Welt lechzen, wie Darstellungen von Kindesmißbrauch, vorgetäuschtem Mord, homosexueller Gewalt, Sex zwischen Frauen und Tieren, Sex mit Toten, dem Verschmieren von Exkrementen auf dem Körper und so weiter.

Wie kann sich ein Mensch durch solch undenkbar widerliche Dinge überhaupt erregen lassen? Das ist normalerweise die Folge einer frühen Abhängigkeit von Soft-Pornos, die sich bei manchen Menschen bis zur schlimmsten möglichen Form steigert. Das Monster hat ein weiteres Opfer gefordert.

Alle Süchte werden schließlich eine Familienangelegenheit. Pornographie stellt keine Ausnahme dar. Sie zerstört oftmals das Geschlechtsleben in Ehen, weil die Männer sich auf Praktiken versteifen, gegen die sich ihre Frauen wehren. Das führt zu furchtbaren Kämpfen zwischen ihnen. Er verlangt von ihr Dinge, die sie abstoßen. Zudem werden bildliche Darstellungen und Masturbation zum Ersatz für die geschlechtliche Beziehung zwischen Mann und Frau.

Mit dem Weichzeichner aufgenommene Fotografien von wunderschönen Models und professionell produzierte Videos lassen die Realität im Vergleich langweilig erscheinen. Schließlich werden Frauen jeden Alters in pornographischen Darstellungen vergewaltigt, gequält und sexuell ausgebeutet, was zur Gewalt gegen Frauen im realen Leben beiträgt.

Die Straße nach nirgendwo

Ted Bundy verstand diese Gefahr. Als er dreizehn Jahre alt war, entdeckte er auf einem Müllhaufen in der Nähe seines Elternhauses „schmutzige Heftchen". Sofort war er von ihnen gefangengenommen. Mit der Zeit wuchs Bundys Abhängigkeit von gewalttätigen Bildern in Magazinen und Videos. Er berauschte sich an Darstellungen von Frauen, die gequält und umgebracht wurden. Als dies seinen Reiz verlor, gab es nur noch einen Weg, den seine Sucht nehmen konnte – aus der Fantasie in die Wirklichkeit.

Bundy, ein gutaussehender, intelligenter Jurastudent, lernte, Frauen auf verschiedene Weisen zu täuschen und in sein Auto zu locken. Er legte sich zum Beispiel einen Gips an Arm oder Bein an und ging mit einem Stapel Bücher über ein Universitätsgelände. Sah er eine interessante Studentin allein herumstehen oder -laufen, ließ er „aus Versehen“ die Bücher in ihrer Nähe fallen. Das Mädchen half ihm, sie wieder einzusammeln und zu seinem Auto zu bringen. Dann lockte oder stieß er sie in den Wagen, wo er sie zu seiner Gefangenen machte. Nachdem er das Mädchen vergewaltigt hatte und die Leidenschaft abgekühlt war, brachte er sie um und versteckte ihre Leiche.

Als Bundy verhaftet wurde, hatte er mindestens achtundzwanzig junge Frauen und Mädchen getötet – auf so grausame Weise, daß man es sich nicht vorstellen kann. Schließlich wurde Bundy für schuldig gesprochen, ein zwölfjähriges Mädchen getötet und ihre Leiche in einem Schweinestall versteckt zu haben, und dafür zum Tode verurteilt. Nach über zehn Jahren voller Berufungsverfahren und anderer rechtlicher Manöver, gab ein Richter schließlich die Order, Bundy hinzurichten. In jener Woche bat er einen Rechtsanwalt, mich anzurufen und darum zu bitten, daß ich für ein letztes Interview ins Staatsgefängnis des Staates Florida komme.

Als ich dort ankam, herrschte vor dem Gefängnis eine Zirkusähnliche Atmosphäre. Teenager trugen Schilder, auf denen zu lesen war „Brenne, Bundy, brenne“ und „Du bist tot, Ted“. In der Menge waren dreihundert Reporter, die gekommen waren, um eine Story über die letzten Stunden des Killers zu bekommen, doch Bundy weigerte sich, mit ihnen zu sprechen. Er hatte etwas Wichtiges zu sagen, und er glaubte den Medien nicht trauen zu können, daß sie es richtig wiedergaben. Daher wurde ich zusammen mit einem Kamerateam eingeladen, seine letzten Worte aus der Todeszelle aufzunehmen.

Ich werde dieses Erlebnis niemals vergessen. Ich mußte durch sieben Stahltüren gehen und durch Metalldetektoren, die so empfindlich waren, daß bereits meine Krawattennadel Alarm auslöste. Schließlich betrat ich eine innere Kammer, wo Bundy und ich uns treffen sollten. Er wurde hereingeführt, durchsucht und war während unseres Gesprächs von Gefängniswärtern umgeben. Mitten im Interview wurde das Licht plötzlich schwächer.

Ted sagte: „Warten Sie einen Augenblick. Es wird gleich wieder hell.“

Ich habe erst später verstanden, was passiert war. Der Gefangene wußte, daß seine Henker den elektrischen Stuhl testeten, auf dem er am folgenden Morgen sein Leben lassen würde.

Ted Bundy wollte etwas über Pornographie sagen

Was wollte Ted Bundy unbedingt noch sagen? Er glaubte, es der Gesellschaft schuldig zu sein, daß er sie vor den Gefahren harter Pornographie warnte und erklärte, wie diese ihn dazu gebracht hatte, unschuldige Frauen und Mädchen zu töten. Mit Tränen in den Augen beschrieb er das Monster, das immer dann von ihm Besitz ergriff, wenn er betrunken war. Sein Verlangen zu töten war stets von gewalttätiger Pornographie entfacht worden. Es folgt eine überarbeitete Niederschrift des Gesprächs, das nur siebzehn Stunden, bevor Ted zum elektrischen Stuhl geführt wurde, stattfand.

James Dobson: Ted, es ist etwa vierzehn Uhr dreißig. Auf morgen früh, sieben Uhr, ist Ihre Hinrichtung angesetzt. Was geht Ihnen durch den Kopf? Was für Gedanken haben Sie in den vergangenen Tagen gehabt?

Ted Bundy: Nun, ich will heute nicht versuchen, so zu tun, als sei das etwas, das ich unter Kontrolle hätte, oder etwas, über das ich Frieden gefunden hätte, denn das ist nicht wahr. Ich lebe von einem Moment auf den anderen.

Dobson: Gehen wir also zurück zu (Ihren) Wurzeln. Wenn ich richtig informiert bin, sind Sie in einer Familie aufgewachsen, die Sie als intakt bezeichnen würden.

Bundy: Absolut.

Dobson: Sie sind weder körperlich noch sexuell mißbraucht worden – und auch nicht emotional mißbraucht worden.

Bundy: Nein. Keineswegs. Darin liegt ja zum Teil die Tragödie dieser ganzen Situation, denn ich wuchs in einer wunderbaren Familie mit aufopferungsbereiten und liebenden Eltern auf. Es war eine gute und solide christliche Familie. Doch als Junge – und ich meine als Junge von zwölf oder dreizehn Jahren – stolperte ich draußen irgendwo über Soft-Pornos. Immer wieder gerieten wir an pornographische Literatur der härteren Sorte, anschaulicher, könnte man sagen. Und dazu gehörten auch solche Sachen wie Krimis...

Dobson: Und solche, die Gewaltdarstellungen enthielten.

Bundy: Ja, die schädlichste Sorte Pornographie ist die, in der sexuelle Gewalt dargestellt wird. Wenn sich diese zwei Kräfte vereinigen – und ich weiß, wovon ich spreche – führt es zu einem Verhalten, das zu furchtbar ist, als daß man es mit Worten beschreiben könnte.

Dobson: Ich will sichergehen, daß ich Sie nicht mißverstehe. Sie sind also in Ihrer Fantasie mit gedrucktem Material so weit gegangen, wie Sie konnten, und dann war da der Drang, diesen kleinen oder diesen großen Schritt in die Realität zu tun.

Bundy: Meine Erfahrung mit Pornographie, die Sexualität auf einer gewalttätigen Ebene darstellt, ist, wenn man erst einmal süchtig danach ist – und ich würde das als eine Art Sucht bezeichnen – wie bei anderen Süchten ... ich suche nach stärkerem, deutlicherem, anschaulicherem Material. Wie bei einer Sucht braucht man immer härtere und noch härtere Sachen – etwas, das einem noch größere Erregung verschafft. Bis man dann an den Punkt kommt, wo die Pornographie nicht mehr weitergeht. Man kommt an den Punkt, wo man sich fragt, ob es einem vielleicht mehr bringt, wenn man es wirklich tut, als wenn man es sich nur ansieht und darüber liest.

Dobson: Wissen Sie noch, was Sie über diesen Punkt hinausgetrieben hat?

Bundy: Ich wußte, daß ich es nicht mehr kontrollieren konnte. Diese Schranken, die man mir als Kind beigebracht hatte, die in mich hineingebrannt waren, reichten nicht aus, um mich davon zurückzuhalten, jemanden zu suchen und ihm zu schaden.

Dobson: Würden Sie es für angemessen halten, hier von Raserei, von sexueller Raserei zu sprechen?

Bundy: Ja, ich denke, so könnte man es ausdrücken. Ein innerer Zwang, ein Aufbauen destruktiver Energie. Aber ich denke, was der Alkohol in Verbindung mit meinem, sagen wir, Betrachten von Pornographie bewirkt hat [,ist, daß] der Alkohol zur gleichen Zeit meine Hemmungen herabgesetzt hat. Meine von der Pornographie angeregte Fantasie höhlte sie noch weiter aus, wissen Sie.

Dobson: In diesen frühen Tagen waren Sie fast immer halb betrunken, wenn Sie diese Dinge taten. Ist das richtig?

Bundy: Ja. Ja.

Dobson: Wenn ich es also richtig verstehe, tobt dieser Kampf in Ihnen. Auf der einen Seite sind die Konventionen, die man Sie gelehrt hat, auf der anderen Seite ist diese ungezügelte Leidenschaft, die getrieben wird von Ihrem Sturz in gewalttätige Pornographie.

Bundy: Also, ja. Das ist ein Hauptgesichtspunkt, und ich weiß nicht, warum ich so empfänglich dafür war. Ich weiß nur, daß die Wirkung, die das ganze Zeug auf mich hatte, so zentral in der Entwicklung des gewalttätigen Verhaltens war, das ich aufbaute.

Dobson: Ted, als Sie den ersten Mord begangen hatten, was hatte das für einen emotionalen Effekt auf Sie? Was geschah in den Tagen danach?

Bundy: Noch einmal, bitte verstehen Sie, daß es für mich, selbst nach all den Jahren, die inzwischen vergangen sind, sehr schwer ist, darüber zu reden und es dadurch noch einmal zu durchleben. Es war, als würde ich aus irgendeiner Art furchtbarer Trance oder einem Traum zurückkehren. Ich kann mich dem nur annähern und will es auch nicht überdramatisieren, aber von etwas so Grausamem und Fremdem besessen gewesen zu sein, und dann am nächsten Morgen aufzuwachen, sich zu erinnern, was geschehen war, und sich darüber klarzuwerden, daß man selbst im Grunde verantwortlich ist. Am Morgen aufzuwachen und mir bewußt zu werden, was ich getan hatte, mit einem klaren Kopf und all meinen moralischen und ethischen Empfindungen intakt in diesem Augenblick – ich war absolut entsetzt, daß ich fähig war, so etwas zu tun.

Dobson: Sie haben das wirklich nicht vorher gewußt?

Bundy: Ich möchte, daß die Menschen das verstehen. Im Grunde war ich ein normaler Mensch. Ich war keiner, der in Bars herumhing oder in ein Bordell ging. Ich war auch nicht pervers in dem Sinne, daß die Leute jemanden anschauen und sagen: „Ich weiß genau, mit dem stimmt etwas nicht; ich weiß nur nicht, was." Nein, ich war im wesentlichen ein normaler Mensch. Ich hatte gute Freunde. Ich führte ein normales Leben, bis auf diesen einzigen aber sehr mächtigen Bereich, den ich mit allen Mitteln geheimhielt, und von dem ich niemandem sonst erzählte. Und zum Teil bestand der große Schock und das Entsetzen für meine lieben Freunde und meine Familie, als ich vor Jahren festgenommen wurde, darin, daß es keine logische Erklärung gab. Sie sahen mich an, und sie sahen den typisch amerikanischen Jungen. Ich glaube, die Leute müssen sich darüber klarwerden, daß diejenigen von uns, die so sehr von Gewalt in den Medien – und besonders von pornographischer Gewalt – beeinflußt wurden, nicht von Natur aus Monster sind. Wir sind eure Söhne, und wir sind eure Ehemänner. Und wir sind in wohlbehüteten Familien aufgewachsen. Und Pornographie kann in jede Familie eindringen und ein Kind herausreißen. Ich wurde vor zwanzig, dreißig Jahren aus meiner Familie gerissen, so bemüht meine Eltern auch waren, und sie waren sehr bemüht, ihre Kinder zu schützen. Und so christlich mein Elternhaus auch war – wir hatten ein wunderbares christliches Zuhause -, es gibt keinen Schutz gegen die Einflüsse, die in einer nach allen Seiten offenen Gesellschaft wüten. *(Bundy bricht in Tränen aus.)*

Dobson: Ted, außerhalb dieser Mauern befinden sich im Augenblick mehrere hundert Reporter, die mit Ihnen sprechen wollten.

Bundy: Ja.

Dobson: Und Sie haben mich gebeten, von Kalifornien hierher zu kommen, weil es etwas gab, das Sie sagen wollten. Sie glauben, harte Pornographie und der Einstieg zu ihr, die Soft-Pornos, fügen anderen Menschen unvorstellbaren Schaden zu und führen dazu, daß Frauen mißbraucht und getötet werden.

Bundy: Hören Sie, ich bin kein Sozialwissenschaftler, und ich habe keine Umfragen durchgeführt. Ich meine, ich will gar nicht behaupten, daß ich weiß, was Otto Normalverbraucher darüber denkt. Aber ich habe jetzt eine ganze Weile im Gefängnis zugebracht. Und ich habe einen Haufen Männer getroffen, die, genau wie ich, gewalttätig geworden waren. Und jeder einzelne, ohne Ausnahme, hatte mit Pornographie zu tun – absolut jeder – durch und durch beeinflußt und gefangengenommen von der Sucht nach Pornographie. Es besteht kein Zweifel. Untersuchungen des FBI selbst belegen, daß das häufigste Interesse unter Serienmördern der Pornographie gilt.

Dobson: Das ist richtig.

Bundy: Und es ist real.

Dobson: Ted, wie wäre Ihr Leben ohne diesen Einfluß abgelaufen? Sie können da natürlich nur spekulieren.

Bundy: Ich bin mir absolut sicher, daß ich all diese Gewalttaten niemals begangen hätte.

Dobson: Eine der wichtigsten Fragen in Ihren wahrscheinlich letzten Stunden: Denken Sie an all die Opfer da draußen und an deren Familien, die so sehr verletzt sind?

Bundy: Absolut. Ich kann nur hoffen, daß diejenigen, denen ich geschadet habe, und diejenigen, denen ich so großen Schmerz zugefügt habe – selbst wenn sie mir meinen Kummer und meine Reue nicht glauben – glauben werden, was ich sage: heute in ihren Städten, in ihren Gemeinden, laufen Menschen wie ich frei herum, deren gefährliche Neigungen tagein, tagaus von Gewalt in den Medien in ihrer Vielfältigkeit genährt werden, vor allem von der Gewalt im sexuellen Bereich. Und was mir Angst macht – und lassen Sie uns jetzt in die Gegenwart kommen, denn das, worüber ich hier spreche, ist vor zwanzig, dreißig Jahren passiert, also in den Jahren, als das alles bei mir anfing. Und was mir Angst macht und mich entsetzt, Dr. Dobson, ist, wenn ich sehe, was im Kabelfernsehen gebracht wird. Einige der Filme, einiges an Gewalttätigkeiten in den Filmen, was heute in die Häuser kommt, hätte man vor dreißig Jahren nicht einmal in den Kinos gesehen, wo indizierte Filme gezeigt wurden. Das Zeug ist – und ich spreche da aus eigener Erfahrung – die plastischste Gewaltdarstellung auf dem Bildschirm. Besonders, wenn es in die Häuser kommt zu den Kindern, die vielleicht unbeaufsichtigt sind oder nicht ahnen, daß sie vielleicht ein Ted Bundy sind, der eine Empfänglichkeit hat für diese Art von Verhalten und diese Art von Gewalt.

Dobson: Können Sie mir helfen, diesen Desensibilisierungsprozeß zu verstehen, der bei Ihnen stattgefunden hat? Was ist in Ihrem Kopf vorgegangen?

Bundy: Jedesmal, wenn ich jemanden verletzt hatte, jedesmal, wenn ich jemanden getötet hatte, wurde ich hinterher von Entsetzen, Schuld, Reue schier überflutet. Doch dann kehrte dieser Impuls, es wieder zu tun, sogar noch stärker zurück. Was das Ganze so einzigartig macht, Dr. Dobson, ist, daß ich in meinem normalen Leben immer noch die volle Bandbreite von Schuld und Reue in bezug auf andere Dinge empfand. Bedauern und...

Dobson: Sie hatten diesen Bereich von allen anderen abgeschottet...

Bundy: ...ein abgeschotteter, genau abgegrenzter, sehr scharf abgegrenzter Bereich, in dem es wie in einem schwarzen Loch war. Es war wie ein Riß im Boden. Und alles, was in diesen Riß hineinfiel, verschwand einfach. Macht das Sinn?

Dobson: Allerdings. Einer der letzten von Ihnen begangenen Morde war der an der kleinen Kimberly Leach, zwölf Jahre alt. Ich denke, der öffentliche Aufschrei ist in diesem Fall noch viel größer, weil ein unschuldiges Kind von einem Spielplatz weggeholt wurde. Was haben Sie danach empfunden? Hatten Sie drei Tage später wieder die normalen Gefühle? Wo waren Sie, Ted?

Bundy: [ringt nach Worten] Ich kann darüber im Moment nicht sprechen. Ich würde Ihnen gerne schildern, was das für eine Erfahrung ist, aber ich kann es nicht. Ich werde nicht in der Lage sein, darüber zu sprechen...

(fährt fort) Ich kann nicht einmal ansatzweise verstehen – nun, ich kann es versuchen, aber ich bin mir darüber im klaren, daß ich nicht einmal ansatzweise verstehen kann, welch einen Schmerz die Eltern dieser Kinder – und der jungen Frauen, denen ich Schaden zugefügt habe – empfinden. Und ich kann ihnen nicht viel, wenn überhaupt etwas, zurückgeben, und ich will auch nicht so tun, als könnte ich es. Ich erwarte nicht, daß sie mir vergeben, und ich bitte sie auch nicht darum. Diese Art von Vergebung kann nur Gott gewähren.

Dobson: Verdienen Sie die Strafe, die der Staat Ihnen auferlegt hat?

Bundy: Das ist eine sehr gute Frage, und ich werde sie vollkommen aufrichtig beantworten. Ich möchte nicht sterben. Ich verdiene mit Sicherheit die härteste Strafe, die die Gesellschaft aussprechen kann, und ich denke, die Gesellschaft verdient es, vor mir und vor anderen wie mir geschützt zu werden. Das ist die Ironie. Ich spreche über etwas, das jenseits aller Vergeltung liegt, denn es besteht nicht die geringste Möglichkeit, daß durch meinen Tod diese wundervollen Kinder ihren Eltern zurückgegeben werden könnten und der Schmerz zurechtgebracht und gelindert werden könnte. Aber ich sage Ihnen, in diesem Land spielen heute noch eine Menge anderer Kinder in den Straßen, die morgen tot sein werden und übermorgen und am Tag darauf und im nächsten Monat, weil andere junge Menschen die Dinge lesen und die Dinge sehen, die heute in den Medien angeboten werden.

Dobson: Und doch haben Sie mir gestern abend erzählt, und ich habe es auch von anderen gehört, daß Sie die Vergebung Jesu Christi für sich angenommen haben, daß Sie sein Nachfolger sind und an ihn glauben. Bekommen Sie daraus Kraft, jetzt, in Ihren letzten Stunden?

Bundy: Das tue ich. Ich kann nicht behaupten, das Wandern im Tal des Todes wäre etwas, an das ich mich schon gewöhnt hätte, und daß ich stark wäre und mir über nichts mehr Sorgen machen würde. Hören Sie, das ist kein Spaß. Man wird irgendwie einsam, und trotzdem muß ich mich immer wieder selbst daran erinnern, daß jeder einzelne es früher oder später einmal auf die eine oder andere Weise durchmachen muß ... und unzählige Millionen anderer, die vor uns auf diesem Planeten gelebt haben, sind diesen Weg gegangen, also ist das nur eine Erfahrung, die wir alle gemein haben. Hier bin ich.

Mit diesen Worten wurde Ted Bundy abgeführt. Um sieben Uhr am folgenden Morgen schnallte man ihn auf den Elektrischen Stuhl, und seine Seele stieg in die Ewigkeit auf. Wenn es jemals ein Mensch verdient hat, hingerichtet zu werden, dann war es dieser Mann. Er tötete brutal und ohne Gnade und fügte den Familien und Freunden seiner Opfer unsagbaren Schmerz zu. Welch eine Tragödie! Es besteht immerhin die Möglichkeit, daß es niemals so weit gekommen wäre, hätte nicht jener dreizehn Jahre alte Junge auf einem Müllhaufen pornographische Magazine entdeckt. Er war einer jener Menschen, die äußerst empfänglich für Darstellungen sexueller Gewalt sind.

Bundy hatte recht damit, daß die meisten Serienmörder an harte Pornographie gebunden sind. Untersuchungen des FBI belegen dies. Natürlich wird nicht jede Person, die Obszönitäten ausgesetzt ist, zu einem Mörder, aber bei viel zu vielen ist es der Fall! Wenn in einem Land nur fünf oder zehn Menschen pro Jahr zu Serienmördern werden, und jeder von ihnen bringt achtundzwanzig Menschen um, dann ist das zuviel!

Leider ist unter den Männern unseres Kulturkreises die Bereitschaft, Frauen Schaden zuzufügen, viel weiter verbreitet. Zwei Meinungsforscher an der UCLA untersuchten diesen Impuls bei „normalen" Männern an der Universität. Sie fragten Hunderte männlicher Studenten: „Würden Sie eine Frau vergewaltigen, wenn Sie genau wüßten, daß Sie niemals gefaßt würden?" Mehr als fünfzig Prozent antworteten: „Ja."[1]

Pornographie führt oftmals zu gewalttätigen Verbrechen

Der gesunde Menschenverstand lehrt uns, daß es gefährlich und dumm ist, potentiell gewalttätigen Männern stark erotische Darstellungen von Vergewaltigungen, Mord und Folter zugänglich zu machen. Und doch unterliegt die Produktion und die Verbreitung von Pornographie in den USA nur sehr geringen Beschränkungen. Und wir dürfen eines nicht vergessen: Jäger lesen Jagdzeitschriften, Angler lesen Anglerzeitschriften, Computerspezialisten lesen Computerzeitschriften, und man kann mit Sicherheit davon ausgehen, daß Männer, die es erregend finden, Frauen sexuell zu belästigen, Zeitschriften lesen und Videos anschauen, in denen dieser furchtbare Mißbrauch dargestellt wird.

Was bedeutet all das für euch? Schlicht folgendes: Vergeßt nicht, daß Pornographie gefährlich ist. Sie kann die Gedanken gefangennehmen und sexuelle Intimität in der Ehe zerstören. Haltet euch davon fern. Ein Monster lauert hinter dieser Tür.

Im nächsten Kapitel wollen wir den Korridor ein wenig weiter entlanggehen und uns mit anderen Formen von Abhängigkeit beschäftigen.

12

Weitere Türen im Korridor

KAPITEL 12

Eure Generation ist auf unglaubliche Weise desinformiert worden über das Thema vorehelicher Geschlechtsverkehr, einer weiteren verführerischen Abhängigkeit, die wir hier behandeln müssen. Unsere Regierung trägt zum Teil die Verantwortung für die Verwirrung. Während der vergangenen zweiundzwanzig Jahre wurde ein Programm unterstützt, das den Namen „safe sex" (sicherer Sex) trägt, und bei dem es um den Gebrauch von Kondomen beim Geschlechtsverkehr geht. Umgerechnet mehr als viereinhalb Milliarden Mark wurden ausgegeben, um jungen Menschen zu erzählen, daß sie Sex haben könnten – viel und guten Sex –, ohne unter den Folgen leiden zu müssen.[1] Kondome, so sagen sie, werden alle Probleme lösen.

Und wie steht es damit? Wie verläßlich sind die Informationen, die im Sexualkundeunterricht ausgegeben wurden? Und wie sicher ist „sicherer Sex"?

Mit einem Wort: Die großen Kondom-Eskapaden waren eine gesellschaftliche Katastrophe. Wir sehen uns heute einer beispiellosen Epidemie von STDs (Sexually Transmitted Diseases, *durch Geschlechtsverkehr übertragene Krankheiten)* gegenüber. Wir hören täglich etwas über AIDS, welches nur eine der furchtbaren Krankheiten ist, die heute die Menschheit heimsuchen. Doch ist das nur die Spitze des Eisbergs. Über zwanzig weitere STDs wuchern in unserem Kulturkreis. Zahllose bakterielle Infektionen, die schmerzhafte und gefährliche Symptome hervorrufen, werden von Mensch zu Mensch übertragen. Jährlich treten eine Million Fälle von Beckenbauchfellentzündung auf.[2] Heute sind mehr Fälle von Syphilis bekannt als zu irgendeinem anderen Zeitpunkt seit der Entdeckung des Penicillin.[3] Die Gonorrhöe grassiert, die Chlamydieninfektionen jährlich sprechen ebenfalls eine deutliche Sprache.[4] Und so geht es weiter.

Zusätzlich zu den bakteriell bedingten STDs, von denen die meisten mit Antibiotika behandelt werden können, gibt es zahllose durch Viren hervorgerufene Infektionen, die nicht heilbar sind. Die US Centers for Disease Control (Zentren für Krankheitsüberwachung) haben berechnet, daß in den Vereinigten Staaten heute sechsundfünfzig Millionen Menschen einen durch Geschlechtsverkehr übertragenen Virus haben, und sie werden ihn für den Rest ihres Lebens nicht loswerden.[5] Einer von fünf Amerikanern ist mit einem unheilbaren, durch Geschlechtsverkehr übertragenen Virus infiziert! Darunter auch eine unter dem Namen Herpes bekannte Krankheit, an der in jedem Jahr 500.000 weitere Menschen erkranken.[6]

Die Statistiken zeichnen ein erschreckendes Bild

Diese Erkrankungen rufen nicht nur Schmerzen und Unwohlsein hervor; viele von ihnen führen zu Unfruchtbarkeit und anderen körperlichen Problemen, einige sind sogar tödlich. Ihr habt, wie gesagt, schon gehört, daß AIDS tödlich ist. Aber wußtet Ihr, daß es noch ein anderes Virus gibt, das unter Frauen weit mehr Opfer fordert als AIDS? Tausende von Frauen sterben Jahr für Jahr an den Folgen einer Infektion mit dem sogenannten Humanpapillomavirus (HPV).[7] Es bilden sich Warzen an den Genitalien, und bei einigen Patientinnen führt es sogar zu Gebärmutterhalskrebs. Es gibt sogar Schätzungen, nach denen in 90 Prozent aller Fälle von Gebärmutterhalskrebs HPV die Ursache ist, und das Virus kann nicht beseitigt werden, wenn es sich erst einmal im Körper befindet.[8]

Jetzt lest bitte aufmerksam weiter: An der University of California in Berkeley wurde eine medizinische Untersuchung durchgeführt. Alle jungen Frauen, die in das Gesundheitszentrum der Universität zur routinemäßigen Vorsorgeuntersuchung kamen – das Durchschnittsalter lag bei einundzwanzig Jahren – wurden auf HPV getestet. Könnt ihr euch vorstellen, daß 47 Prozent dieser Studentinnen dieses tödliche Virus in sich trugen? Jede einzelne von ihnen wird für den Rest ihres Lebens unter schmerzhaften Symptomen zu leiden haben, und einige werden an Gebärmutterhalskrebs sterben.[9]

Falls ihr den Eindruck habt, ich klinge verärgert wegen dem, was mit einer Generation junger Menschen geschehen ist, dann lest ihr richtig. All diese Fakten, die ich aufgezählt habe und die in medizinischen Fachzeitschriften dokumentiert sind, werden der Öffentlichkeit verschwiegen – vor allem werden sie denjenigen von euch verschwiegen, die im kritischen Jahrzehnt sind. Sexualkundelehrer erzählen diese Seite der Geschichte nur selten. Sie wollen nicht, daß ihr sie hört. Warum? Weil Millionen denjenigen zur Verfügung gestellt werden, die für den Gebrauch von Kondomen werben. Wer jedoch für Enthaltsamkeit wirbt, bekommt nichts oder fast nichts.

Was ist nun mit dem Kondom? Wie zuverlässig ist es? Wenn alle Menschen „sicheren Sex" praktizierten und sich niemals „ungeschütztem Geschlechtsverkehr" aussetzten, wäre dann nicht das Problem der Epidemien gelöst? Gute Frage. Wollen wir uns doch einmal die Fakten ansehen.

Das Problem mit den Kondomen

In den letzten Jahren sind zahlreiche medizinische Studien durchgeführt worden, um die Zuverlässigkeit von Kondomen zu untersuchen. Hier einige der Ergebnisse: Eine wichtige Untersuchung hat gezeigt, daß diese Hilfsmittel aus Latex jährlich in etwa 15,7 Prozent aller Fälle bei der Vermeidung von Schwangerschaften versagen.[10] Eine andere Studie besagt, daß es jährlich in 36 Prozent aller Fälle bei jungen, unverheirateten Frauen, die einer Minderheit angehören, trotz der Verwendung eines Kondoms zu einer Schwangerschaft kommt.[11] Betrachtet man diese Untersuchungsergebnisse, ist es offensichtlich, warum wir einen bestimmten Ausdruck für Menschen haben, die sich bei der Empfängnisverhütung auf Kondome verlassen. Wir nennen sie „Eltern".

Angesichts der Tatsache, daß eine Frau nur wenige Tage im Monat empfangen kann, können wir nur raten, wieviel höher die Fehlerquote von Kondomen sein muß, wenn es darum geht, Krankheiten zu vermeiden, die an 365 Tagen im Jahr übertragen werden können! Diejenigen, die sich auf solch eine unsichere Methode verlassen, müssen sie mit aller Sorgfalt bei jeder Gelegenheit anwenden, und selbst dann wird eine höhere Fehlerquote durch Faktoren hervorgerufen, auf die sie keinen Einfluß haben. Wenn das Kondom abrutscht oder reißt oder defekt ist oder in der Brieftasche oder Jackentasche austrocknet, dann werden Viren, Bakterien und Pilze ausgetauscht und der Krankheitsprozeß beginnt. Der Schaden ist in einem einzigen Augenblick angerichtet, wenn die rationale Überlegung von der Leidenschaft in den Hintergrund gedrängt wird. Ein Fehler nach fünfhundert „geschützten" Episoden genügt, um sich eine STD zuzuziehen. Lebenslange Schmerzen, eine ungewollte Schwangerschaft und sogar der Tod können der Preis für solch ein schmales Fenster des Vergnügens sein. Welch ein törichtes Spiel!

Es gibt noch ein weiteres bedeutendes Problem mit Kondomen. Sie bedecken nicht die gesamte Schamgegend. Einige Krankheiten können über den Ansatz des Penis oder über die Hoden übertragen werden. Selbst wenn also das Kondom seine Funktion wie erwartet erfüllt und während des Geschlechtsverkehrs kein Fehler gemacht wird, kann immer noch eine Krankheit übertragen werden. Wußtet ihr das?

Was sagen medizinische Statistiken über die Fähigkeit der Kondomen, die Übertragung von Viren zu vermeiden, die ja viel kleiner sind als Bakterien? Zum einen gibt es Beweise, daß das Human-Papilloma-Virus den Latex eines Kondoms durchdringen kann. Das würde auch die hohe Infektionsrate an Universitäten erklären.[12]

Was aber ist mit dem vermaledeiten HIV? Kann es das Material des Kondoms durchdringen, und wenn ja, wie häufig? Dieser wichtigen Frage ging man an der University of Texas Medical Branch in Galveston nach. Nach dem Vergleich von elf unabhängigen Studien kamen die Wissenschaftler zu dem Schluß, daß Kondome nur in 69 Prozent aller Fälle erfolgreich die Übertragung von HIV verhindern konnten. Für manche mag das beruhigend sein, bis man sich einmal bewußt macht, daß eine Fehlerquote von 31 Prozent eine große Zahl der Benutzer dem HI-Virus und schließlich dem Tod an AIDS aussetzt! Stellt euch vor, ihr habt eine Schußwaffe mit einem 100er Magazin und einunddreißig Schuß darin. Würdet ihr sie an den Kopf halten und abdrücken? Ich hoffe nicht. Auch medizinische Statistiker würden das nicht tun. Der Arzt, der die Untersuchung leitete, zog den Schluß: „Wenn es um die Übertragung von HIV beim Geschlechtsverkehr geht, besteht die einzig wirksame Vermeidung einer Ansteckung darin, nicht mit jemandem zu schlafen, der HIV-infiziert ist oder es sein könnte."[13]

Das ist vielleicht der Grund, warum nicht einer von 800 Sexualwissenschaftlern, die an einer Konferenz teilnahmen, die Hand hob, als gefragt wurde, wer von ihnen einem dünnen Gummischutz vertrauen würde, um ihn beim Geschlechtsverkehr mit einer bekanntermaßen HIV-infizierten Person zu schützen.[14] Ich mache ihnen keine Vorwürfe. Sie sind schließlich nicht verrückt. Und trotzdem sind sie nur zu sehr bereit, eurer Generation zu erzählen, „sicherer Sex" sei möglich, und ihr könntet ungestraft mit jedem und jeder ins Bett gehen. Das ist eine furchtbare Lüge.

STDS:
vergleichsweise weit verbreitet

Man muß nicht mit zahllosen Partnern schlafen, um sich eine STD einzufangen. Wenn ihr im Jahr intimen Kontakt zu zwei oder drei Menschen habt, die selbst mit einigen anderen geschlafen haben, dann werdet ihr euch infizieren. Das ist eine der Charakteristika einer Epidemie. Vielleicht habt ihr Glück, und man kann euere Krankheit behandeln. Aber darauf würde ich mich nicht verlassen. Einer von fünf Amerikanern hat dieses Spiel bereits verloren.[15]

Einer der Gründe, warum STDs so weit verbreitet sind, ist, daß die Mikroorganismen, die sie hervorrufen, fast unbegrenzt auf und in den Fortpflanzungsorganen verbleiben. Der Körper reinigt sich nicht selbst von ihnen. Jemand hat sogar einmal gesagt, daß man, wenn man mit jemandem schläft, auch mit allen anderen schläft, die mit dieser Person jemals Sex gehabt haben. Werden die Krankheitserreger, die sich im Laufe der Jahre angesammelt haben, nicht durch eine entsprechende Behandlung beseitigt, warten sie auf einen neuen Träger.

Und das bringt uns auf den Punkt: Es gibt nur eine Möglichkeit, uns vor den tödlichen Krankheiten zu schützen, die die Menschheit bedrohen. Und das ist Enthaltsamkeit vor der Ehe, dann die Heirat eines nichtinfizierten Partners und lebenslange gegenseitige Treue. Alles andere ist töricht und potentieller Selbstmord. Laßt euch von niemandem etwas anderes erzählen. Es gibt keinen „sicheren Sex“, genauso wenig wie es „sichere Sünde“ gibt. Über Tausende von Jahren hinweg haben Menschen nach Wegen gesucht, Gottes Gesetzen nicht zu gehorchen, ohne die Konsequenzen zu tragen. Das ist unmöglich. Die Schrift sagt uns, der Lohn für die Sünde ist der Tod, und wir tun gut daran, ihr zu glauben!

Was ich daher allen Unverheirateten empfehle, kommt direkt aus dem Wort: Meidet den vorehelichen Geschlechtsverkehr! Ich weiß, dieser Rat ist heutzutage nicht leicht in die Praxis umzusetzen. Aber ich habe die Regeln nicht gemacht. Ich gebe sie nur weiter. Gottes moralische Gesetze sind nicht dazu aufgestellt worden, um uns zu unterdrücken oder uns jeglicher Freude zu berauben. Sie sind dazu da, uns vor den Zerstörungen der Sünde zu bewahren, vor Krankheit, Kummer, Scheidung und geistlichem Tod. Enthaltsamkeit vor der Ehe und Treue danach gehören zu Gottes Plan, und niemand hat bisher eine Verbesserung dieses Plans vorschlagen können.

Lebensspendende Weisheit aus dem Wort

Der weiseste Mensch, der jemals gelebt hat, König Salomo, schrieb einen Brief an seinen Sohn, um ihn vor den Konsequenzen eines unmoralischen Lebenswandels zu warnen. Seine Worte sind für uns in Sprüche 6 (Vers 20 + 22-24) aufgezeichnet, und sie sprechen auf beredte Weise von den Gefahren des Ehebruchs. Hört auf die Leidenschaft eines Vaterherzens:

> Mein Sohn, bewahre das Gebot deines Vaters
> und laß nicht fahren die Weisung deiner Mutter...
> ...daß sie dich geleiten, wenn du gehst;
> daß sie dich bewachen, wenn du dich legst;
> daß sie zu dir sprechen, wenn du aufwachst.
> Denn das Gebot ist eine Leuchte
> und die Weisung ein Licht,
> und die Vermahnung
> ist der Weg des Lebens,

auf daß du bewahrt werdest vor der Frau deines Nächsten,
vor der glatten Zunge der Fremden.
Laß dich nach ihrer Schönheit nicht gelüsten in deinem Herzen,
und laß dich nicht fangen durch ihre Augenlider.
Denn eine Hure bringt einen nur ums Brot,
aber eines andern Ehefrau um das kostbare Leben.
Kann auch jemand ein Feuer unterm Gewand tragen,
ohne daß seine Kleider brennen?
Oder könnte jemand auf Kohlen gehen,
ohne daß seine Füße verbrannt würden?
So geht es dem, der zu seines Nächsten Frau geht;
es bleibt keiner ungestraft, der sie berührt.

An der Gültigkeit von Salomos Botschaft hat sich seit ihrer Niederschrift nichts geändert. Sie kommt zu uns durch die Korridore der Zeit und hallt heute mit der Autorität Gottes selbst wider. Salomo sagt uns, daß die göttlichen Gebote eine „Leuchte" sind, die uns den „Weg des Lebens" weist. Doch wer sie mißachtet, Mann oder Frau, wird die schmerzlichen Konsequenzen tragen müssen.

Auf ewig gereinigt durch Jesus

Nun ist es notwendig, daß ich diejenigen anspreche, die bereits die Tür des vorehelichen Geschlechtsverkehrs aufgestoßen haben. Das Monster wurde losgelassen. Ihr habt eure Jungfräulichkeit verloren und seid vielleicht schon seit Jahren sexuell aktiv. Vielleicht tragt ihr einen großen Haufen Schuld mit euch herum, weil ihr etwas getan habt, wovon ihr wußtet, daß es falsch war. Was sollt ihr jetzt tun? Gibt es für euch einen Weg zurück?

Ich bin froh, euch sagen zu können, daß Jesus Christus jedem vollkommene Vergebung anbietet, der seine Sünde bekennt, Buße tut und an seinen Namen glaubt. Welch ein Geschenk aus seinem edlen Herzen! Es gibt keine Sünden, die er nicht bereinigen könnte, und er hat versprochen, daß sie für immer vergessen sein werden. Er wirft sie in das Meer seines Vergessens und stellt an dessen Ufer ein Schild auf: „Angeln verboten!" Laßt mich euch einen wunderbaren Schriftabschnitt mitgeben, an dem ihr euch festhalten könnt, wenn böse Erinnerungen in euch hochkommen wollen:

> Er wird nicht für immer hadern
> noch ewig zornig bleiben.
> Er handelt nicht mit uns nach unsern Sünden
> und vergilt uns nicht nach unsrer Missetat.
> Denn so hoch der Himmel über der Erde ist,
> läßt er seine Gnade walten über denen, die ihn fürchten.
> So fern der Morgen ist vom Abend,
> läßt er unsre Übertretungen von uns sein.
> (Psalm 103,9-12)

Ist das nicht eine unglaubliche Verheißung? Jede Erinnerung an unsere Sünden kann bis auf die andere Seite des Universums verbannt werden. Gott selbst „vergißt" sogar die Untaten, die jene begangen haben, denen er vergeben hat. Daher ist es niemals zu spät, sein Leben in Ordnung zu bringen.

Selbst wenn ihr seit vielen Jahren mit verschiedenen Partnern geschlafen habt, könnt ihr immer noch eine „zweite Reinheit" erlangen. Das geschieht, wenn ihr euch von früheren sexuellen Sünden lossagt und den Entschluß faßt, mit niemandem mehr eine intime Beziehung einzugehen, bis ihr verheiratet seid. Es wird Disziplin erfordern, in dem langen Korridor zu bleiben, doch es wird die herrlichen Segnungen von Gesundheit, größerer Selbstachtung und, vor allem, Harmonie mit dem König mit sich bringen. Er wird euch dafür belohnen, daß ihr tut, was recht ist. Laßt uns zum Schluß noch einmal zurückkehren zu den Gedanken Salomos. Ihr erinnert euch, daß ich von einem „Monster" gesprochen habe, das sein Opfer ergreift und gefangenhält. Der weise alte König beschrieb seinem Sohn diese Gefahr auf folgende Weise:

> Denn eines jeden Wege liegen offen vor dem Herrn,
> und er hat acht auf aller Menschen Gänge.
> Den Gottlosen werden seine Missetaten fangen,
> und er wird mit den Stricken seiner Sünde gebunden.
> Er wird sterben, weil er Zucht nicht wollte,
> und um seiner großen Torheit willen wird er
> hingerafft werden.
> (Sprüche 5,21-23)

Es gibt einen besseren Weg!

13

Fragen vom Startblock

KAPITEL 13

Ich bin neunzehn Jahre alt, und stolz darauf, immer noch Jungfrau zu sein. Ich habe auch vor, es zu bleiben, bis ich heirate, obwohl es nicht immer leicht ist, seine Gefühle unter Kontrolle zu behalten. Haben Sie Vorschläge, die Menschen wie mir helfen können, in einer sehr unmoralischen Welt moralisch zu bleiben? Ich meine, fast alle, die ich kenne, haben schon mit irgend jemandem geschlafen, und ich will das nicht. Darum brauche ich Hilfe dabei, das zu tun, was richtig ist. Was schlagen Sie vor?

Nun, zuerst einmal muß ich sagen, daß ich deine Entschlossenheit bewundere, deine Jungfräulichkeit für deinen zukünftigen Ehemann zu bewahren. Du wirst diese Entscheidung niemals bereuen. Doch um an ihr festhalten zu können, mußt du verstehen, daß Sexualität von Natur aus progressiv ist. Die Beziehung zwischen einem Jungen und einem Mädchen wird intimer, je mehr Zeit die beiden miteinander verbringen.

Zu Beginn sind sie vielleicht mit Händehalten oder einem gelegentlichen Gutenachtkuß zufrieden. Doch typisch ist, daß die Beziehung von Woche zu Woche körperlicher wird, bis sie sich schließlich im Bett wiederfinden. Das ist die Macht der Sexualität in unserem Leben.

Ich habe einmal von einer Studie gelesen, die belegte, daß die meisten jungen Paare nach schätzungsweise dreihundert gemeinsam verbrachten Stunden, selbst wenn sie aufrichtig versuchten, sich moralisch zu verhalten, Dinge tun, die sie anfangs nicht vorgehabt hatten. Es wird ihnen vielleicht nicht einmal bewußt, daß ihre Beziehung in diese Richtung zielt, bis es dazu kommt.

Ich will damit sagen, daß die Entscheidung, keinen Geschlechtsverkehr zu haben, getroffen werden muß, lange bevor sich eine Gelegenheit dazu ergibt. Dann können Schritte unternommen werden, um den Prozeß zu verlangsamen, noch bevor es so weit kommt. Es funktioniert nicht, die einleitenden Intimitäten zuzulassen und dann darauf zu hoffen, daß man kurz vor dem Geschlechtsverkehr aufhören kann. Nur sehr wenige Menschen besitzen die dazu nötige Willenskraft.

Meidet Umstände, in denen sich ein Kompromiß anbietet.

Statt dessen muß schon sehr früh die Entscheidung getroffen werden, sich mit Küssen, Streicheleien und anderen Formen des körperlichen Kontakts Zeit zu lassen. Wo es in einer Beziehung versäumt wird, einige Gänge herunterzuschalten, kann der Weg in eine Richtung führen, die man zu Beginn niemals gewollt hatte.

Ein weiteres wichtiges Prinzip besteht darin, Umstände zu meiden, in denen sich ein Kompromiß anbietet. Ein Mädchen, das seine Jungfräulichkeit bewahren möchte, sollte sich nicht allein mit jemandem in einem Haus oder einem Schlafzimmer aufhalten, zu dem es sich hingezogen fühlt. Auch sollte sie keine Einzelverabredungen mit jemandem ausmachen, dem zu vertrauen sie keinerlei Anlaß hat. Ein Junge, der moralisch bleiben will, sollte sich von dem Mädchen fernhalten, von dem er weiß, daß sie mit ihm ins Bett gehen würde. Denkt an die Worte Salomos an seinen Sohn: „Geh einer solchen Frau aus dem Weg! Komm der Tür ihres Hauses nicht zu nahe!“ (Sprüche 5,8; Gute Nachricht)

Ich weiß, dieser Rat klingt sehr engstirnig in einer Zeit, in der man sich über Jungfräulichkeit lustig macht und Enthaltsamkeit für altmodisch hält. Doch ich entschuldige mich nicht dafür. Die Schrift ist ewig, und Gottes Maßstäbe, was Recht und was Unrecht ist, ändern sich nicht mit den Launen der Kultur. Er wird diejenigen ehren und ihnen helfen, die versuchen, seine Gebote zu halten. Der Apostel Paulus sagte, daß Gott „euch nicht versuchen läßt über eure Kraft" (1.Kor. 10,13). Halte dein Versprechen und benutze auch weiterhin deinen Kopf. Du wirst froh sein, daß du es getan hast.

Glauben Sie an die sogenannte „Doppelmoral"? Mit anderen Worten, ist es in Ordnung, wenn Jungen tun, was Mädchen nicht dürfen?

Ich glaube ganz gewiß nicht an eine Doppelmoral. Die Schrift unterscheidet nicht zwischen den Geschlechtern, wenn sie unmoralisches Verhalten verbietet. Für einen Jungen ist voreheliche Geschlechtsverkehr ebenso falsch wie für ein Mädchen. Trotzdem hat es einen Grund, warum für Mädchen in der Vergangenheit ein anderer Verhaltenskodex galt als für Jungen.

Ich könnte mir vorstellen, daß die Doppelmoral entstand, als Eltern feststellten, daß Mädchen durch eine sexuelle Erfahrung vor der Ehe leichter verletzt werden als Jungen. Natürlich werden nur Frauen schwanger, und ihr komplexes Fortpflanzungssystem ist wesentlich anfälliger für Erkrankungen und Infektionen. Auch im emotionalen Bereich haben Mädchen und Frauen mehr zu verlieren. Oftmals fühlen sie sich nach einer sexuellen Erfahrung verletzt und benutzt, wohingegen Männer die Episode vielleicht eher als eine weitere Trophäe betrachten. Aus diesem Grund sorgen sich Eltern und Lehrer oft mehr um die Mädchen und unternehmen Schritte, um ihre Jungfräulichkeit zu schützen.

Angesichts dieser geschlechterspezifischen Unterschiede war die sexuelle Revolution der größte Streich, den die Männer jemals den Frauen gespielt haben. Indem sie sie davon überzeugten, daß die alten Regeln ihre Gültigkeit verloren hätten und nun beide Partner die Initiative ergreifen könnten, brachten die Männer die Frauen dazu, das zu tun, was sie sich schon immer von Frauen gewünscht hatten. Aber welch ein Preis mußte für diese neue „Freiheit" gezahlt werden. Und, wie erwartet, waren es die Frauen, die mit der Rechnung sitzengelassen wurden.

Noch einmal: Die moralische Bedeutung eines häufigen Partnerwechsels ist für beide Geschlechter gleich, doch die körperlichen und emotionalen Folgen sind unverhältnismäßig. Frauen sind in der Regel die größeren Verlierer.

Ich war schockiert zu hören, daß so viele an einem durch Geschlechtsverkehr übertragenen Virus erkrankt sind und daß sie für den Rest ihres Lebens unter ihm leiden werden. Ich habe fünf Jahre Sexualkundeunterricht hinter mir, und niemand hat mir das jemals gesagt, auch nicht, daß es mehr als zwanzig STDs gibt, die in unserer Gesellschaft schon epidemische Ausmaße erreicht haben. Warum werden diese Informationen nicht an Teenager weitergegeben?

Ich denke, es ist ein Skandal, daß diese Fakten heutzutage jungen Menschen nicht zugänglich gemacht werden. Unsere Organisation, *Brennpunkt Familie* (Focus on the Family), hat eine ganzseitige Anzeige entworfen, über die wir versuchten, all diese Dinge bekannt zu machen. Sie stellte die Gefahren von Virus- und bakteriellen Infektionen dar und stützte sich durchweg auf medizinische Quellen. Diese Anzeige, die unter der Überschrift stand „Verteidigung von ein wenig Jungfräulichkeit“, ist bisher in 1.300 Zeitungen erschienen.

Wir haben Tausende zustimmender Briefe von jungen Leuten und Eltern bekommen, doch erstaunlicherweise hat die Anzeige auch einige Erziehungs- und Sexualwissenschaftler gegen uns aufgebracht. Warum? Darüber kann ich nur Vermutungen anstellen. Indirekt verdienen sie ihren Lebensunterhalt mit dem sexuellen Verhalten der Jugend. Die Organisation *Planned Parenthood* (geplante Elternschaft) zum Beispiel erhält jährlich über 100 Millionen Dollar aus staatlichen Zuschüssen und einige weitere Millionen von privaten Stiftungen, damit sie sich dieses Bereichs annimmt.[1]

Abtreibung ist ein eigener Industriezweig mit mehreren Milliarden Dollar Gesamtumsatz. Die Hersteller von Kondomen und anderer Verhütungsmittel profitieren in nicht unerheblichem Umfang von der Philosophie des freien Beischlafs. Es leuchtet durchaus ein, daß sie und andere, deren Lebensunterhalt von der sexuellen Aktivität der Jugendlichen abhängt, diese zu schützen versuchen. Wenn die jüngere Generation jemals von einer Welle der Moralität ergriffen würde, müßten sich viele der Menschen aus den entsprechenden Berufsgruppen nach einem neuen Lebensunterhalt umsehen.

Währenddessen leiden sechsundfünfzig Millionen von Menschen – viele von ihnen sind noch sehr jung – an unheilbaren Viruserkrankungen.[2] Sogar noch mehr haben bakterielle und Pilzinfektionen, die Unfruchtbarkeit und andere körperliche Probleme hervorrufen. Und natürlich werden in jedem Jahr Millionen Babys abgetrieben.[3] Es ist wahrlich an der Zeit, daß wir den jungen Menschen die Wahrheit sagen.

Der Informationsbedarf wird uns Mitarbeitern von „Focus on the Family" (Brennpunkt Familie) besonders deutlich. Wir bekommen herzzerreißende Post von sehr jungen Menschen, die zu einem zerstörerischen Verhalten verführt worden sind. Einige von ihnen sind noch Kinder, wie das Mädchen, von dem wir im vergangenen Jahr einen Brief bekamen. Sie schrieb:

Ich mache mir schon lange darüber Gedanken. Ich habe gehört, daß man nicht schwanger wird, wenn man in der Periode mit jemandem schläft. Wenn das nicht stimmt, habe ich ein Problem. Ich bin erst 11.

(gezeichnet) Sehr Besorgt

Welche Schande, daß wir zugelassen haben, daß unschuldige Kinder wie dieses in solch ein zerstörerisches Verhalten hineingezogen wurden, noch bevor für sie das Leben überhaupt richtig angefangen hatte. Wir müssen damit anfangen, ihnen die ganze Wahrheit über vorehelichen Geschlechtsverkehr und die daraus entstehenden Schwierigkeiten zu sagen.

Ihre Informationen über HPV fand ich besonders erschreckend. Sterben wirklich pro Jahr Tausende von Frauen an Krebs, den dieses Virus hervorgerufen hat? Es erscheint mir unverantwortlich, daß man über so etwas kein Wort in den einschlägigen Jugendzeitschriften lesen kann.

Es wird Zeit, daß wir den jungen Menschen die Wahrheit sagen.

Da kann ich nur von Herzen zustimmen, und ich kann euch versichern, daß die Opfer des HP-Virus ganz genauso denken. Ich möchte einen Brief von einer jungen Frau zitieren, die sich dieses Virus zugezogen hat, aber bisher noch keinen Gebärmutterhalskrebs entwickelt hat. Sie schreibt sehr dramatisch:

Sehr geehrter Dr. Dobson,

in einer Ihrer Radiosendungen haben Sie darauf hingewiesen, daß das Virus eine Displasie der Cervix und daraus folgend auch Gebärmutterhalskrebs verursachen kann. Das ist sicherlich sehr tragisch. Doch hat es auch viele andere Wirkungen, über die ich bisher noch nirgendwo etwas gelesen habe.

Ich will Ihnen von dieser Krankheit berichten, und davon, was für Auswirkungen sie auf mein Leben hat. Ich bin fünfundzwanzig Jahre alt und Studentin. Ich bin nach wie vor alleinstehend und kinderlos. Dieses Singledasein ist eine direkte Folge meiner körperlichen Verfassung. Die letzten vier Jahre meines Lebens habe ich unter chronischen Schmerzen gelitten, habe zwei ambulante Operationen und mehrere Biopsien über mich ergehen lassen, Tausende von Dollar für Medikamente ausgegeben und keine Hoffnung. Das Problem besteht in einer schweren resistenten Infektion. Mein Zustand kann so schlimm werden, daß die Schmerzen schier unerträglich sind. Eine sexuelle Beziehung oder die Möglichkeit zu heiraten stehen vollkommen außer Frage.

Die Isolation ist wie ein Messer, das mir Tag für Tag das Herz aus dem Leib schneidet. Depression, Wut, Hoffnungslosigkeit und ein drastisch reduziertes gesellschaftliches und religiöses Leben sind die Folge. Die Ärzte sagen, sie begegnen diesem Krankheitsbild immer häufiger. Frauen sind dazu verurteilt zuzuschauen, während andere leben, heiraten und Kinder zur Welt bringen. Bitte nehmen sie das, was ich hier geschrieben habe, in eine ihrer Sendungen hinein.

Vielen Dank, daß Sie zugehört haben, Dr. Dobson. Dieses Hindernis ist das eine, das ich bisher nicht habe überwinden können.

Man hört heutzutage so vieles über Homosexualität. Welche Haltung sollten Christen einnnehmen?

Das ist eine sehr wichtige Frage, denn sie schneidet einen Bereich an, über den bei uns große Unklarheit herrscht. Ich bin davon überzeugt, daß es Christen von der Schrift her geboten ist, alle Menschen zu lieben und sich um sie zu kümmern. Auch jene, die in unmoralischen Umständen leben, haben das Recht darauf, mit Würde und Respekt behandelt zu werden. Da ist kein Raum für Haß, verletzende Scherze oder andere Formen der Zurückweisung Homosexuellen gegenüber.

Vergeßt nicht, daß Jesus mehr Verständnis hatte für die Frau, die auf frischer Tat beim Ehebruch ertappt worden war – in jenen Tagen ein Kapitalverbrechen – als für die Heuchler in der Gemeinde. Das ist unser Vorbild dafür, wie wir mit Menschen umgehen sollen, die in Sünde leben. Wir sollen sogar versuchen, diejenigen, die Jesus Christus nicht kennen, zu erreichen, und das ist schlicht unmöglich in einer feindseligen Atmosphäre.

Nachdem dies gesagt ist, möchte ich darauf hinweisen, daß wir verpflichtet sind, unsere Wertmaßstäbe und unsere Definition von richtig und falsch aus der Schrift herzuleiten. Es ist vollkommen unerheblich, was ich denke, oder was ihr denkt. Die Frage lautet vielmehr, was denkt Gott, und zu diesem Thema hat er sich sehr deutlich ausgedrückt. Werfen wir einen Blick auf die biblischen Aussagen zur Homosexualität.

„Wenn jemand bei einem Manne liegt wie bei einer Frau, so haben sie getan, was ein Greuel ist." (3. Mose 20,13)

„Während sie noch in aller Ruhe beim Mahl saßen, umstellten plötzlich die Männer der Stadt das Haus. Es waren verruchte Leute, sie trommelten gegen die Tür und forderten den Besitzer des Hauses auf: »Bring uns den Mann heraus, der bei dir eingekehrt ist! Wir wollen mit ihm Verkehr haben.«

Der alte Mann ging zu ihnen hinaus und sagte: »Nicht doch, Leute, tut nicht so etwas Gemeines!«" (Richter 19,22-23; Gute Nachricht)

„Darum hat sie Gott dahingegeben in schändliche Leidenschaften; denn ihre Frauen haben den natürlichen Verkehr vertauscht mit dem widernatürlichen; desgleichen haben auch die Männer den natürlichen Verkehr mit der Frau verlassen und sind in Begierde zueinander entbrannt und haben Mann mit Mann Schande getrieben und den Lohn ihrer Verirrung, wie es ja sein mußte, an sich selbst empfangen." (Röm. 1,26-27)

„Denkt daran: für Menschen, die Unrecht tun, hat Gott keinen Platz in seiner neuen Welt. Macht euch nichts vor! Menschen, die Unzucht treiben oder Götzen anbeten, die die Ehe brechen oder mit Partnern aus dem eigenen Geschlecht verkehren, Diebe, Wucherer, Trinker, Verleumder und Räuber werden nicht in Gottes neue Welt kommen."(1. Kor. 6,9-10; Gute Nachricht)

„Wir dagegen wissen: Das Gesetz ist gut, wenn man es in der rechten Weise gebraucht. Man darf nämlich eines nicht vergessen: Das Gesetz ist nicht für Menschen da, die tun, was Gott will, sondern für solche, die sich um Recht und Ordnung nicht kümmern. Es ist für Sünder bestimmt, die Gott und seine Gebote verachten, für Leute, die Vater und Mutter töten, Mord und Unzucht begehen und Knaben mißbrauchen, für Menschenhändler und solche, die lügen und falsche Zeugenaussagen machen oder sonst etwas tun, was im Widerspruch zur rechten Lehre steht." (1. Tim. 1,8-10; Gute Nachricht)

Es ist offensichtlich, daß diese Schriftstellen wenig Raum zur Diskussion lassen. Die einzige Möglichkeit, ihre Botschaft abzulehnen, ist, die Autorität des Wortes Gottes abzulehnen. Doch möchte ich auch darauf hinweisen, daß viele eben dieser Texte und zahllose andere mit ebenso großem Eifer voreheliche Heterosexualität verdammen. Unmoral ist unmoralisch, ganz gleich ob man es mit Menschen des gleichen oder des anderen Geschlechts treibt. In beiden Fällen besteht unsere Verantwortung darin, Sünde beim Namen zu nennen und Männer und Frauen gleichermaßen zu einem Leben in Reinheit und Heiligkeit anzuhalten.

Unsere Verantwortung besteht darin, Männer und Frauen gleichermaßen zu einem Leben in Reinheit und Heiligkeit anzuhalten.

Es gibt noch einen weiteren Aspekt dieses Themenbereichs, der einer Klärung bedarf. Während wir auf der einen Seite verpflichtet sind, homosexuelle Menschen mit Respekt zu behandeln, sind wir gleichzeitig moralisch verpflichtet, uns dem radikalen Programm der homosexuellen Bewegungen entgegenzustellen. Was sie in unserer Kultur zu erreichen versuchen, ist falsch, und daher müssen wir dagegen Widerstand leisten.

Dieses Programm beinhaltet das Lehren pro-homosexueller Konzepte in staatlichen Schulen, die Familie soll umdefiniert werden als

„jeder Kreis von Menschen, die einander lieben". Dieses Programm will auch das Recht homosexueller Paare auf Adoption durchsetzen sowie einen speziellen rechtlichen Status für jene, die sich selbst als schwul oder lesbisch bezeichnen. Ich werde mir an dieser Stelle nicht die Zeit nehmen zu erklären, in welcher Beziehung jedes einzelne dieser Ziele schädlich ist, doch wir müssen uns ihnen widersetzen.

Glauben Sie, AIDS ist eine Plage Gottes, um Homosexuelle und andere unmoralisch lebenden Menschen zu bestrafen?

Ich würde sagen, nein, da Säuglinge, die die Verantwortung für ihr Handeln noch nicht selbst übernehmen können, ebenfalls darunter leiden. Aber betrachte es doch einmal aus folgendem Blickwinkel: Wenn ich vom Dach eines zehnstöckigen Gebäudes springe, werde ich tödlich verunglücken, wenn mein Körper auf dem Boden aufschlägt. Doch hat Gott die Schwerkraft nicht erschaffen, um meine Dummheit zu bestrafen. Er hat physikalische Gesetze eingerichtet, die nur unter großer Gefahr verletzt werden können. Ebenso verhält es sich mit seinen moralischen Gesetzen. Sie sind so real und vorhersehbar, wie die Prinzipien, die das physikalische Universum regieren.

Somit wußten wir schon 1968, in den Anfängen der sexuellen Revolution, daß dieser Tag der Krankheit und der Unmoral kommen würde. Er ist da, und das, was wir aus unserer Situation machen, wird einen bedeutenden Einfluß darauf haben, wie sehr wir und unsere Kinder in der Zukunft leiden müssen.

Gott schuf die moralische Basis für das Universum, bevor er den Himmel und die Erde erschuf. Sein Konzept von falsch und richtig war kein Nachsatz, der an die Zehn Gebote angehängt war. Nein, sondern es war der Ausdruck der göttlichen Natur Gottes, und es war schon vor „dem Anfang" in Kraft.

Wir können das nachlesen in Sprüche 8,22-30.32-36, wo von dem universellen Moralgesetz in der ersten Person gesprochen wird:

> „Der Herr hat mich schon gehabt im Anfang seiner Wege,
> ehe er etwas schuf, von Anbeginn her.
> Ich bin eingesetzt von Ewigkeit her,
> im Anfang, ehe die Erde war.

Als die Meere noch nicht waren, ward ich geboren,
als die Quellen noch nicht waren, die von Wasser fließen.
Ehe denn die Berge eingesenkt waren,
vor den Hügeln ward ich geboren,
als er die Erde noch nicht gemacht hatte
noch die Fluren darauf noch die Schollen des Erdbodens.
Als er die Himmel bereitete, war ich da,
als er den Kreis zog über den Fluten der Tiefe,
als er die Wolken droben mächtig machte,
als er stark machte die Quellen der Tiefe,
als er dem Meer seine Grenze setzte
und den Wassern, daß sie nicht überschreiten seinen Befehl;
als er die Grundfesten der Erde legte,
da war ich als sein Liebling bei ihm;
ich war seine Lust täglich
und spielte vor ihm allezeit;
So hört nun auf mich, meine Söhne!
Wohl denen, die meine Wege einhalten!
Höret die Mahnung und werdet weise
und schlagt sie nicht in den Wind!
Wohl dem Menschen, der mir gehorcht,
daß er wache an meiner Tür täglich,
daß er hüte die Pfosten meiner Tore!
Wer mich findet, der findet das Leben
und erlangt Wohlgefallen vom Herrn.
Wer aber mich verfehlt, zerstört sein Leben;
alle, die mich hassen, lieben den Tod.“

Dieser Schriftabschnitt spricht eine nur allzu deutliche Sprache, und er ist auf unmoralisches Verhalten sowohl im Bereich der Homosexualität als auch der Heterosexualität anzuwenden. Wenn wir unser Verhalten an Gottes Moralvorschriften ausrichten, haben wir ein Anrecht auf die süßen Segnungen des Lebens. Doch wenn wir uns seinen Anordnungen widersetzen, ist der Tod die unausweichliche Folge. AIDS ist dabei nur eine der vielen breiten Straßen, auf denen der Tod zu jenen kommt, die mit Gottes ewigem Moralgesetz Russisches Roulette spielen.

Ist Homosexualität erblich oder ist sie eine erworbene Charaktereigenschaft?

Über diese Frage gibt es eine bedeutende Kontroverse, in erster Linie deshalb, weil die Befürworter der Homosexualität die Menschen glauben machen wollen, Homosexualität sei eine unfreiwillige, weil angeborene Charaktereigenschaft. Wenn die Impulse zu einem schwulen oder lesbischen Leben keine Folge der eigenen Wahl sind, können diejenigen, die Homosexualität praktizieren, auch nicht für das, was sie sind, verantwortlich gemacht werden. Diese Position kann jedoch nicht durch Fakten gestützt werden, was ich glaube mit folgender Argumentation deutlich machen zu können:

Erstens: Wäre Homosexualität wirklich ein angeborener Charakterzug, müßten alle eineiigen Zwillinge ihn entweder aufweisen oder nicht. Ihre Gene sind exakte Duplikate, also muß alles, was sich direkt auf das genetische Material zurückführen läßt, bei beiden in gleichem Ausmaß seinen Ausdruck finden. Das ist nicht der Fall. Es gibt Tausende eineiiger Zwillinge, von denen nur einer homosexuell ist.

Zweitens: Erbliche Charaktereigenschaften, die nicht an die nächste Generation weitergegeben werden, werden aus dem Genpool entfernt. Da homosexuelle Paare seltener die Elternschaft erleben als heterosexuelle Paare, sollte in der Bevölkerung die Zahl der Menschen mit homosexuellen Neigungen drastisch zurückgehen – besonders angesichts der vielen tausend Jahre, seit denen die Menschheit schon auf diesem Planeten lebt.

Drittens: Die Schrift spricht von Epidemien von Homosexualität, die in bestimmten Kulturen aufgetreten sind. Römer 1,26-27 (oben bereits zitiert) erwähnt zum Beispiel solch einen Fall im alten Rom: „Darum hat sie Gott dahingegeben in schändliche Leidenschaften; denn ihre Frauen haben den natürlichen Verkehr vertauscht mit dem widernatürlichen; desgleichen haben auch die Männer den natürlichen Verkehr mit der Frau verlassen und sind in Begierde zueinander entbrannt und haben Mann mit Mann Schande getrieben und den Lohn ihrer Verirrung, wie es ja sein mußte, an sich selbst empfangen.“ (Der letzte Satz klingt wie ein Hinweis auf durch Geschlechtsverkehr übertragene Krankheiten, nicht wahr?)

Noch einmal: Würde Homosexualität von Generation zu Generation vererbt, müßte sie über die Zeit eine Konstante darstellen. Es gäbe keine Wellen und Epidemien, wie der Apostel Paulus sie beschreibt und wie wir sie heute sehen können.

Gott ist unendlich vernünftig und gerecht.

Viertens: Gott ist unendlich vernünftig und gerecht. Ich glaube nicht, daß er über die Homosexualität in seinem Wort als verwerfliche Sünde sprechen und sie in einer Reihe mit den abstoßendsten menschlichen Verhaltensweisen auflisten würde, wenn Männer und Frauen keine Verantwortung für ihren homosexuellen Lebenswandel trügen. So handelt Gott nicht!

Während die Homosexualität auf der einen Seite keine genetisch bedingte Charaktereigenschaft ist, muß auf der anderen Seite gesehen werden, daß sie oftmals bei denjenigen auftritt, die sie sich nicht ausgesucht haben. Kinder, die sexuell mißbraucht wurden, die in schwierigen Familienverhältnissen aufgewachsen sind oder die andere traumatische Erfahrungen gemacht haben, sind einem homosexuellen Lebensstil möglicherweise eher zugeneigt als andere Kinder. Andere fühlen sich zu einer homosexuellen Lebensart hingezogen, ohne daß irgendwelche entsprechenden Einflüsse zu erkennen sind. Solche Menschen brauchen unsere Fürsorge und unser Mitgefühl in ihrem Kampf gegen die Kräfte in ihnen. Wir können sie annehmen, ohne ein Verhalten billigen zu müssen, das die Bibel verdammt.

Was halten Sie davon, wenn ein Mädchen einen Jungen scharfgemacht hat? Wenn sie mit ihm geflirtet hat und mit ihm in eine Wohnung gegangen ist oder an irgendeinen Ort, wo sie nicht sein dürfte, hat er dann nicht das Recht, mit ihr zu schlafen?

Ein Mann hat niemals, unter keinen Umständen das Recht, eine Frau dazu zu zwingen, mit ihm zu schlafen. Sie muß zu jedem beliebigen Zeitpunkt nein sagen können, und er muß diese Zurückweisung akzeptieren. Es ist verbrecherisch, daß heutzutage so viele Frauen und Mädchen vergewaltigt werden. Sechzig Prozent aller Frauen, die ihre Jungfräulichkeit verloren, bevor sie fünfzehn waren, geben an, daß ihre erste sexuelle Erfahrung erzwungen wurde![4] Das ist eine Tragödie mit weitreichenden Konsequenzen.

Was mir Sorgen bereitet, ist, daß die Gesellschaft junge Männer gelehrt hat, sie hätten das Recht, junge Frauen zum Sex zu zwingen. In der Studie eines Krisenzentrums für Vergewaltigungen wurden 1.700 Schüler zwischen der sechsten und der neunten Jahrgangsstufe gefragt, ob einem Mann das Recht zugesprochen werden sollte, eine Frau unter bestimmten Umständen zum Geschlechtsverkehr mit ihm zu zwingen. Fünfundsechzig Prozent der Jungen und siebenundvierzig Prozent der Mädchen sagten, ein Junge habe das Recht dazu, wenn sie schon sechs Monate oder länger mit einem Mädchen gingen! Und einundfünfzig Prozent der Jungen sagten, ein Mann habe das Recht, von einer Frau einen Kuß zu erzwingen, wenn er „einen Haufen Geld in sie gesteckt" habe – wobei der Betrag von Zwölfjährigen auf fünfzehn bis zwanzig Mark festgesetzt wurde.

Kein Wunder, daß sich Frauen heute so oft in der Defensive wiederfinden. Männer gehen wie selbstverständlich davon aus, daß sie sich ihnen hingeben, wenn sie nur ein paar Scheine für sie ausgegeben haben.[5]

Ich möchte mit einem Gedanken schließen, den mein Vater niederschrieb, bevor er starb. Wenn ihr ihn in euer Wertesystem aufnehmt, wird er euch wertvolle Dienste leisten als Anleitung zum Umgang mit eurer sexuellen Energie:

„Starkes Verlangen ist wie ein Fluß. Solange er innerhalb der Ufer des Willens Gottes dahinfließt – sei die Strömung stark oder schwach – ist alles gut. Doch bricht er aus diesen Grenzen aus und sucht sich seine eigenen Kanäle, dann lauert dort in seinem schäumenden Tosen die Katastrophe."

14

Wenn du Gott nicht mehr verstehst

KAPITEL 14

Ich möchte nun eure Aufmerksamkeit auf ein Konzept lenken, das euch helfen wird, in allen Schwierigkeiten und Herausforderungen beim Start ins Leben innerlich fest zu bleiben. Die folgenden Ausführungen stammen zum Teil aus meinem Buch „Wenn du Gott nicht mehr verstehst" (Hänssler Verlag), und sie beschäftigen sich mit unserer Unfähigkeit, alles zu erklären, was Gott in unserem Leben tut, besonders dann, wenn sich drohende Gewitterwolken zusammenziehen. Ich will mit einigen Beispielen für diese Art von Verwirrung beginnen.

Chuck Frye war ein hochintelligenter junger Mann von 17 Jahren, akademisch gebildet und fest entschlossen, etwas aus seinem Leben zu machen. Nachdem er als einer der Besten in seiner Klasse die höhere Schule abgeschlossen hatte, ging er auf die Universität, wo er sich auch weiterhin in allen Fächern hervortat. Nachdem er sein Diplom erworben hatte, bewarb er sich um eine Aufnahme an verschiedenen medizinischen Fakultäten. Der Wettbewerb dort war und ist überaus hart. Ich war damals Professor an der medizinischen Fakultät der Southern California University, wo jedes Jahr von rund 6000 Bewerbern nur 106 zum Studium zugelassen wurden. Das war typisch für alle medizinischen Studienlehrgänge auf diesem Gebiet. Obwohl die Chancen so schlecht standen, wurde Chuck an der medizinischen Fakultät der Universität Arizona aufgenommen und begann sein ordentliches Studium im September.

Während dieses ersten Semesters dachte Chuck häufig über den Anspruch nach, den Gott auf sein Leben erhob. Er hatte allmählich das Gefühl, daß er auf das bislang angestrebte Berufsziel, Medizintechniker in irgendeiner gutgehenden Praxis zu werden, verzichten und statt dessen Gott in der Fremde dienen sollte. Daraus wurde schließlich ein fester Plan für die Zukunft. Am Ende seines ersten

Studienjahres begann Chuck jedoch, sich nicht wohl zu fühlen. Er litt unter einer merkwürdigen, hartnäckigen Müdigkeit. Er besorgte sich einen Termin für eine ärztliche Untersuchung im Mai und erfuhr bald darauf die Diagnose: akute Leukämie. Im November war Chuck Frye tot.

Wie konnten Chucks vom Schmerz gebeugte Eltern damals verstehen – und wie können wir heute verstehen –, was dieses unbegreifliche Handeln Gottes zu bedeuten hatte? Dieser junge Mann liebte Jesus Christus von ganzem Herzen und wünschte sich nichts mehr, als seinen Willen zu tun. Warum mußte er in der Blüte seiner Jahre sterben, obwohl so viele gottesfürchtige Mitglieder seiner Familie und treue Freunde unter Tränen für seine Genesung gebetet hatten? Der Herr sagte offenkundig nein zu ihnen allen. Aber warum?

Tausende junge Mediziner schließen jedes Jahr ihre Ausbildung ab und ergreifen den Beruf eines Arztes, manche aus weitaus weniger bewundernswerten Motiven. Eine winzige Minderheit hat die Absicht, ihr Berufsleben im Dienste der Armen und Ausgestoßenen dieser Welt zu verbringen. Aber hier war eine wunderbare Ausnahme – wäre es ihm nur vergönnt gewesen zu leben. Chuck hätte Tausenden armen und bedürftigen Menschen helfen können, die sonst leiden und in völliger Hoffnungslosigkeit sterben würden. Er hätte nicht nur ihre körperlichen Leiden lindern können; sein innigstes Anliegen war es, denjenigen das Evangelium zu bringen, die noch niemals die wunderbarste aller Geschichten gehört hatten. Sein Tod ergab also einfach keinen Sinn. Stellt euch mit mir zusammen all die vielen todkranken Menschen vor, denen Dr. Chuch Frye in seinem Leben hätte begegnen können; manche krebskrank, andere tuberkulös, wieder andere mit angeborenen Leiden, und einige davon zu jung, um ihren Schmerz überhaupt zu verstehen. Warum sollte die göttliche Vorsehung ihnen seinen hingebungsvollen Dienst vorenthalten?

Die Geschichte der Familie Frye hat noch eine weitere Dimension, die das Bild erst vollständig macht. Chuck war verlobt und wollte in diesem ersten Studienjahr an der medizinischen Fakultät heiraten. Seine Verlobte hieß Karen Ernst, und sie glaubte ebenfalls von ganzem Herzen an Jesus Christus. Sie erfuhr sechs Wochen nach ihrer Verlobung von Chucks unheilbarer Erkrankung, aber sie beschloß, ihre Hochzeitspläne trotzdem zu verwirklichen. Sie wurden im Juli Mann und Frau, weniger als vier Monate vor seinem tragischen Tod. Danach ließ Karen sich in die medizinische Fakultät einschreiben, und nachdem sie ihren Doktortitel erlangt hatte, wurde sie Missionsärztin in Swaziland in Südafrika. Sie arbeitete dort bis 1992 in einem von der Kirche finanzierten Krankenhaus. Ich bin überzeugt, daß auch sie – wie so viele andere – sich fragt, warum ihr hochbegabter junger Gatte seine Berufung als ihr medizinischer Mitarbeiter nicht erfüllen durfte. Und ja, auch ich selbst frage mich das.

Die größten Theologen der Welt könnten sich die nächsten fünfzig Jahre hindurch über das Dilemma, vor das Chuch Fryes Tod sie stellt, den Kopf zerbrechen, aber sie werden wohl kaum eine zufriedenstellende Antwort zustande bringen. Die Absicht, die Gott mit dem Tod dieses jungen Mannes verfolgte, ist ein Geheimnis und soll es auch bleiben. Warum hatte Chuck nach vielen Gebeten die Möglichkeit erhalten, die medizinische Fakultät zu besuchen, wenn er seine Ausbildung niemals abschließen sollte? Von wo kam der Ruf zur Mission, auf den er reagierte? Warum gab Gott einem jungen Menschen so viel Talent, wenn dieser niemals eine Gelegenheit haben sollte, davon Gebrauch zu machen? Und warum wurde das Leben eines so reifen und vielversprechenden Mannes so abrupt beendet, während so viele Drogenabhängige, Alkoholiker und Taugenichtse bis ins hohe Alter als eine Belastung für die Gesellschaft dahinvegetieren? Diese beunruhigenden Fragen sind leichter gestellt als beantwortet. Und es gibt noch viel mehr davon.

Wir können nur fragen: „Warum?"

Der Herr hat noch nicht enthüllt, aus welchem Grund er den Flugabsturz zuließ, der 1987 das Leben meiner vier Freunde forderte. Sie gehörten zu den großartigsten Christen, die ich je kennengelernt habe. Hugo Schoellkopf war Unternehmer und ein außergewöhnlich fähiges Mitglied des Direktoriums von „Brennpunkt Familie". George Clark war Bankdirektor und ein Riese von einem Mann. Dr. Trevor Mabrey war ein begabter Chirurg, der fast die Hälfte seiner

Operationen kostenlos für die Patienten durchführte. Er hatte ein mitfühlendes Herz für jeden, der finanziell in der Klemme steckte. Und Creath Davis war Pastor und Schriftsteller und wurde von Tausenden geliebt. Sie waren enge Freunde, die sich regelmäßig trafen, um das Wort Gottes zu studieren und sich zu vergewissern, daß sie in dem, was sie dabei lernten, einträchtig übereinstimmten. Ich habe diese vier Männer geliebt. Ich war am Abend vor ihrem letzten Flug mit ihnen zusammen, an dem Abend, bevor ihr zweimotoriges Flugzeug in den Bergen in Wyoming abstürzte. Es gab keine Überlebenden. Nun müssen ihre Frauen und Kinder, die sie so sehr schätzten, sich allein durchs Leben schlagen. Warum? Welchem Zweck diente dieser tragische Verlust? Warum müssen Hugo und Gails beiden Söhne, die jüngsten Kinder der vier Familien, in der entscheidenden Phase ihrer Entwicklung ohne den Einfluß ihres weisen und mitfühlenden Vaters aufwachsen? Ich weiß es nicht, obwohl der Herr Gail hinreichend Weisheit und Kraft gegeben hat, um auch allein zurechtzukommen.

Wenn die Rede auf dieses „ehrfurchtgebietende Warum" kommt, dann denke ich auch an unsere hochgeschätzten Freunde, Jerry und Mary White. Dr. White ist der Vorsitzende der „Navigatoren" (Navigators), einer weltweiten Organisation, die es sich zum Ziel gesetzt hat, Christus zu erkennen und bekannt zu machen. Die Whites sind wundervolle Menschen, die den Herrn lieben und nach den Richtlinien der Heiligen Schrift leben. Auch sie haben ihren Teil an Leiden erdulden müssen. Ihr Sohn Steve jobbte einigen Monate lang als Taxifahrer, während er an einer Karriere beim Rundfunk bastelte. Aber er sollte seinen Traum niemals verwirklichen. Eines Nachts wurde Steve in der üblicherweise friedlichen Stadt Colorado Springs von einem geistesgestörten Fahrgast ermordet. Der Mörder war ein stadtbekannter Krimineller und Rauschgiftsüchtiger, der bereits zahllose Vorstrafen wegen der verschiedensten Delikte hatte. Als er verhaftet wurde, stellte die Polizei fest, daß er das Taxi bereits in der Absicht gerufen hatte, den Fahrer zu ermorden, wer immer er auch sein mochte. Jeder beliebige Fahrer hätte sich auf den Anruf hin melden können. Aber es war Steve White, der den Anruf entgegennahm. Es war eine Tat impulsiver Brutalität, sinn- und zwecklos. Und das Opfer wurde eine Familie, die Gott viele Jahre lang gedient und ihm die Ehre gegeben hatte.

Beispiele für unerklärlichen Kummer und unverständliche Schwierigkeiten könnten die Regale der größten Bibliothek der Welt füllen.

Man könnte die Regale der größten Bibliothek der Welt mit weiteren Beispielen unerklärlicher Kümmernisse und Schwierigkeiten füllen, und jeder Mensch auf der Welt könnte weitere Beispiele aus seiner eigenen Lebenserfahrung beisteuern. Kriege, Hungersnöte, Krankheiten, Naturkatastrophen und früher Tod sind niemals leicht zu begreifen. Aber gewaltige Katastrophen dieser Art sind zuweilen weniger beunruhigend für den einzelnen als Umstände, die uns persönlich betreffen: Krebs, Nierenversagen, Herzkrankheiten, plötzlicher Kindstod, Parkinson'sche Krankheit, Down-Syndrom, Scheidung, Vergewaltigung, Einsamkeit, Zurückweisung, Versagen, Unfruchtbarkeit, Verlust des Partners! Diese und eine Million weiterer Ursachen menschlichen Leidens bringen die unvermeidbaren Fragen hervor, die die menschliche Seele quälen: „Warum läßt Gott zu, daß mir das zustößt?" Es ist eine Frage, mit deren Beantwortung sich alle Gläubigen – und viele Heiden – abgemüht haben. Und im Gegensatz zu den Lehren, die in manchen christlichen Kreisen im Umlauf sind, eilt der Herr nicht sofort herbei, um zu erklären, was er sich bei dem oder jenem gedacht hat.

Die Souveränität Gottes

Wenn Sie der Meinung sind, Gott müßte sich uns gegenüber rechtfertigen, dann sollten Sie die folgenden Bibelstellen durchlesen. Salomo schrieb in Sprüche 25,2: „Es ist Gottes Ehre, eine Sache zu verbergen." Jesaja 45,15 stellt fest: „Fürwahr, du bist ein verborgener Gott." In 5. Mose 29,28 lesen wir: „Was verborgen ist, ist dem

Herrn, unseres Gottes." Prediger 11,5 bemerkt: „Gleichwie du nicht weißt, welchen Weg der Wind nimmt und wie die Gebeine im Mutterleibe bereitet werden, so kannst du auch Gottes Tun nicht wissen, der alles wirkt." Jesaja 55, 8-9 lehrt uns: „Denn meine Gedanken sind nicht eure Gedanken, und eure Wege sind nicht meine Wege, spricht der Herr, sondern so viel der Himmel höher ist als die Erde, so sind auch meine Wege höher als eure Wege und meine Gedanken als eure Gedanken."

Die Bibel sagt uns ganz klar, daß wir unfähig sind, Gottes unendliche Gedanken zu erfassen oder die Art und Weise zu verstehen, wie er in unser Leben eingreift. Welcher Hochmut wäre es, anders zu denken! Wenn wir versuchen, seine Allmacht zu analysieren, gleichen wir einer Amöbe, die das Verhalten des Menschen zu begreifen versucht. Im Römerbrief 11,32 heißt es, Gottes Richtersprüche seien „unerforschlich" und seine Wege „unmöglich zu erkennen". Eine ähnliche Sprache finden wir im 1. Korintherbrief 2,16: „Denn wer hat des Herrn Sinn erkannt, oder wer will ihn unterweisen?" Es sei denn, das ist klar, der Herr selbst sei willens, sich uns gegenüber zu erklären, was er aber nicht oft tut. Seine Beweggründe und Absichten sind dem Zugriff des sterblichen Menschen entzogen. In der Praxis bedeutet das, daß viele unserer Fragen – vor allem jene, die mit dem Wörtchen *Warum* beginnen – fürs erste unbeantwortet bleiben müssen.

Der Apostel Paulus bezog sich auf dieses Problem der unbeantworteten Fragen, als er schrieb: „Wie sehen jetzt durch einen Spiegel ein dunkles Bild... dann aber werde ich erkennen, wie ich erkannt bin" (1. Kor. 13,12). Paulus erklärt uns, daß wir das vollständige Bild erst erkennen werden, wenn wir uns in der Ewigkeit wiedersehen. Mit diesem bruchstückhaften Verständnis müssen wir uns abfinden.

Gottes wunderbarer Plan?

Unglücklicherweise wissen viele junge Gläubige – und auch einige ältere – nicht, daß es im Leben jedes Menschen Zeiten gibt, wo die Umstände ein verwirrendes Bild ergeben, wo Gott selbst sinnlos geworden scheint. Von diesem Aspekt des christlichen Glaubens wird nicht gerne gesprochen. Wir neigen dazu neugebekehrten Christen jene Teilbereiche der Theologie vorzusetzen, die auf eine weltliche Gesinnung anziehend wirken. Beispielsweise hat „Campus Crusade for Christ“ (ein Missionswerk, für das ich großen Respekt hege) Millionen von Heftchen verteilt, die den Titel „Die vier geistlichen Gesetze“ tragen. Das erste dieser biblischen Gesetze lautet: „Gott liebt dich und bietet dir einen wunderbaren Plan für dein Leben an“. Diese Feststellung ist sicherlich richtig. Unausgesprochen schwingt jedoch die Verheißung mit, ein Gläubiger würde jederzeit den „wunderbaren Plan“ verstehen und davon begeistert sein. Das könnte sich als Irrtum erweisen.

Für manche Leute, wie beispielweise für Joni Eareckson Tada, bedeutet dieser „wundervolle Plan“ ein Leben im Rollstuhl, an Armen und Beinen gelähmt. Für andere bedeutet er einen frühen Tod, Armut oder gesellschaftliche Verachtung. Für den Propheten Jeremia bedeutete er, daß er in einen finsteren Kerker geworfen wurde. Für andere biblische Gestalten bedeutete er die Hinrichtung. Selbst unter den grauenhaftesten Umständen ist Gottes Plan jedoch wunderbar, denn alles, was sich im Einklang mit seinem Willen befindet, wird letzten Endes „denen, die Gott lieben, zum Besten dienen, denen, die nach seinem Ratschluß berufen sind.“ (Römer 8,28)

Dennoch ist est leicht zu verstehen, wie sich an diesem Punkt Verwirrung ausbreiten kann, vor allem bei Jugendlichen. Im Frühling ihres Lebens, wenn sie bei guter Gesundheit sind und die Mühen und Plagen, Sorgen und Mißerfolge des Lebens ihre friedliche kleine Welt noch nicht mit ihrer eisigen Kälte berührt haben, ist es relativ leicht, sich inmitten einer heilen Welt zu fühlen. Man kann ehrlichen Herzens – und scheinbar mit gutem Grund – daran glauben, daß es immer so bleiben wird. Ein solcher Mensch ist äußerst anfällig für geistliche Verwirrung, wenn in dieser Lebensphase ein Unheil über ihn hereinbricht.

Dr. Richard Selzer ist Chirurg und einer meiner Lieblingsautoren. Er verfaßt schöne und liebevolle Schilderungen seiner Patienten und der menschlichen Tragödien, denen sie sich ausgesetzt sehen. In seinem Buch „Briefe an einen jungen Arzt“ sagt er, die meisten von uns scheinen unter einer unsichtbaren Membran zu leben, die uns vor dem Entsetzen bewahrt. Wir bewegen uns tagtäglich inmitten des Grauens, wir schreiten mitten hindurch, sind uns aber seiner Gegenwart kaum bewußt. Wie das Immunsystem den menschlichen Körper vor der unsichtbaren Bedrohung durch schädliche Bakterien bewahrt, so bewahrt uns diese mythische Membran vor lebensbedrohlichen Situationen. Nicht jeder junge Mensch steht unter diesem Schutz, denn auch Kinder sterben an Krebs, angeborenen Herzkranheiten und anderen Leiden. Aber die meisten von ihnen führen ein behütetes Leben – und bemerken es gar nicht. Dann, im Lauf der Jahre, bricht das Unheil plötzlich herein. Ohne Warnung zerreißt die Schutzhülle und das Grauen sickert ins Leben eines Menschen oder seiner Nächsten und Liebsten. In diesem Augenblick kommt es zu einer unerwarteten geistlichen Krise.

Keine größere Liebe

Was will ich damit sagen? Etwa, daß unser himmlischer Vater gleichgültig oder lieblos mit seinen verletzlichen Söhnen und Töchtern umginge? Daß er uns Sterblichen eine Art bösen kosmischen Streich spielt? Es ist beinahe gotteslästerlich, solchen Unsinn niederzuschreiben. Jede einzelne Schilderung in der Bibel malt uns Gott als unendlich liebend und gütig vor Augen, wie er zärtlich über seine Kinder auf Erden wacht und die Schritte seiner Getreuen lenkt. Er spricht von uns als „dem Volk seiner Weide und den Schafen seiner Hand“ (Psalm 95,7). Seine große Liebe bewog ihn, seinen eingeborenen Sohn als Sühneopfer für unsere Sünden in die Welt zu senden, damit wir der verdienten Strafe entgehen mögen. Et tat das, weil er die Welt „so sehr geliebt hat“ (Joh. 3,16).

Der Apostel Paulus erklärt es mit folgenden Worten: „Denn ich bin gewiß, daß weder Tod noch Leben, weder Engel noch Mächte noch Gewalten, weder Gegenwärtiges noch Zukünftiges, weder Hohes noch Tiefes noch eine andere Kreatur uns scheiden kann von der Liebe Gottes, die in Christus Jesus ist, unserem Herrn“ (Röm. 8,38-39).

Jesaja brachte uns diese Botschaft unmittelbar aus dem Herzen des Vaters:“Fürchte dich nicht, ich bin mit dir; weiche nicht, denn ich bin dein Gott. Ich stärke dich, ich helfe dir auch, ich halte dich durch die rechte Hand meiner Gerechtigkeit“ (Jes. 41,10). Nein, die Liebe und das Erbarmen Gottes sind hier nicht das Problem. Dennoch bleiben die Fragen bestehen.

Einer der atemberaubendsten Gedanken in der gesamten Bibel ist die Offenbarung, daß Gott jeden einzelnen von uns persönlich kennt und daß er Tag und Nacht an uns denkt. Es ist schlicht unmöglich, diese Liebe des Königs aller Könige und Herrn aller Herren mit all ihren Auswirkungen zu verstehen. Er ist allmächtig und allwissend, majestätisch und heilig, von Ewigkeit zu Ewigkeit. Warum sollte er sich überhaupt um uns kümmern – um unsere Bedürfnisse, unser Wohlergehen, unsere Ängste. Wir haben Situationen angesprochen, in denen Gottes Handeln keinen Sinn zu machen scheint. Seine Sorge für uns einfache Sterbliche ist von allen Dingen am unerklärlichsten.

„Wie sich ein Vater über Kinder erbarmt, so erbarmt sich der Herr über die, die ihn fürchten."

– *Psalm* 103,13

Hiob hatte ebenfalls Schwierigkeiten zu verstehen, warum der Schöpfer irgendein Interesse an menschlichen Wesen haben sollte. Er fragte: „Was ist der Mensch, daß du ihn groß achtest und dich um ihn bekümmerst? Jeden Morgen suchst du ihn heim und prüfst ihn alle Stunden" (Hiob 7,17-18). David beschäftigte die gleiche Frage, als er schrieb: „Was ist der Mensch, daß du seiner gedenkst, und des Menschen Kind, daß du dich seiner annimmst?" (Psalm 8,5) Und auch in Psalm 139 lesen wir: „Herr, du erforschest mich und kennest mich. Ich sitze oder stehe auf, so weißt du es; du verstehst meine Gedanken von ferne. Ich gehe oder liege, so bist du um mich und siehst alle meine Wege. Denn siehe, es ist kein Wort auf meiner Zunge, das du, Herr, nicht schon wüßtest" (Verse 1-4). Welch ein unfaßbarer Gedanke!

Der Herr „gedenkt unser" nicht nur, er beschreibt sich selbst auch in der ganzen Bibel als unser Vater. In Lukas 11,13 lesen wir: „Wenn nun ihr, die ihr böse seid, euren Kindern gute Gaben geben könnt, wieviel mehr wird der Vater im Himmel den heiligen Geist geben denen, die ihn bitten!" Und in Psalm 103,13: „Wie sich ein Vater über Kinder erbarmt, so erbarmt sich der Herr über die, die ihn fürchten." Doch gleicht er laut Jesaja 66,13 auch einer Mutter: „Ich will euch trösten, wie einen seine Mutter tröstet."

Die Liebe eines Vaters

Als Vater von zwei, inzwischen erwachsenen Kindern kann ich mich mit diesen elterlichen Vergleichen sehr gut identifizieren. Sie helfen mir, mehr und mehr verstehen zu lernen, was Gott uns gegenüber empfindet. Wenn nötig, würden Shirley und ich, ohne lange zu überlegen, unser Leben für Danae und Ryan geben. Wir beten jeden Tag für sie, und sie sind unseren Gedanken niemals sehr fern. Und wie anfällig wir sind für ihre Schmerzen! Kann es tatsächlich sein, daß Gott seine menschliche Familie unendlich mehr liebt, als wir, „die wir böse sind", es unserem eigenen Fleisch und Blut zeigen könnten? Das ist es, was die Schrift uns lehrt.

In der frühen Kindheit unseres Sohnes ereignete sich etwas, das mir ein Bild ist für diese tiefe Liebe des himmlischen Vaters. Als er drei Jahre alt war, hatte Ryan eine furchtbare Mittelohrentzündung, die ihn (und uns) fast die ganze Nacht nicht schlafen ließ. Am nächsten Morgen packte Shirley das Kind ein und ging mit ihm zum Kinderarzt. Dieser war ein älterer Herr mit sehr wenig Geduld für zappelige Kinder. Auch für Eltern hatte er nicht sonderlich viel übrig.

Nachdem er Ryan untersucht hatte, erklärte der Arzt Shirley, daß sich die Infektion auf das Trommelfell ausgebreitet hätte und daß sie nur behandelt werden könne, indem man den Schorf mit einem bösartig aussehenden kleinen Instrument losschabe. Er wies darauf hin, daß die Prozedur sehr schmerzhaft werden würde, und instruierte Shirley, ihren Sohn auf dem Tisch festzuhalten.

Diese Worte beunruhigten nicht nur Shirley, denn auch Ryan verstand genug von dem Gesagten, um sofort in Panik zu geraten. (Dazu brauchte es generell nicht sehr viel in jenen Tagen.)

Shirley gab wirklich ihr Bestes. Sie legte Ryan auf den Untersuchungstisch und versuchte, ihn festzuhalten. Aber davon wollte er nichts wissen. Als der Arzt das nadelähnliche Instrument in sein Ohr einführte, riß der Junge sich los und schrie Zeter und Mordio. Der Kinderarzt wurde dann wütend auf Shirley und sagte ihr, wenn sie nicht in der Lage sei, Anweisungen zu befolgen, dann müsse sie eben ihren Ehemann holen. Ich war in der Nachbarschaft und kam rasch in den Behandlungsraum. Als ich hörte, was von mir verlangt wurde, schluckte ich und warf meinen hundert Kilo schweren Körper über den Jungen. Es war einer der schwersten Augenblicke in meiner Karriere als Vater.

Was die ganze Geschichte so emotional machte, war der lange Spiegel, in den Ryan blickte, als er dort auf dem Untersuchungstisch lag. So konnte er mir direkt in die Augen schauen, als er um Gnade schrie. Ich bin wirklich davon überzeugt, daß ich in diesem Augenblick größere Schmerzen litt als mein kleiner Junge. Das war zuviel. Ich gab ihn frei – und bekam noch einmal eine aufgewärmte Version derselben Gardinenpredigt, die Shirley einige Minuten zuvor über sich hatte ergehen lassen müssen. Schließlich brachten der mürrische Kinderarzt und ich die Aufgabe zu Ende.

Ich habe später darüber nachgedacht, was ich fühlte, als Ryan so sehr leiden mußte. Was mir vor allem weh tat, war der Ausdruck auf seinem Gesicht. Obwohl er schrie und nicht sprechen konnte, „redete“ er zu mir mit diesen großen blauen Augen. Er sagte: „Daddy! Warum tust du mir das an? Ich dachte, du hättest mich lieb. Ich hätte niemals gedacht, daß du so etwas machen würdest! Wie konntest du nur? Bitte, bitte! Hör auf, mir weh zu tun!“

Es war unmöglich, Ryan zu erklären, daß sein Leiden nur seinem Besten diente – daß ich versuchte, ihm zu helfen – daß es meine Liebe zu ihm erforderte, ihn auf dem Tisch festzuhalten. Wie konnte ich ihm das tiefe Mitgefühl, das ich in diesem Augenblick empfand, deutlich machen? Wäre es möglich gewesen, ich hätte nur zu gerne seinen Platz auf dem Tisch eingenommen. Doch in seinen unreifen Gedanken war ich ein Verräter, der ihn herzlos im Stich gelassen hatte.

Es muß Zeiten geben, in denen auch Gott unsere quälenden Schmerzen spürt und mit uns leidet.

Dann wurde mir bewußt, daß es Zeiten geben muß, in denen auch Gott unsere quälenden Schmerzen spürt und mit uns leidet. Wäre das nicht charakteristisch für einen Vater, dessen Liebe unendlich ist? Wie es ihn schmerzen muß, wenn wir in unserer Verwirrung sagen: „Wie konntest du so etwas Furchtbares nur tun, Herr? Warum ich? Ich dachte, ich könnte dir vertrauen! Ich dachte, du wärst mein Freund!" Wie kann er es uns begreiflich machen, in unserer menschlichen Begrenztheit, daß unsere Qualen notwendig sind – daß durchaus ein Ziel dahintersteht – daß es Antworten gibt auf die Tragödien des Lebens? Ich frage mich, ob er sich schon den Tag herbeisehnt, an dem er uns wird erklären können, was in unserer Zeit der Prüfung geschah. Ich frage mich, ob ihm unser Kummer zu schaffen macht.

Manche Leserinnen und Leser werden Zweifel daran hegen, daß ein allmächtiger Gott ohne Schwächen und Bedürfnisse anfällig für solch eine Art stellvertretenden Leidens ist. Niemand kann das mit Sicherheit sagen. Wir wissen, daß Jesus die ganze Bandbreite menschlicher Emotionen erlebt hat und daß er Philippus sagte: „Wer mich sieht, der sieht den Vater" (Joh. 14,9). Vergeßt nicht, daß Jesus „sehr betrübt" war, als Maria über Lazarus weinte. Auch weinte er, als er Jerusalem betrachtete und von dem Leid sprach, das bald über das jüdische Volk kommen sollte. Gleichermaßen wird uns gesagt, der Geist trete für uns ein „mit unaussprechlichem Seufzen" (Röm. 8,26). Es erscheint daher nur logisch anzunehmen, daß Gott, der Vater, leidenschaftlich bemüht ist um seine menschliche „Familie" und unseren Kummer teilt in jenen unaussprechlichen Augenblicken, da uns die Sorgen zu erdrücken drohen. Ich bin davon überzeugt, daß er das tut.

Wappnet euch und seid bereit!

Was mir an dieser Stelle besonders am Herzen liegt – und das ist auch der Grund, warum ich dieses Buch geschrieben habe – sind meine gläubigen Brüder und Schwestern, die mit unerklärlichen Lebensumständen ringen. In meiner Arbeit mit Familien, die schwere Zeiten durchmachen, von Krankheit und Tod bis zu Eheproblemen und Generationskonflikten, habe ich immer wieder festgestellt, daß die Menschen in der Krise sich von Gott zutiefst enttäuscht fühlen. Das ist vor allem dann der Fall, wenn ihnen Dinge widerfahren, die ihnen als unlogisch und in keinem Zusammenhang mit allem Gelernten und Erfahrenen stehend erscheinen. Wenn der Herr sie dann nicht aus ihren Schwierigheiten errettet, wandelt sich ihre Frustration rasch in Ärger und in ein Gefühl des Verlassenseins. Schließlich fühlen sie sich desillusioniert, und ihr geistliches Leben beginnt zu verdorren.

Das kann sogar schon Kindern in sehr zartem Alter widerfahren, die in ihren Gefühlen sehr verletzlich sind und sich von Gott verlassen fühlen. Ich denke da an einen Jungen namens Chris, der bei einem Brand schwere Gesichtsverletzungen erlitten hatte. Er schrieb den folgenden Brief an seinen Psychotherapeuten:

Lieber Dr. Gardner. Einer von den Großen, ein junge von ungefähr 13 Jahren, hat mich eine Schildkröte genannt. Und ich weiß, daß er das wegen meiner Hautverpflanzungen im Gesicht gesagt hat. Und ich glaube, Gott haßt mich wegen meines Gesichts. Und wenn ich sterbe, wird er mich wahrscheinlich in die Hölle schicken. Alles Liebe, Chris.

Chris kam naturgemäß zum Schluß, daß seine Entstellung ein Beweis sei, daß Gott ihn verworfen habe. In den Augen eines Kindes ist das eine durchaus logische Schlußfolgerung: „Wenn Gott allmächtig ist und alles weiß, warum könnte er dann zulassen, daß mir etwas so Schreckliches widerfahren ist? Es kann nur daran liegen, daß er mich haßt."

Unglücklicherweise ist Chris nicht der einzige, der so denkt. Viele andere lassen sich ebenfalls verführen, dieselbe satanische Lüge zu glauben. Tatsächlich werden die meisten von uns sich Gott eines Tages auf ähnliche Weise entfremdet fühlen. Warum? Weil diejenigen, die lang genug leben, sich unweigerlich früher oder später inmitten von Ereignissen widerfinden werden, die sie nicht verstehen. Das ist nun einmal das Schicksal der Menschen.

Die große Gefahr für Menschen, die diese Art von Enttäuschung erlebt haben, ist, daß Satan ihren Schmerz benutzen wird, um sie sich von Gott ungerecht behandelt fühlen zu lassen. Welch eine tödliche Falle! Wenn ein Mensch zu glauben beginnt, daß Gott ihn oder sie ablehnt oder gar haßt, dann ist Demoralisierung nicht mehr fern.

Prüfungen sind nichts Neues!

Alle, die lange genug leben, werden über kurz oder lang mit Geschehnissen konfrontiert, die sie nicht verstehen.

Wenn ihr bereits am Verzweifeln seid, ist es von äußerster Wichtigkeit, daß ihr euch die Bibel noch einmal genau anseht und feststellt, daß Prüfungen und Leiden zum menschlichen Leben gehören.

Alle biblischen Schriftsteller, einschließlich der Glaubenshelden, machten ähnliche Mühsale durch. Seht euch die Erfahrung an, die Joseph machte, einer der Patriarchen im Alten Testament. Sein Leben fiel in Trümmer, bis es viele Jahre später zu einer triumphalen Wiedervereinigung mit seiner Familie kam. Er wurde von seinen Brüdern gehaßt, die sogar erwogen, ihn zu töten, bevor sie ihn in die Sklaverei verkauften. Während seines Aufenthalts in Ägypten wurde er in den Kerker geworfen, wurde von Potiphars Frau fälschlich angeklagt, er habe versucht, sie zu vergewaltigen, und schwebte in Gefahr, hingerichtet zu werden. Es gibt keinen Fingerzeig, daß Gott Joseph erklärt habe, was er in diesen vielen Leidensjahren mit ihm vorhatte, oder wie die Teile des Puzzles schließlich zusammenpassen würden. Von ihm wurde erwartet, wie von euch und mir auch, sich bis ans Ende seiner Tage mit einem unvollständigen Verständnis zufriedenzugeben. Was Gott erfreute, war Josephs Festhalten am Glauben, als alles sinnlos erschien.

Blättern wir einmal flüchtig das Neuen Testament durch und werfen wir einen Blick auf die Jünger und andere Führer der jungen Christenheit. Johannes der Täufer, von dem Jesus sagte, es sei kein

Größerer als er vom Weibe geboren worden, fand sich in Herodes' stinkendem Verlies wieder. Eine böse Frau namens Herodia ließ ihm dort den Kopf abschlagen, weil er ihren unmoralischen Lebenswandel verurteilt hatte. Es gibt keinen biblischen Bericht, daß ein Engel Johannes in seiner Zelle besucht habe, um ihm eine Erklärung für seine Verfolgung zu liefern. Dieser große Mann Gottes, der zum Vorläufer Jesu auserkoren war, machte dieselbe verwirrende Erfahrung wie wir. Es ist tröstlich zu wissen, daß Johannes auf sehr menschliche Weise reagierte. Er schickte aus seiner Gefängniszelle eine heimliche Botschaft an Jesus: „Bist du es, der da kommen soll, oder sollen wir auf einen anderen warten?" (Mt 11,3) War euch auch schon einmal zumute, diese Frage zu stellen?

Seht euch den Märtyrertod des Stephanus an, der gesteinigt wurde, weil er den Namen Christi verkündigt hatte. Und den Jünger Jakobus, der in Apostelgeschichte 12 mit einem einzigen Vers erwähnt wird: König Herodes Agrippa „tötete aber Jakobus, den Bruder des Johannes, mit dem Schwert" (Apg 12,2). Die Überlieferung berichtet uns, daß zehn von den zwölf Jüngern letztendlich hingerichtet wurden (außer Judas, der Selbstmord beging, und Johannes, der in die Verbannung geschickt wurde). Wir glauben auch, daß Paulus, der verfolgt, gesteinigt und ausgepeitscht wurde, später in einem römischen Gefängnis enthauptet wurde. Die zweite Hälfte des elften Kapitels des Hebräerbriefs beschreibt das Schicksal derjenigen, die für den Namen Christi Leiden ertrugen:

„Andere haben Spott und Geißelung erlitten, dazu Fesseln und Gefängnis. Sie sind gesteinigt, zersägt, durchs Schwert getötet worden; sie sind umhergezogen in Schafpelzen und Ziegenfellen; sie haben Mangel, Bedrängnis, Mißhandlung erduldet. Sie, deren die Welt nicht wert war, sind umhergeirrt in Wüsten, auf Bergen, in Höhlen und Erdlöchern. Diese alle haben durch den Glauben Gottes Zeugnis empfangen und doch nicht erlangt, was verheißen war" (Verse 36-39).

Lest diesen letzten Vers noch einmal. Beachtet, daß diese Heiligen in der Erwartung einer Verheißung lebten, die sich am Ende ihres Lebens noch nicht erfüllt hatte. Sie erhielten niemals eine vollständige Erklärung. Sie hatten nur ihren Glauben, um sich in Zeiten der Verfolgung darauf zu stützen. Der Bibelkommentar zur Anwendung im täglichen Leben sagt zu diesem Kapitel: „Diese Verse fassen die Lebensgeschichten weiterer großer Männer und Frauen des Glaubens zusammen. Einige errangen außergewöhnliche Siege, ja überwanden sogar den Tod. Aber andere wurden grausam mißhandelt, gefoltert und sogar getötet. Ein standhafter Glaube an Gott ist keine Garantie für ein glückliches, sorgloses Leben. Während wir hier auf Erden leben, werden wir den Zweck unseres Leidens vielleicht niemals durchschauen. Aber wir wissen daß Gott zu seinen Verheißungen steht." Und genau das ist der Punkt.

Nur wenige von uns sind dazu berufen, unser Leben hinzugeben wie die Christen der Urgemeinde, aber es gibt auch heutzutage noch Beispiele von Märtyrern. Versuchen Sie einmal, sich die folgende Geschichte zu erklären. Rev. Bill Hybels teilt sie uns in seinem Buch „Zu beschäftigt, um zu beten" mit, und sie illustriert unser Thema auf eine Weise, die an Dramatik nichts zu wünschen übrigläßt:

„Vor einigen Jahren wurde ein Mitglied der Singgruppe unserer Kirche und ich von einem christlichen Führer namens Yesu eingeladen, Südindien zu besuchen. Dort schlossen wir uns einem Team von Leuten an, die aus verschiedenen Gebieten der USA stammten. Man sagte uns, Gott würde uns dazu gebrauchen, Moslems und Hindus und Menschen ohne religiöses Bekenntnis für Christus zu gewinnen. Wir alle fühlten uns von Gott berufen zu gehen, aber keiner von uns wußte, was wir zu erwarten hatten.

Als wir antraten, begrüßte uns Yesu und lud uns in sein Haus ein. Im Verlauf der nächsten paar Tage erzählte er uns von seinem Dienst für den Herrn.

Yesu Vater, ein dynamischer geistlicher Führer und Redner, hatte eine Mission in der hauptsächlich von Hindus bewohnten Region gegründet. Eines Tages kam ein Hindu-Führer zu Yesus Vater und bat ihn um seine Fürbitte. Der Vater war voll Eifer, mit ihm zu beten, voll Hoffnung, er könnte ihn zu Christus führen. Also bat er ihn in sein Privatzimmer, kniete mit ihm nieder, schloß die Augen und begann zu beten. Während er betete, griff der Hindu in sein Gewand, zog ein Messer heraus und versetzte ihm eine ganze Anzahl von Stichen.

Yesu hörte seinen Vater schreien und eilte ihm zu Hilfe. Er hielt ihn in den Armen, während das Blut auf den Boden der Hütte strömte. Drei Tage später starb sein Vater. Auf dem Sterbebett sagte er zu seinem Sohn: 'Bitte sag diesem Mann, daß ich ihm vergeben habe. Sorge für deine Mutter und führe meinen Dienst weiter. Tu alles Notwendige, um Menschen für Christus zu gewinnen'."

Was für eine bewegende Geschichte, und wie klein läßt sie uns erscheinen! Ich schäme mich dann geradezu, wegen kleiner Probleme und Frustrationen, die mir im Lauf der Jahre begegnet sind, zu jammern. Es mag sein, daß der Herr eines Tages ein ähnliches Opfer für die Sache Christi von mir fordert. Wenn das der Fall sein sollte, bete ich, daß er mir den Mut geben möge, willig anzunehmen, was immer sein Wille für mich sein mag. Ungezählte haben ihr Leben in dieser Weise für seinen Dienst hingegeben.

Nun werdet ihr mir vielleicht sagen: woher kommt eigentlich die Vorstellung, das Christenleben sei lauter Wonne? Wo gibt es Beweise für die „Nenn es und du kriegst es"-Theologie, die uns verspricht, daß Gott uns wie mit einem großen Besen vorangeht und uns jede Prüfung und jede beunruhigende Ungewißheit aus dem Weg fegt? Ganz im Gegenteil! Jesus sagte seinen Jüngern, sie sollten sich auf Leiden gefaßt machen. Er sagte ihnen: „Das habe ich mit euch geredet, damit ihr in mir Frieden habt. In der Welt habt ihr Angst, aber seid getrost, ich habe die Welt überwunden." (Joh 16,33) Paulus schrieb: „Ich habe überschwengliche Freude in aller unsrer Bedrängnis. Denn als wir nach Mazedonien kamen, fanden wir keine Ruhe; sondern von allen Seiten waren wir bedrängt, von außen mit Streit, von innen mit Furcht" (2. Kor. 7,4-5). Petrus läßt keinen Zweifel daran, daß es in seinem Leben als Christ Schwierigkeiten gab, wenn er schreibt: „Ihr Lieben, laßt euch durch die Hitze nicht befremden, die euch widerfährt zu eurer Versuchung, als widerführe euch etwas Seltsames, sondern freut euch, daß ihr mit Christus leidet, damit ihr auch zur Zeit der Offenbarung seiner Herrlichkeit Freude und Wonne haben mögt" (1. Petr. 4,12 13). Beachtet dabei in jedem dieser Schriftabschnitte das Nebeneinander von Freude und Schmerz.

Das ist die beständige, übereinstimmende „Verheißung", die wir von den Verfassern der Bibel erhalten haben, und dennoch scheinen wir fest entschlossen zu sein, den Text umzuschreiben. Damit setzen wir uns jedoch schutzlos den Angriffen satanischer Bosheit aus.

Es erfüllt mich mit Sorge, daß viele gläubige anscheinend der Meinung sind, Gott schulde ihnen schönes Wetter oder zumindest Klippen in ihrem Fahrwasser. Wir dürfen niemals vergessen, daß er schließlich Gott ist. Er ist majestätisch und heilig und souverän. Er ist niemandem Rechenschaft schuldig. Er ist kein Laufbursche, der die Aufträge ausführt, die wir ihm erteilen. Er ist kein Flaschengeist, der auf unser Händeklatschen hin erscheint, um unsere Launen zu befriedigen. Er ist nicht unser Diener – wir sind seine Diener. Und der Zweck unseres Daseins besteht darin, ihn zu verherrlichen und zu ehren. Selbst in dieser Situation mag es durchaus geschehen, daß er gewaltige Wunder zu unseren Gunsten wirkt. Manchmal gefällt es ihm, seine Handlungsweise noch zu unseren Lebzeiten zu erklären. Manchmal ist seine Gegenwart so real für uns, als stünden wir ihm von Angesicht zu Angesicht gegenüber. Aber zu Zeiten, wenn nichts einen Sinn zu ergeben scheint – wenn wir etwas durchmachen müssen, das wir als „nicht fair" empfinden, wenn wir das Gefühl haben, allein in Gottes Wartezimmer zu sitzen – dann sagt er uns einfach: „Vertraut mir!"

Soll das nun bedeuten, daß es unser Schicksal ist, von äußeren Lebensumständen niedergedrückt und zu Opfern gemacht zu werden? Ganz gewiß nicht. Paulus sagt, wir seien „mehr als Sieger". Er schrieb in Philipper 4,4-7: „Freuet euch in dem Herrn allewege, und abermals sage ich: Freuet euch! Eure Güte laßt kundsein allen Menschen! Der Herr ist nahe! Sorgt euch um nichts, sondern in allen Dingen laßt eure Bitten in Gebet und Flehen mit Danksagung vor Gott kundwerden! Und der Friede Gottes, der höher ist als alle Vernunft, bewahre eure Herzen und Sinne in Christus Jesus."

Was wir hier in der Bibel vor uns haben, ist ganz offenkundig ein Paradox. Auf der einen Seite wird uns gesagt, wir sollten mit Leid und Mühsal rechnen, die uns vielleicht sogar das Leben kosten werden. Auf der anderen Seite werden wir ermuntert, freudig, dankbar und allezeit fröhlich zu sein. Wie passen diese einander widersprechende Gedanken zusammen? Wie können wir gleichzeitig triumphieren und unter immensem Streß stehen? Wie können wir Sicherheit erleben, wenn wir von lauter Unsicherheit umgeben sind? Das ist ein Geheimnis, das, wenn wir Paulus glauben, „höher ist als alle Vernunft".

Wenn ihr diese Worte lest und bereits durch schwere Zeiten hindurchgegangen seid und euch nun nach einem Wort der Ermutigung sehnt, dann laßt mich euch versichern, daß ihr diesem Herrn des Himmels und der Erde vertrauen könnt. Denkt daran, daß die Schrift uns warnt: „Verlaß dich nicht auf deinen Verstand" (Spr. 3,5).

Beachtet, daß es uns nicht verboten ist, nach Erklärungen zu suchen. Ich habe ein ganzes Leben damit verbracht, einige der Unwägbarkeiten des Lebens in den Griff zu bekommen. Doch es wird uns ganz eindeutig gesagt, wir sollen uns nicht auf unsere Fähigkeit, die Teile zusammenbringen zu können, verlassen. „Sich verlassen" bezieht sich auf die panische Forderung nach Antworten – man läßt den Glauben fahren, falls keine befriedigende Erwiderung gefunden werden kann. Wir setzen Gott unter Druck, er solle sich erklären – wenn nicht, dann! An dieser Stelle beginnt sich alles aufzulösen.

Laßt mich euch versichern, daß ihr diesem Herrn des Himmels und der Erde vertrauen könnt.

Können wir Gottes Majestät und die Tiefe seiner Liebe zu uns auch nur ein winziges bißchen verstehen, kommen wir mit solchen Zeiten zurecht, in denen er menschliche Logik und Überlegungen über den Haufen wirft. Das ist sogar, was wir tun müssen. Rechnet damit, auf dem Weg verwirrende Erlebnisse zu haben, und seid nicht bestürzt, wenn sie eintreffen. Heißt sie willkommen als eure Freunde – als Gelegenheiten, im Glauben zu wachsen. Haltet fest an eurem Glauben, ohne den es unmöglich ist, ihm zu gefallen. Lehnt euch in Zeiten des Leidens gegen den Schmerz auf. Laßt euch niemals in Gefühle des Selbstmitleids und in eine Opferrolle hineingleiten, denn das sind Satans stärkste Waffen gegen uns. Hebt euch statt dessen eure Fragen auf für ein ausführliches Gespräch in der Ewigkeit, und bringt eure Beschwerden vor. Alles andere wäre töricht.

15

Antworten auf die „ewigen Fragen“

KAPITEL 15

Einer meiner Kollegen starb kurz vor dem Ende meines letzten Jahres an der Kinderklinik von Los Angeles. Über fünfundzwanzig Jahre lang hatte er an der medizinischen Fakultät unserer Universität gearbeitet. Während seiner Zeit als Professor hatte er sich den Respekt und die Bewunderung sowohl seiner Kollegen als auch der Patienten erworben, vor allem für seine Forschungsergebnisse, die so viel zum medizinischen Wissen beigetragen hatten. Dieser Arzt hatte die Spitze des Erfolgs auf seinem Gebiet erreicht und war in den Genuß des Ansehens und der finanziellen Vorteile gekommen, die damit einhergehen. Er hatte alles, was man sich nur wünschen konnte, zumindest gemessen am Maßstab der Welt.

In der nächsten Mitarbeitersitzung nach seinem Tod verlas ein Mitglied seiner Abteilung eine fünfminütige Laudatio. Dann lud der Vorsitzende den gesamten Mitarbeiterstab ein, sich zu erheben, wie es unser Brauch ist in solchen Situationen, und eine Minute lang still im Gedenken an unseren verstorbenen Kollegen zu stehen. Ich habe nicht die geringste Ahnung, was die anderen Mitarbeiter in diesen sechzig Sekunden dachten, aber ich kann euch sagen, was mir durch den Kopf ging.

Ich dachte: Herr, ist das alles, was übrigbleibt? Wir mühen uns ab, um einen Platz im Leben für uns zu erkämpfen und um unsere Mitmenschen mit unserer Kompetenz zu beeindrucken. Wir nehmen uns selbst sehr ernst und reagieren überempfindlich auf die unbedeutenden Ereignisse eines jeden verstreichenden Tages. Und selbst die Erfolge der Intelligentesten unter uns verlieren sich schließlich in der Geschichte, und unser Leben wird zusammengefaßt in einer fünfminütigen Laudatio und sechzig Sekunden Stille. Das scheint mir den Aufwand nicht wert zu sein, Herr.

Doch ich mußte auch daran denken, wie wenig diese Fakultät in der Lage war, Antworten auf die Fragen zu finden, die der Tod unseres Freundes aufgeworfen hatte. Wohin war er gegangen? Werden wir ihn auf der anderen Seite wiedersehen? Warum wurde er geboren? Wurden seine Taten von einem liebenden Gott beobachtet und aufgezeichnet? Ist dieser Gott an mir interessiert? Gibt es einen Sinn des Lebens jenseits aller Forschungen, aller Lehrstühle und aller teuren Autos? Die stille Erwiderung von 250 studierten Männern und Frauen schien unsere Unfähigkeit zu symbolisieren, uns mit diesen Fragen auseinanderzusetzen.

Wie sieht es bei euch aus? Wißt ihr, wo ihr steht in bezug auf diese fundamentalen Fragen? Habt ihr sie schon für euch selbst beantwortet und für diejenigen, die ihr liebt? Wenn nicht, hoffe ich, daß ihr weiterlesen werdet. Wir wollen dieses letzte Kapitel den genannten Fragen und der Suche nach dem letztgültigen Sinn und Zweck des Lebens widmen.

Dieses Thema ist von nicht zu unterschätzender Bedeutung. Solange wir nicht wissen, wer wir sind und warum wir hier sind, wird uns kein Erfolg, kein Ruhm, Geld oder Vergnügen sehr viel Befriedigung verschaffen. Solange wir nicht das „Gesamtbild" in den Blick bekommen, wird nichts viel Sinn machen.

Wie ich bereits in einem früheren Kapitel sagte: Es ist so wichtig, innezuhalten und über einige dieser grundlegenden Fragen nachzudenken, solange man noch jung ist und bevor man durch Arbeit und Familie abgelenkt wird. Jeder Mensch muß sich früher oder später mit diesen Fragen auseinandersetzen. Ihr werdet nur davon profitieren, denke ich, wenn ihr diese Arbeit jetzt angeht. Ich sagte es bereits: Ob ihr nun Atheist seid, Moslem, Buddhist, Jude, New-Ager, Agnostiker oder Christ, die Fragen, die die Menschheit konfrontieren, sind die gleichen. Nur die Antworten werden sich unterscheiden.

Das Leben: ein großes Fragezeichen?

Solange wir nicht das „Gesamtbild" in den Blick bekommen, wird nichts viel Sinn machen.

Millionen von Menschen geben heute offen zu, daß sie nicht wissen, was der Sinn des Lebens ist. Soziologen erklären uns, daß in der gesamten westlichen Kultur eine verzweifelte Suche nach spiritueller Wahrheit im Gang ist. Fast dreißig Jahre lang suchten die Baby-Boomer nach etwas, an das sie glauben konnten. In den siebziger Jahren kam es zu einer überzogenen „Ich-Entwicklung", und unter anderem entstand eine Bewegung, die bekannt wurde unter dem Begriff „die Entdeckung des Ichs". Dadurch wurden einige von ihnen motiviert, an Beratungen teilzunehmen und an transzendentaler Meditation, sich mit Reinkarnation und anderen östlichen Mystizismen zu beschäftigen, außerdem mit Astrologie, Psychoanalyse, therapeutischer Massage, irgendwelchen bizarren Theologien und mit einem Seminar über das Selbst.

Die Suche nach dem Ich war ein glatter Mißerfolg. Die meisten Menschen waren sogar, nachdem sie diese Programme durchlaufen hatten, noch verwirrter und frustrierter als vorher. Sie suchten in sich selbst nach den Antworten auf die Fragen des Lebens und wurden unweigerlich enttäuscht. Den Grund dafür will ich euch gerne nennen.

Als ich vier Jahre alt war, grub ich in unserem Garten und entdeckte eine Reihe Zwiebeln, die meine Tante gesetzt hatte. Ich wußte nicht, was es war, und schälte sie. Als ich die äußerste Schicht abgezupft hatte, fand ich darunter eine zweite glänzende Schale. Als ich die Zwiebel auch von dieser befreit hatte, entdeckte ich darunter noch eine. Die Zwiebel wurde immer kleiner. Meine Tante war außer sich, als sie einige Minuten später in den Garten kam und über den ganzen Rasen verstreut Teile ihrer geliebten Blumenzwiebeln sah.

In mancherlei Hinsicht sind Menschen wie diese Zwiebeln. Wenn man nach und nach alle Schichten entfernt, bleibt nicht mehr viel zu entdecken übrig. Man wird niemals viel Sinn in seinen selbstsüchtigen Interessen, Gefühlen und Bestrebungen entdecken. Die Antworten liegen nicht in uns. Je wichtiger wir uns selbst nehmen, desto leerer werden wir uns fühlen.

Jesus sprach genau dieses Thema an, als er sagte: „Wer mir folgen will, der verleugne sich selbst und nehme sein Kreuz auf sich täglich und folge mir nach. Denn wer sein Leben erhalten will, der wird es verlieren; wer aber sein Leben verliert um meinetwillen, der wird's erhalten" (Lk. 9,23-24). Mit anderen Worten: Lebenssinn und -zweck werden wir nur außerhalb – nicht innerhalb – der Zwiebel finden können.

Wo kann man Antworten auf die großen Fragen des Lebens finden? Woran erkennt man die Werte, die Motten und Rost nicht fressen und Diebe nicht stehlen können? Wir alle haben uns diesen Fragen zu stellen. Wie können sie beantwortet werden?

Die Kürze des Lebens

Es könnte nützlich sein, sich einmal einer kleinen Denkübung zu unterziehen, die ich den „Ende-des-Lebens-Test" nenne. Versetzt euch Jahre in die Zukunft, in die Zeit, da sich euer Leben dem Ende zuneigt. In euerem jugendlichen Alter mag euch das vielleicht morbid vorkommen, doch die Kürze des Lebens ist ein sehr wichtiges biblisches Konzept. Der Psalmist David sagte, unser Leben sei wie die Blumen auf dem Felde, die am Morgen noch blühen und dann vergehen (siehe Psalm 103,15-16). Moses drückte den gleichen Gedanken in Psalm 90 aus, als er schrieb: „Lehre uns bedenken, daß wir sterben müssen" (Vers 12). Was die biblischen Schreiber uns mitteilen wollen, ist, daß wir nur auf der Durchreise sind. Im günstigsten Fall machen wir höchstens einen Kurzurlaub auf diesem Planeten.

Wo kann man Antworten auf die großen Fragen des Lebens finden?

Dieses Verständnis von der Kürze des Lebens vorausgesetzt, lade ich euch ein, euch als alten Mann oder als alte Frau vorzustellen, der oder die über viele Jahrzehnte zurückblickt. Welches waren die Höhepunkte und die Glanzlichter der vergangenen siebzig oder achtzig Jahre? Welche Erinnerungen werden euch in jener letzten Stunde am wertvollsten sein?

Ich befinde mich möglicherweise in der Lage, bei der Beantwortung dieser Frage helfen zu können, weil ich mich schon mit ihnen auseinandersetzen mußte. Es begann vor einigen Jahren auf einem

Basketball-Feld. Ich war der Meinung, mich mit meinen vierundfünfzig Jahren in ausgezeichneter körperlicher Verfassung zu befinden. Erst kurze Zeit zuvor hatte ich mich einer gründlichen ärztlichen Untersuchung unterzogen, und man hatte mir gesagt, meine Gesundheit sei hervorragend. Ich konnte tagtäglich Basketball spielen, mit Männern, die fünfundzwanzig Jahre jünger waren als ich. Doch an diesem Vormittag sollte ich eine unangenehme Überraschung erleben.

Welche Erinnerungen werden euch in jener letzten Stunde am wertvollsten sein?

Beim Spielen durchfuhr mich plötzlich ein Schmerz in der Mitte des Brustkorbs. Ich hatte so etwas noch nie erlebt. Ich entschuldigte mich und sagte, daß ich mich nicht wohl fühle. Dann fuhr ich zur Notaufnahme einer nahegelegenen Klinik. Es begannen zehn Tage, die mein Leben verändern sollten.

Für einen Mann, der sich noch jung und fit hielt, war es ein Schock, feststellen zu müssen, daß er sterben könnte. Es dauerte eine Weile, bis ich mich mit diesem Gedanken vertraut machen konnte. Doch zehn Stunden später bestätigte der Enzymbefund, daß ich einen Herzinfarkt erlitten hatte. Und überall an meinem Körper wurden Schläuche und Infusionssysteme angebracht und eingeführt. Die ganze Nacht hindurch pumpte an meinem Arm hektisch ein automatisches Blutdruckmeßgerät vor sich hin, und eine Krankenschwester wies mich mit Nachdruck darauf hin, ich solle mich nur bewegen, wenn es absolut notwendig sei. Wer hätte sich da auflehnen wollen?

Während ich in der Dunkelheit lag, machte ich mir sehr eindringlich Gedanken darüber, was in meinem Leben wirklich zählte. Wie ich bereits sagte, hat eine Begegnung mit dem Tod die Wirkung, daß von einem Augenblick auf den anderen die Prioritäten zurechtgerückt werden. Alles Flatterhafte und Unbedeutende fällt weg, und die wahren Werte beginnen zu glänzen wie poliertes Gold. Ich wußte, daß ich bereit war zu gehen, sollte der Herr mich über den großen Graben rufen. Ich hatte mein Leben so gelebt, daß ich auf solch einen Augenblick vorbereitet war, doch hatte ich ihn nicht so schnell erwartet.

Eine Begegnung mit dem Tod hat die Wirkung, daß von einem Augenblick auf den anderen die Prioritäten zurechtgerückt werden.

Glücklicherweise stellte sich heraus, daß sich der Schaden an meinem Herzen in Grenzen hielt, und Gott hat inzwischen meine gute Gesundheit wiederhergestellt. Und doch hat diese erschreckende Erfahrung im Krankenhaus einen unauslöschlichen Eindruck in meinem Leben hinterlassen und ihm eine ganz neue Motivation gegeben.

Wenn alle Karten auf dem Tisch liegen

Daher habe ich eine gute Vorstellung davon, wie ihr wahrscheinlich reagieren werdet, wenn eure Zeit gekommen ist. Fragt euch einmal, was wichtig sein wird, wenn alle Karten offen auf dem Tisch liegen. Wird es das Geschäft sein, das ihr euch mühsam aufgebaut habt? Werden es die Auszeichnungen an der Wand sein, die akademischen Titel, die ihr erworben habt? Wird es das Vermögen sein, das ihr angehäuft habt? Werden es die Reden sein, die ihr gehalten, oder die Bilder, die ihr gemalt, oder die Lieder, die ihr gesungen habt? Werden es die Bücher sein, die ihr geschrieben habt, oder die Ämter, in die ihr gewählt worden seid? Wird es eure Macht oder euer Einfluß sein? Werden es eine fünfminütige Laudatio und sechzig Sekunden Stille nach eurem Tod sein? Ich bezweifle es.

Leistungen und das Versprechen posthumer Anerkennung bringen zweifellos eine gewisse Befriedigung. Doch eure höchsten Prioritäten bezieht ihr aus einer anderen Quelle. Ich glaube, wenn alles gesagt und getan ist und die Bücher eures Lebens geschlossen werden, dann werden eure Schätze viel näher am Ziel zu finden sein. Eure wertvollsten Erinnerungen werden sich um diejenigen drehen, die ihr liebtet, um diejenigen, die euch liebten, und um die Dinge, die ihr gemeinsam im Dienst des Herrn getan habt. Das sind die Grundlagen. Nichts anderes wird in der Prüfung der Zeit bestehen können.

Um dieses Konzept noch weiter auszuführen, gehen wir noch einmal in die Sporthalle zurück, in der ich meinen Herzinfarkt erlitten hatte. Zwei Jahre zuvor hatte ein weiteres bedeutendes Ereignis hier stattgefunden. Meine Freunde und ich spielten dreimal in der Woche auf diesem Platz Basketball, und an jenem Vormittag hatten wir Pete Maravich zu unserem Spiel eingeladen.

Dieser Einfall zeugte von Mut. „Pistol Pete", wie er in den Medien genannt wurde, war einer der großartigsten Basketballspieler aller Zeiten gewesen. Er war der Michael Jordan oder der Magic Johnson seiner Zeit. Pete wurde von der National Basketball Association angeworben und wurde der allererste Spieler, der jemals einen Vertrag über eine Million Dollar bekam. Wegen Problemen mit den Knien mußte er sich zurückziehen. Es gibt nur wenige Dinge, die man mit einem Basketball anstellen kann und die Pete Maravich nicht zustande gebracht hätte.

Es war also einiges an Zivilcourage nötig, einen Superstar wie Pete einzuladen, mit einem Haufen „Grünschnäbel" zu spielen, selbst wenn er zu jener Zeit vierzig Jahre alt war. Zu unserer großen Freude sagte er zu und stand um sieben Uhr morgens auf der Matte. Ich erfuhr bald, daß er viele Monate lang unter unerklärlichen Schmerzen in seiner rechten Schulter gelitten hatte. Abgesehen von einem Spiel, das landesweit im Fernsehen übertragen wurde, hatte Pete über ein Jahr lang kein Basketballfeld mehr betreten. Trotzdem hatten wir eine phantastische Zeit an jenem Vormittag. Pete bewegte sich mit einem Drittel seiner normalen Geschwindigkeit, und der Rest von uns keuchte und schnaufte bei dem Versuch, Schritt zu halten. Wir spielten etwa fünfundvierzig Minuten und machten dann eine Pause, um etwas zu trinken. Pete und ich blieben auf dem Feld und unterhielten uns.

„Du kannst das Spielen nicht aufgeben, Pete", sagte ich. „Es hat dir in all den Jahren viel zuviel bedeutet."

„Weißt du, es hat mir heute morgen riesig Spaß gemacht", sagte er. „Ich würde gerne wieder intensiver freizeitmäßig Basketball spielen. Aber in den letzten Monaten wäre es einfach nicht möglich gewesen. Der Schmerz in meiner Schulter war so stark, daß ich keinen 1-Kilo-Ball über meinen Kopf hätte heben können."

„Wie fühlst du dich heute?" fragte ich.

„Ich fühle mich großartig", sagte er.

Petes letzte Worte

Das waren Petes letzte Worte. Ich drehte mich um und wollte fortgehen, aber aus irgendeinem Grund sah ich noch einmal zurück, gerade rechtzeitig, um zu sehen, wie er zu Boden ging. Mit dem Gesicht schlug er hart auf dem Hallenboden auf. Ich dachte, er machte nur Spaß. Pete hatte einen herrlichen Sinn für Humor, und ich nahm an, er gab auf diese Weise seinen letzten Kommentar zu „Ich fühle mich großartig".

Ich lief hinüber zu der Stelle, wo Pete lag, und erwartete immer noch, er würde im nächsten Augenblick lachend aufspringen. Doch dann sah ich, daß er einen Krampfanfall hatte. Ich hielt seine Zunge fest, um die Luftwege offenzuhalten, und rief die anderen zu Hilfe. Der Anfall dauerte etwa zwanzig Sekunden, dann hörte Pete auf zu atmen. Wir begannen sofort mit der Wiederbelebung, doch konnten wir keinen einzigen Herzschlag oder Atemzug mehr aus seinem leblosen Körper herausbringen. Dort in meinen Armen starb Pistol Pete Maravich, einer der besten Sportler der Welt, im Alter von vierzig Jahren.

Einige von uns begleiteten den Notarztwagen ins Krankenhaus, wo wir den Ärzten und Schwestern der Notaufnahme betend zusahen, wie sie versuchten, Pete wiederzubeleben. Doch es war zu spät.

Er hatte diese Erde verlassen, und nichts und niemand würde ihn jemals wieder zurückbringen können.

Bei der Autopsie wenige Tage später stellte sich heraus, daß Pete einen angeborenen Herzfehler gehabt hatte, von dem er nichts wußte. Dadurch erklärten sich die Schmerzen in seiner Schulter. Wie er es über so viele Jahre hinweg durchgehalten hatte, solch unglaubliche Leistungen auf den Basketballfeld zu erbringen, ist ein medizinisches Rätsel. Es war sein Schicksal, relativ jung zu sterben, und nur Gott weiß, warum es gerade in dem kurzen Augenblick geschah, als unsere Wege sich kreuzten.

Der Schock über Petes vorzeitigen Tod läßt sich nicht in Worte fassen. Keiner der Männer, die Zeugen dieser Tragödie waren, wird es jemals vergessen. In Gedanken bin ich bei seiner Frau Jackie und ihren beiden Söhnen Jason und Joshua. Drei Tage später sprach ich auf seiner Beerdigung, und noch heute fühle ich mich dieser kleinen Familie freundschaftlich verbunden.

Es ist wichtig, etwas über Petes Hintergrund zu wissen, um verstehen zu können, wer er war. Offen gesagt, er war in jungen Jahren ein ziemlicher Draufgänger gewesen. Er war ein starker Trinker, der alle Regeln brach. Mit diesem Mann, der alles erreicht hatte, wovon ein Sportler nur träumen konnte, ging es emotional immer weiter abwärts. Nachdem er sich aus dem Geschäft zurückgezogen hatte, blieb er Tag für Tag in seinem Haus, um Autogrammjägern aus dem Weg zu gehen und weil er sonst nirgends hin konnte. Dort saß er zwei Jahre lang herum, deprimiert und verärgert.

In diesem entscheidenden Augenblick in Petes Leben ereignete sich etwas Unglaubliches. Eines Nachts lag er im Bett, als er jemand seinen Namen sagen hörte. Er setzte sich auf und fragte sich, ob er wohl geträumt hatte. Dann hörte er die Stimme zum zweiten Mal. Pete wurde klar, daß Gott ihn rief. Sofort kniete er neben seinem Bett nieder und übergab dem Herrn sein Herz. Es war eine vollständige Weihe von Gedanken, Körper und Seele.

In den letzten fünf Jahren seines Lebens wollte er nur noch darüber reden, was Jesus für ihn getan hatte. Er erzählte seine Geschichte Reportern, Trainern, Fans und jedem, der zuhörte. An dem Tag, als Pete starb, trug er ein T-Shirt mit der Aufschrift: „Looking unto Jesus“ (Ich blicke auf Jesus).

Ich konnte sein Zeugnis den Medien weitererzählen: „Sie glauben, Petes große Leidenschaft sei das Basketballspiel gewesen“, sagte ich, „aber seine Liebe galt etwas anderem. Das einzige, was Pete wirklich wichtig gewesen ist, war Jesus Christus und das, was er in seinem Leben getan hat.“ Und nun gebe ich diese Botschaft an euch weiter. Vielleicht ist das der Grund, warum der Herr diesen guten Mann in meinen Armen hat sterben lassen.

Kurz vor dem Ziel

Ich muß euch nun etwas erzählen, das anschließend passierte. Ich ging heim und setzte mich zu meinem Sohn Ryan, der zu jener Zeit siebzehn Jahre alt war. Ich bat ihn, mit ihm über eine für uns beide äußerst wichtige Angelegenheit sprechen zu dürfen.

Ich sagte: „Ryan, ich möchte, daß du verstehst, was hier geschehen ist. Petes Tod ist keine ungewöhnliche Tragödie, die nur einem Mann und seiner Familie zugestoßen ist. Wir alle müssen dem Tod früher oder später ins Gesicht sehen, auf welche Weise auch immer. Das ist der Lauf der Welt. Für manche Menschen kommt er zu früh, für andere zu spät. Doch am Ende wird ihm niemand entkommen. Das gilt auch für dich und mich. Ohne ein düsteres Bild malen zu wollen, möchte ich, daß du beginnst, dich auf diese Zeit vorzubereiten.

Früher oder später wirst du solch einen Anruf bekommen, wie Frau Maravich ihn heute bekommen hat. Das könnte in zehn oder fünfzehn Jahren passieren oder auch schon morgen. Es gibt einen Gedanken, den ich dir mitgeben möchte, wenn diese Zeit schließlich kommt. Ich weiß nicht, ob ich dann eine Gelegenheit für meine ‘letzten Worte’ haben werde, deshalb will ich sie dir jetzt schon sagen. Brenne diesen Augenblick in dein Gedächtnis ein und halte dich für den Rest deines Lebens daran fest. Meine Botschaft an dich lautet: Sei dort! Sei dort, um deine Mutter und mich im Himmel zu treffen. Wir werden nach dir Ausschau halten an jenem Auferstehungsmorgen. Laß dich von nichts und niemandem davon abhalten, diese Verabredung einzuhalten.

Da ich jetzt einundfünfzig Jahre alt bin und du siebzehn, können Jahre zwischen meinem Tod und deinem vergehen. Doch du kannst dich darauf verlassen, daß ich gleich beim Osttor nach dir suchen werde. Das ist das einzige, was wirklich Bedeutung hat in deinem Leben. Ich mache mir Gedanken darüber, was du in den vor dir liegenden Jahren erreichen wirst, und ich hoffe, du machst Gebrauch von den großartigen Fähigkeiten, die der Herr dir mit auf den Weg gegeben hat. Doch vor allen anderen Zielen und Bestrebungen ist das einzige, was wirklich zählt, daß du fest entschlossen bist, dort zu sein!“

Diese Botschaft ist nicht nur das wertvollste Erbe, das ich Ryan und seiner Schwester Danae hinterlassen könnte. Sie ist auch das Herz und die Seele dessen, was ich versucht habe, in diesem Buch weiterzugeben. Seid dort! Das muß das höchste Ziel in eurem Leben sein. In diesen beiden Worten liegt die Antwort auf alle anderen Fragen, mit denen wir uns beschäftigt haben.

Meine Botschaft an euch lautet:
Seid dort!

Jesus Christus ist die Quelle – die einzige Quelle – für Lebenssinn. Er gibt uns die einzig befriedigende Erklärung dafür, warum wir hier sind und wohin wir gehen. Wegen dieser frohen Botschaft ist der letzte Herzschlag für einen Christen nicht der rätselhafte Abschluß einer sinnlosen Existenz. Vielmehr ist er der großartige Beginn eines Lebens, das niemals endet.

Derselbe Herr wartet darauf, jeden Menschen in die Arme schließen und ihm vergeben zu können, der in Demut und reuig zu ihm kommt. Er ruft euren Namen, ebenso wie er Pete Maravichs Namen gerufen hat. Seine Verheißung des ewigen Lebens ist die einzige Hoffnung für die Menschheit. Falls ihr diesen Jesus noch nicht kennengelernt habt, schlage ich vor, ihr sucht den Rat eines erfahrenen Christen, der euch Wegweisung geben kann.

Vielen Dank, daß ihr bis hierher mitgelesen habt. Ich hoffe, euch eines Tages zu begegnen. Wenn sich unsere Wege nicht auf dieser Seite des Himmels kreuzen, werde ich in jener ewigen Stadt nach euch Ausschau halten. Unter allen Umständen: Seid dort!

Anhang

Sechsunddreißig Lebensgrundsätze

ANHANG

Auf den folgenden Seiten habe ich Prinzipien aufgelistet, die ich aus meiner lebenslangen Erfahrung im Leben als Christ und im menschlichen Miteinander zusammengetragen habe. Ich denke, ihr werdet feststellen, daß sie sich auch in eurem eigenen Leben anwenden lassen. Viele dieser Punkte sind Auszüge aus dem Text, den ihr eben gelesen habt. Sie sollen als Zusammenfassung der besprochenen Themen dienen.

1. „Trachtet zuerst nach dem Reich Gottes und nach seiner Gerechtigkeit, so wird euch das alles zufallen" (Mt. 6,33). Das ist das grundlegende Prinzip des Lebens, auf dem alle anderen aufbauen sollten.
2. Übertriebenes Engagement und Zeitdruck sind die größten Feinde von Ehen und Familien. Jede Freundschaft braucht Zeit, um sich entwickeln zu können ... sei es eine Freundschaft mit einem geliebten Menschen oder mit Gott selbst.
3. Das überwältigende Gefühl des Verliebtseins ist in jungen Jahren (oder in jedem Alter!) kein sehr verläßliches Gefühl. Diese starke Anziehungskraft kann sich innerhalb von Tagen in Luft auflösen und die Person verwirrt (und vielleicht sogar unglücklich verheiratet) zurücklassen. Die einzige Möglichkeit herauszufinden, ob man einen Menschen wirklich liebt, ist es, sich viel Zeit einzuräumen, um miteinander vertraut zu werden. Ist erst einmal der Entschluß zu heiraten gefaßt, ist die willentliche Verpflichtung füreinander wichtiger als die Gefühle, denn die Gefühle werden mit Sicherheit kommen und gehen.
4. Das Universum und alles, was darinnen ist, wird eines Tages vergehen und durch den Schöpfer neugemacht werden. Daher sind die heutigen Ereignisse, die uns so wichtig erscheinen, nicht wirklich von großer Bedeutung, abgesehen von den Angelegenheiten,

die das Ende des Universums überdauern werden (wie zum Beispiel das Sicherstellen eurer Erlösung und daß ihr die Arbeit des Herrn tut).

5. Gott geht mit uns um wie ein Vater mit seinen Kindern. Er liebt sie mehr, als sie es verstehen könnten, doch er erwartet auch, daß sie seinem Willen gehorsam sind. Und er hat gesagt: „Der Sünde Sold ist der Tod" (Röm. 6,23). Das ist nach wie vor wahr.
6. Dies ist der Weg zum Erfolg im Leben: Behandelt jeden Menschen so, wie ihr selbst behandelt werden wollt; sucht nach Möglichkeiten, die körperlichen, emotionalen und geistlichen Bedürfnisse der Menschen um euch her zu stillen. Unterdrückt euer Verlangen, ichbezogen zu sein und andere zu übervorteilen. Versucht aus jeder Begegnung mit einem anderen Menschen eine neue oder festere Freundschaft entstehen zu lassen. Wenn dann noch dieses Vertrauensverhältnis zu den Menschen mit harter Arbeit kombiniert wird, ist euch der zukünftige Erfolg sicher.
7. Der Wert eines Menschen ist nicht abhängig von seinem Aussehen, seiner Intelligenz oder seiner Leistung. Jeder und jede von uns ist weit wertvoller als die Besitztümer der ganzen Welt, einfach weil wir unseren Wert von Gott empfangen haben. Das bleibt eine Tatsache, selbst wenn jeder andere Mensch auf der Welt uns wie einen Versager behandelt.
8. Starkes Verlangen ist wie ein Fluß. Solange er innerhalb der Ufer des Willens Gottes dahinfließt – sei die Strömung stark oder schwach – ist alles gut. Doch bricht er aus diesen Grenzen aus und sucht sich seine eigenen Kanäle, lauert dort in seinem schäumenden Tosen die Katastrophe. – James Dobson Senior
9. Das Töten ungeborener Kinder durch Abtreibungen ist eines der abscheulichsten Dinge unserer Zeit. Jährlich fallen Millionen Babys einer Abtreibung zum Opfer.
10. Vergleich ist die Wurzel eines jeden Minderwertigkeitsgefühls. In dem Augenblick, indem ihr beginnt, die Stärken anderer Menschen euren auffallendsten Schwächen gegenüberzustellen, bricht euer Selbstwertgefühl zusammen!
11. Eine allgemeine Regel: Riskiert niemals etwas, dessen Verlust ihr euch nicht leisten könnt.

12. Eines Tages, viel früher, als es euren Eltern lieb sein dürfte, werdet ihr euch zu Hause nicht mehr wohl fühlen. Ihr werdet ausziehen und euren eigenen Hausstand gründen wollen. Nach dieser Zeit werden eure Eltern mehr eure Freunde als eure Eltern sein. Und eines Tages, wenn sie lange genug leben, werdet ihr für sie mehr Eltern sein als ein Sohn oder eine Tochter.
13. Wenn ihr heute schwere Zeiten durchmacht, so bleibt stark. Es wird sich bald ändern. Falls ihr den Wind im Rücken habt und alles leicht von der Hand geht, haltet euch bereit. Es wird sich bald ändern. Das einzige, dessen wir uns sicher sein können, ist die Veränderung.
14. Gott hat zwei Geschlechter geschaffen, nämlich männlich und weiblich. Sie sind vollkommen gleichwertig, obwohl sie sich voneinander unterscheiden und jedes von ihnen einzigartig ist. Es ist nicht nur unmöglich, Männlichkeit und Weiblichkeit zu einem einzigen Geschlecht zu verbinden, es ist gefährlich, es auch nur zu versuchen.
15. „Geldgier ist eine Wurzel alles Übels" (1.Tim. 6,10). Aus diesem Grund hat Jesus mehr vor Materialismus und Reichtum gewarnt als vor irgendeiner anderen Sünde. Es bedarf offensichtlich einer ruhigen Hand, um eine volle Tasse zu halten.
16. Christen sollten niemals den Rat von Astrologen, Wahrsagern oder Menschen suchen, die Hexerei praktizieren (siehe Jes. 47,13-14). Sie sind in der Regel Betrüger, die nur vorgeben, übersinnliche Kräfte zu besitzen. Doch in einigen Fällen arbeiten sie mit Satan zusammen. Anstatt daß wir uns mit dieser Welt des Bösen einlassen, möchte der eine wahre Gott, daß wir mit unseren Bedürfnissen, Problemen und Entscheidungen zu ihm kommen. Er hat versprochen, uns in alle Wahrheit zu leiten (siehe Joh. 8,32).
17. Eines der Geheimnisse erfolgreichen Lebens findet sich in dem Wort Ausgeglichenheit, was sich auf das Vermeiden schädlicher Extreme bezieht. Wir brauchen Nahrung, aber wir sollen es nicht übertreiben. Wir sollen arbeiten, aber die Arbeit sollte nicht zu unserer einzigen Tätigkeit werden. Wir sollen spielen, aber wir dürfen nicht das Spiel über uns herrschen lassen. Im ganzen Leben wird es wichtig sein, die Sicherheit des gesunden Mittelwegs zu suchen, statt die Unausgeglichenheit der Extreme.

18. Euer Leben liegt noch vor euch. Gebt acht auf die Entscheidungen, die ihr jetzt trefft und die ihr später bereuen könntet. Dieses Bereuen ist das Thema eines alten Gedichts, dessen Verfasser längst vergessen ist. Ich hoffe, ihr werdet es niemals auf euch selbst anwenden müssen.

> Über die Felder des Gestern hin
> Kommt er manchmal her zu mir
> Du kleiner Kerl, erschöpft vom Spiel -
> Ich seh mich selbst in dir.
> Er sieht mich so gedankenvoll
> Mit seinen großen Augen an
> Als hoffte er in mir zu sehn
> Das, was ich nicht mehr werden kann.

19. Die glücklichsten Menschen sind nicht unbedingt diejenigen, für die das Leben am einfachsten war. Emotionale Stabilität ist das Ergebnis einer Grundhaltung. Sie besteht in der Weigerung, sich von Depressionen und Furcht niederdrücken zu lassen, selbst wenn ringsumher nur schwarze, drohende Wolken zu sehen sind. Sie besteht darin, das zu verändern, was verändert werden kann, und das zu akzeptieren, was unvermeidlich ist.
20. Kommunismus und Sozialismus sind ökonomische Systeme, in denen sich die Regierung mit der Aufgabe betraut sieht, dafür zu sorgen, daß die Bedürfnisse eines jeden Menschen erfüllt werden und daß keine Person mehr verdient, als der Staat für gerecht hält. Der Kapitalismus dagegen, wie wir ihn in den USA haben, basiert auf der freien Marktwirtschaft, in der ein Mensch durch Arbeit, Schweiß, Sparen und Investieren ein höheres Einkommen für sich und seine Familie erzielen kann. Um diese beiden Systeme miteinander zu vergleichen, stellt euch einmal vor, ihr müßt eine Geschichtsklausur schreiben. Angenommen, ihr habt dafür gelernt und verdient für die Klausur eine 1, doch der Lehrer gibt euch eine 3, damit er einige eurer richtigen Antworten einem anderen Mitschüler übertragen kann, der keinen Finger gerührt hatte, nur damit dieser nicht durchfällt. Das würde ohne Frage eure Arbeitsmotivation für zukünftige Klausuren zerstören. Dieses Bedürfnis nach persönlichem Anreiz erklärt, warum der Kapitalismus mehr dynamische Menschen hervorgebracht hat als der Kommunismus und der Sozialismus.

21. Holt einmal tief Luft und atmet dann wieder aus. In diesem einzigen Atemzug waren mindestens drei Stickstoffatome enthalten, die von jedem menschlichen Wesen eingeatmet worden sind, das jemals gelebt hat, einschließlich Jesus Christus, William Shakespeare, Winston Churchill und jedem Präsidenten der Vereinigten Staaten. Das verdeutlicht, daß alles, was wir tun, einen Einfluß auf andere hat, ganz gleich, ob im positiven oder negativen Sinne. Daher ist es töricht zu behaupten: „Tu, was du willst, solange du niemand anderem Schaden zufügst." Alles, was wir tun, hat Auswirkungen auf andere Menschen.
22. An Gott glauben ist wie glauben, daß ein Mensch auf einem Drahtseil über die Niagarafälle laufen und dabei ein Faß vor sich her rollen kann. Auf Gott vertrauen ist wie selbst in dieses Faß steigen! Zu glauben, daß Gott ein Wunder vollbringen kann, ist die eine Sache; es ihn in meinem eigenen Leben vollbringen zu lassen, eine andere.
23. Selbst wenn bei Gott einmal nichts geschieht ... geschieht etwas.
24. In allen Bereichen sind die ersten fünf Minuten entscheidend.
Dies trifft besonders zu auf:
eine neue Freundschaft
eine Predigt
eine Familie am frühen Morgen
einen Vater, der gerade von der Arbeit heimkommt
einen Film im Fernsehen
einen Vertreterbesuch
einen Arztbesuch.
Bei jeder menschlichen Aktivität sind die ersten Augenblicke die Wegbereiter für alles, was folgt. Wenn wir eine Aufgabe gleich zu Beginn richtig angehen, werden wir wahrscheinlich auf längere Sicht erfolgreich sein. Nehmt euch daher für die Vorbereitung der ersten fünf Minuten mehr Zeit als für irgendeine andere Zeitspanne.
25. Immer wenn zwei Menschen Zeit miteinander verbringen, werden sie sich früher oder später wahrscheinlich auf die Nerven gehen. Das trifft auf beste Freunde zu, auf Ehepaare, Eltern und Kinder oder Lehrer und Schüler. Die Frage ist: Wie reagieren sie, wenn Spannungen auftreten? Hier sind vier grundlegende Möglichkeiten:

- ★ Sie schlucken ihren Ärger hinunter und speichern ihn tief in ihrem Inneren in einer Datenbank, die niemals gelöscht wird. Dadurch wird ein großer innerer Druck aufgebaut, der sogar zu Krankheiten und anderen Problemen führen kann.
- ★ Sie schmollen und werden aggressiv, ohne über das Problem zu sprechen. Das regt die andere Person noch mehr auf und läßt ihr oder ihm nichts anderes übrig, als die eigenen Schlüsse darüber zu ziehen, wo das Problem liegen könnte.
- ★ Sie trennen sich und versuchen, die andere Person zu verletzen. Das führt zur Zerstörung von Freundschaften, Ehen, Familien und Geschäftsbeziehungen.
- ★ Oder sie sprechen miteinander über ihre Gefühle und sind sehr darauf bedacht, nicht die Würde oder das Selbstwertgefühl der anderen Person zu verletzen. Diese Möglichkeit führt im allgemeinen zu dauerhaften und gesunden Beziehungen.

26. Heiratet niemanden mit inakzeptablen Charaktereigenschaften in der Hoffnung, ihr könntet ihn oder sie verändern. Wenn ihr nicht mit jemandem zusammenleben könnt, der trinkt oder kein Christ ist oder unhygienisch, dann heiratet solch eine Person nicht. Die Chancen, daß sich ihr Verhalten auf wunderbare Weise verändert oder bessert, sind gering. Was ihr seht, das bekommt ihr auch!
27. „Wenn der Herr nicht das Haus baut, so arbeiten umsonst, die daran bauen" (Ps. 127,1).
28. Gefühle sind weder richtig noch falsch. Die Probleme entstehen durch das, was wir aus ihnen machen.
29. Einsamkeit entsteht in den meisten Fällen nicht durch Isolation, sondern durch Absonderung. Mit anderen Worten: Wir sind einsam, weil wir uns selbst absondern, nicht, weil andere uns isolieren.
30. Manche Männer sehen sich so viele Sportsendungen im Fernsehen an, daß sie nicht einmal mitbekommen, wenn ihre Frau sich von ihnen scheiden lassen will, bis darüber im „Aktuellen Sportstudio" berichtet wird! Denkt daran: Ausgeglichenheit und Mäßigkeit sind auch beim Fernsehen vonnöten.
31. Solange wir jung sind, scheint der menschliche Körper unzerstörbar. Er ist jedoch unglaublich zerbrechlich und muß gut gepflegt werden. Was in jungen Jahren an Mißbrauch mit ihm

getrieben wird (durch Drogen, unvernünftige Ernährung, Sportverletzungen und so weiter), kann sich im Alter zu schmerzhaften Behinderungen entwickeln.

32. Bevor ihr eure Eltern wegen ihres Versagens und ihrer Fehler kritisiert, fragt euch einmal: „Werde ich es wirklich besser machen mit meinen Kindern?" Die Aufgabe ist schwieriger, als sie auf den ersten Blick erscheint, und Fehler sind unausweichlich!
33. Satan wird versuchen, euch alles anzubieten, wonach euch hungert, sei es Geld, Macht, Sex oder Prestige. Doch Jesus hat gesagt: „Selig sind, die da hungert und dürstet nach der Gerechtigkeit" (Mt. 5,6).
34. Sexueller Kontakt zwischen Jungen und Mädchen ist progressiv. Mit anderen Worten: Das Maß an Berührungen, Streicheleien und Küssen zu Anfang der Beziehung verstärkt sich, je vertrauter und unbefangener sie miteinander umgehen. Ebenso nimmt die körperliche Nähe, die notwendig ist, um einander zu erregen, von Tag zu Tag zu und mündet in vielen Fällen im letzten Akt der Sünde und seinen unausweichlichen Konsequenzen. Diesem fortschreitenden Verlauf müssen sich junge Christen, die Gott dienen und nach seinen Maßstäben leben wollen, bewußt widersetzen. Sie können diesem Trend widerstehen, indem sie den körperlichen Aspekt ihrer Beziehung gleich von der ersten Verabredung an einer freiwilligen Selbstkontrolle unterstellen.
35. Gott steht ein Teil unseres Einkommens zu – nicht, weil er es nötig hätte, sondern weil wir es nötig haben, es zu geben.
36. „Denn was hülfe es dem Menschen, wenn er die ganze Welt gewönne und nähme an seiner Seele Schaden?" (Jesu Worte in Markus 8,36)

Anmerkungen

ANMERKUNGEN

Kapitel 2

1. Laurel Mellini, University of California at San Francisco, 1986.

Kapitel 3

1. „Eleanor Rigby", The Beatles, 1966 Capital Records, MacLen Music – EMI(Blackwood (ASCAP).
2. Ron and Judy Blue, Money Matters for Parents and Their Kids (Nashville: Thomas Nelson, 1988).

Kapitel 4

1. Brendan C. Boyd and Fred C. Harris, The Great American Baseball Card Flipping, Trading and Bubble Gum Book, 1991.
2. Hollywood, „Episode 12: Star Treatment", Thames Television Network, London, England, 1980.

Kapitel 5

1. „Day Care Diseases: Exploring the Risks of Center-Bases Care", Family Research Council, May/June 1989.
2. Stella Chess, M.D., and Alexander Thomas, M.D., Know Your Child: An Authoritative Guide for Today's Parents (New York: Basic Books, 1987).

Kapitel 6

1. US Bureau of the Census, Statistical Abstract of the United States: 1993, 113th edition, Washington, D.C., 1993.
2. Helen Richards, „God's Protection During War and Peace", Focus on the Family Magazine, July 20-22, 1987.
3. Armand Nicholi, M.D., „Changes in the American Family", Family Research Council, 1986.
4. Englisches Original aus American Girl, a magazine for all girls, herausgegeben von den Girl Scouts, U.S.A.
5. Desmond Morris, Intimate Behavior (New York: Random House, 1971).
6. „All the Way", Frank Sinatra, + 1957, Capitol Records.
7. Tina Turner, „What's Love Got to Do with It?" + 1984, Capitol Records.
8. Larry L. Bumpass, James A. Sweet and Andrew Cherlin, „The Role of Cohabitation in Declining Rates of Marriage", Journal of Marriage and the Family 53 (1991).

Kapitel 7

1. Betty Cuniberti, „Man Spends $20,000 Trying to Win Hand of Girl Who Can Say No", Los Angeles Times.
2. Virginia Doody Klein, „Living with Divorce", Los Angeles Times, 12 April 1982, + 1982 Sun Features, Inc.
3. Tom T. Hall, „I Left You Some Kisses on the Door", + 1979 Hallnote Music.

Kapitel 8

1. Keith and Mary Korstjens, „Not a Sometimes Love", Focus on the Family Magazine, 14 February 1983.
2. Stella Chess, M.D., and Alexander Thomas, M.D., Know Your Child.

Kapitel 9

1. Eddie Fisher, „Oh, My Papa", + 1953 RCA-Victor Records, Englisch von John Turner und Geoffrey Parsons; Melodie und deutscher Originaltext von Paul Burkhard; Copyright + 1948, 1950 Musikverlag und Bühnenvertrieb Zürich A.G., Zürich, Schweiz; Copyright + 1953 Shapiro, Bernstein & Co., Inc., New York. Copyright erneuert. Internationale Rechte garantiert.
2. The Coasters, „Yakkety-Yak (Don't Talk Back)", + 1953 Atco Records.
3. The Doors, „The End", c 1968 Viva Records.
4. Twisted Sister, „We're Not Gonna Take It", + 1984 Atlantic Records.
5. Suicidal Tendencies, „I Saw Your Mommy" von Michael Muir, + 1984 You'll Be Sorry Music (BMI) / American Lesion Music (BMI) / Administered by BUG.
6. Ice-T and Body Count, „Momma's Gonna Die Tonight", + 1992 Sire Records.
7. Jill Brookes, „Its Empire Stretches Worldwide", New York Post, 22 April 1993, 21.
8. Erma Bombeck, „Wenn meine Welt voll Kirschen ist, was tue ich mit den Kernen?", Lübbe Verlag, Berg.-Gladb.
9. Sue Kidd, „Don't Let It End This Way", Focus on the Family Magazine, January 1985, 6-7, 11.
10. International Catholic Bureau, Lausanne, Schweiz, 24. März 1994.

Kapitel 10

1. „Alabama Incident Is Classic Case of Hysteria", Medical Tribune, 19 September 1973.

Kapitel 11

1. N. M. Malamuth, M. Heim, and S. Feshbach, Journal of Personality and Social Psychology (1980): 38, 399-408.

Kapitel 12

1. Die Jugendförderung ist nur eines von vielen staatlichen Programmen; Title X – von 1970 bis 1992 – hatte ein Gesamtbudget von über einer Milliarde Dollar.
2. Pamela McConnell, Sexually Transmitted Diseases Division, Centers for Disease Control, t.i. 16 March 1992.
3. Stephen Genuis, M.D., „The Dilemma of Adolescent Sexuality: 'Part 1: The Onslaught of Sexually Transmitted Diseases'", Journal of SOGC 15, no. 5 (June/July 1993): 556.
4. 1991 Division of STD/HIV Prevention. Annual Report, U.S. Department of Health and Human Services, Public Health Services, Centers for Disease Control, 13.

5. Felicity Barringer, „Viral Sexual Diseases Are Found in One in Five in the U.S.“, New York Times, 1 April 1993, A1.
6. 1991 Division of STD/HIV Prevention. Annual Report, 13.
7. Barbara Reed, M.D., MSPH, et al., „Factors Associated with Human Papilloma Virus Infection in Women Encountered in Community-Based Offices“, Archive of Family Medicine, 290, 2 (December 1993): 1239.
8. ebd.
9. Heidi M. Bauer, „Genital HPV Infection in Female University Students As Determined by a PCR-Based Method“, Journal of the American Medical Association 265, no. 472 (1991).
10. Elise F. Jones and Josephine Dorroch Forrest, „Contraceptive Failure in the United States: Revised Estimates from the 1982 National Survey of Family Growth“, Family Planning Perspectives 21 (May/June 1989): 103.
11. Susan C. Weller, „A Meta-Analysis of Condom Effectiveness in Reducing Sexually Transmitted HIV“, Social Science and Medicine 35, no. 36 (June 1993): 1635-44.
12. Dr. Kenneth Noeller, OB/GYN Clinical Alert, September 1992.
13. UTMB News, University of Texas Medical Branch at Galveston, 7 June 1993, zitiert einen Pressebericht mit Bezug auf: Susan C. Weller, „A Meta-Analysis of Condom Effectiveness in Reducing Sexually Transmitted HIV“, Social Science and Medicine.
14. Theresa Crenshaw, Bemerkungen von der National Conference on HIV, Washington, D.C., 15.-18. November 1991.
15. Felicity Barringer, „Viral Sexual Diseases Are Found in One in Five in the U.S.“

Kapitel 13

1. Doug Scott, Inside Planned Parenthood (Grand Rapids: Frontlines, 1990), 78.
2. Felicity Barringer, „Viral Sexual Diseases Are Found in One in Five in the U.S.“
3. Richard D. Glascow, Ph.D., „The Most Commonly Asked Questions about RU-486“, National Right to Life News, 28 April 1993, 12-13.
4. The Alan Guttmacher Institute 1994 Report: Sex and America's Teenagers (New York: 1994), 28.
5. Adelle Banks, „Some Kids Agree in Survey: Rape OK If Date Costs Money“, Los Angeles Herald-Examiner, 8 May 1988, A14.